町かどをまがるとゴジラがいる

細谷建治

児童文学論集 II

てらいんく
TERRAINC

細谷建治児童文学論集　Ⅱ

町かどをまがるとゴジラがいる

目次

I

I

町かどをまがるとゴジラがいる

――「雪渡り」と『E.T.』の奇妙な関係について。あるいは「雪わたり」の読みに関するいくつかの雑感――

＊ゴジラⅠ

町かどをまがるとゴジラがいる。これは、信じていいことだ。

＊『E.T.』Ⅰ

ぼくは、東京の東のはずれの江戸川べりの小学校で教員をしている。ある日のことだ。そこに突然ゴジラがあらわれた。と、いいたいわけではない。でも、まあ、似たようなものだ。ぼくの目の前に突然『E.T.』があらわれたのだから。

＊「雪わたり」Ⅰ

ともかくも、先日のことだ。ぼくらは校内の研究会で宮澤賢治の「雪わたり」について話し合っていた。（ほんとうは「雪渡り」とかくのだろうけど、ぼくらが相手にしていたのは五年生の「雪わたり」なので、やっぱり「雪わたり」とかいたほうが実感がわく。初めから、ちょっとしつこいかな。でも、しつこいときの方が、ぼくは冴えてる。それと、この文章は、ほとんど《実感》たよりのものだから、こんな調子で始めるしかない。ともかくも、ぼくらは、そのとき「雪わたり」を読んでいたんだ。)

＊『E.T.』Ⅱ（ある発言）

教師が集団で教材を研究するときの常で、ぼくらは、かなり瑣末な部分にまでこだわって、あれこれといいあっていた。例えば、「雪わたり」に出てくるきつねは果たしてきつねなのか、それとも人間なのか、いったい何者なのか、子ども自身はどう思うのか、我々はどう教えればいいのかなどということをいいあっていた。そんなことは、どうでもいい。あるいは、どっちでもいい、という思いが、ぼくの心をよぎった瞬間、ひとりが首をかしげながら、こういった。――「おれ、おかしいのかな。これを読んでいてSFみたいに思えてしまうところがあるんだよね。例えば、紺三郎がひげをピンと一つひねったり、わらったりするところがあるだろう。最近の子どもは『E.T.』なんかで、へんに人間みたいな表情をする宇宙人だとか、動物をみなれてしまっているだろ。だから、紺三郎がわらったりするところなんかも、妙にリアルに人間みたいにニッとわらっているきつねの姿なんかを頭に浮かべるんじゃないのかな。『E.T.』みたいに……」

彼は、発言しおわってから、また、「やっぱり、おかしいのかな」といった。ぼくらは「きつねとはなんぞや」などといいながらも、やっぱり〈雪がすっかりこおって大理石よりもかたくなり……〉とか、〈お日様が真っ白に燃えてゆりのにおいをまき散らし……〉なんていう賢治一流の詩的な比喩表現に囚われていたものだから、彼のSF風発言は、やはり唐突だった。当然のことながら、反論もあった。が、ぼくは、彼の発言をきいたとき、一瞬意味がわからず、次にハッとした。紺三郎は、もしかしたらE．T．なのかもしれない。ぼくは、そのときそう思った。

ぼくは「雪わたり」をひとつのイニシエーションの物語だと考えている。四郎とかん子は、紺三郎という「異邦人」に出会い、かれらの国をおとずれ、そして去っていく。いくつかの幻燈をみて団子を食う行為は四郎とかん子にとって成長のために通過しなければならない儀式だったにちがいない。青白い雪の野原のまん中で二人を出迎える三人の兄たちの姿は、ひとつの儀式のおわりを物語っている。『E．T．』も、また、そうではないか。E．T．との出会いを経て、少年は、もうひとつ《むこう》へと旅立つのだ。

そういえば、スピルバーグの『バック・トゥ・ザ・フューチャー』も不思議な旅立ちの映画だった。タイムマシンで過去に旅した少年は、自分の母親（といってもまだうら若き少女時代）に愛されてしまう。必死に父親と母親とを結婚させようとする少年。そんなことおかまいなしで少年にせまる母親。未来からもってきた写真の中の自分がだんだんと消えていく。はやく父親と母親とをいっしょにしなければ、未来の自分の存在が消えてしまうのだ。そんなドタバタと同時に、ほとんどこわれかかったタイムマシンで未来にかえる努力もしなければいけない。緊張につぐ緊張の連続の末に、少年は未来（という名の現在）にもどる。まさにバック・トゥ・ザ・フューチャーだ。

ぼくがおもしろかったのは、タイムマシンをつくった博士のことばだ。博士はタイムマシンで少年を過去に送るとき、ゲリラの機関銃で撃ち殺されてしまう。過去の世界で、少年はそのことを博士に語ろうとする。が、博士はきかない。自分の未来など知りたくないという。少年は最後に置き手紙を残す。が、博士はそれも破り捨ててしまう。少年は失意の中で帰ることになる。そして、未来に戻った瞬間、少年は、機関銃で撃たれる博士の姿を目撃する。呆然と立ちすくむ少年の目の前で、博士は立ちあがる。博士はボロボロになった少年の置き手紙をまたつなぎあわせて読んだのだ。博士は防弾チョッキを着ていた。少年はよろこびながらも、「未来を変えちゃいけないって、いってたのは博士だろう。」と、問いかける。博士は、いとも簡単に「まあ、そうかたいことというなよ。」と答える。この博士のひとことが、ぼくはすきだ。人生に「もし……」はないというけれど、スピルバーグはじつにさわやかに、その「もし……」をつくってくれた。そんな気がした。こんな出会いもあるのかなと思った。

ふだん子どもたちが日常の生活の中で出会う人間たちは、親兄弟、先生友達、近所の人ぐらいのひどくせまい範囲のものにちがいない。子どもという存在は、ほとんど無知で、自ら行動する空間世界も大人から考えるとおどろくほどのせまさなのだろうと、ぼくは思っている。だからこそ、子どもたちは未知なるものに対する触覚が鋭敏なのだ。新しく出会う人のすべてが、子どもたちにとって大切な「異邦人」なのだ。子どもたちはさまざまな「異邦人」たちと出会い、何かを得、あるいは失い、また別れていく。「雪わたり」も『E. T.』もそうした意味での「異邦人」との出会いと別れをモチーフにした作品にちがいない。

そういえば、「雪わたり」を『E. T.』になぞらえた彼は、このあいだ『ネバーエンディング・ストーリー』に感動して、クラスの子どもたちにビデオを二回も見せていたっけ、なんてことを考えながら、ぼくは彼の話をきいていた。ぼくの頭の中で、ファルコンがねむそうにわらった。同じような表情で、紺三郎もニッとわらった。そのとき、ぼくは、うれしくなった。

かん子も、あんまりおもしろいので、四郎の後ろにかくれたまま、そっと歌いました。

「きつねこんこんきつねの子、きつねのだんごはうさのくそ」

するとこぎつね紺三郎が、わらって言いました。
「いいえ、決してそんなことはありません。あなたがたのようなりっぱなおかたが、うさぎの茶色のだんごなんかめしあがるもんですか。わたしらは、ぜんたい、今まで人をだますなんて、あんまり無実の罪をきせられていたのです。」

紺三郎はわらう。わらいながら、かん子にはなしかける。ときに、もっともらしくひげをピンとひねる。この紺三郎というきつねを、読者である子どもたちは、どのように脳裏にイメージするのだろうか。E.T.のように、あるいはファルコンのように、もしかしたらアニメの『メイプルタウン物語』の動物たちのように、子どもたちはイメージするのかもしれない。

こう考えてくると、ますむらひろしの「ねこ」による賢治三部作が、イメージ形成上の見事な逆説になっていたことがよくわかる。朝日ソノラマ版『風の又三郎』（一九八三年九月）の「あとがき」の中で、ますむらひろしは次のように語っている。

賢治の書いた世界を、できるだけ忠実に追いかけてみたいという気持ちで、一年半かけて、「風の又三郎」「グスコーブドリの伝記」と「銀河鉄道の夜」の三作を描いてきました。登場人物をすべて猫に置きかえてありますが、それ以外の部分、セリフや風景描写など、できるだけ原文どおりにしたつもりです。例えば、嘉助が馬を追うシーン、夢の中のガラスのマント、そして最後の夜明けの風の世界など、賢治独特の口調をマンガというコマ割りのリズムの中に、どうやって壊さないように入れて行くかで、ずいぶんもだえました。

ますむらは、〈できるだけ原文どおり〉という。その彼が、登場人物についてだけはなんのてらいも躊躇もなくすべてをねこに変えてしまう。ねこに変えることが、ますむらにとっての《原文のイメージ》なのだ。それを忠実に伝えるために必要な作業だったということになる。この逆説は見事という他はない。ねこのグスコーブドリが凶作を悩み、ねこの嘉助が「あいつは風の又三郎だぞ」とさけぶのだ。

とくに、『銀河鉄道の夜』は映画にまでなる。大ヒットだ。もしかしたら、「カンパネルラ！」と、ジョバンニがさけぶとき、子どもたちの脳裏には、二匹のねこの姿が浮かんでいるのかもしれない。そこで、ぼくは、小学六年になるむすめに「おまえ、ジョバンニやカンパネルラの顔をうかべるとき、人間がうかぶか、ねこがうかぶか。」と、馬鹿げた質問をしてみた。予想どおり「やっぱァ、ねこだな。」と、返ってきた。それから、むすめは「映画の方が少しかわいかった。」とも付け加えた。ますむらひろしのマンガのジョバンニの顔よりもアニメの顔の方が少しかわいいというむすめの指摘が、また、おもしろかった。マンガとアニメというジャンルからくる差異もあるのだろうが、それ以上に、そのくらいまではっきりとねこの顔を頭に思い浮かべているということがわかって、おもしろかった。ぼくは、ねこの顔を思い浮かべるむすめの感動の質が低いなどとは少しも思っていない。しかし、この、ねこの顔をしたジョバンニやカンパネルラは、賢治にしてみれば思いもよらなかった《異質なイメージ》にちがいない。そして、それが今では最大公約数のイメージにとってかわっている。

ますむらひろしにとって、賢治の作品に出てくる人物たちは最初からすべてねこだったのにちがいない。だから、アタゴオルのヒデヨシのように、嘉助はさけぶのだ。彼等は泣き、笑い、そして考える。それほどまでに、ますむらひろしのねこたちは人間的な表情をたたえているといってもいい。このイメージはまさに人間以上という意味で「ねこ」にこそふさわしいものだ。そして、ますむら独自のねこのイメージが、今度はアニメを媒介にすることによって「少しかわいく」はなったが、ジョバンニやカンパネルラの最大公約数のイメージへと転身していくのだ。

今はジョバンニやグスコーブドリがねこになる方がにつかわしい時代なのかも知れない。紺三郎がE.T.になっても、もうだれもおどろかない。ほら、町かどのむこうからゴジラとキングコングの足おとがきこえてくるのがわかるだろう。

＊キングコング（船橋ららぽーと）

ゴジラやキングコングが、また、もどってきた。このまえ、女房と子ども三人をつれて、ららぽーとに夕飯を食べにいった。レストラン・プラザの広場に出たら、そこには実物大のキングコングがいた。架空のものに実物大もないものだが、ともかく、そこに巨大なキングコングがたっていたのだ。

帰るとき広場はすでに暗く、キングコングの目玉が電気で赤く光っていた。それを見た六年生のむすめが「なんだか、こわいね。」といった。六年生でこうなんだから、二年生の息子の場合はどうなのか、なんてことを考えながら、ぼくはコングの赤い目玉を見た。それは、あきれるぐらいに、ちゃちなものだった。中二になる一番上のむすめは、ただ「わあ、でかいなあ。でかいなあ。」と、はしゃぎまわっていた。それから半月ほどのちに、本屋で、息子に『世界の怪獣大百科』という本を買ってやった。そのとき、息子がららぽーとのキングコングのことを考えていたかどうか、ぼくは知らない。

ちなみにこの本は、映像にあらわれた怪獣（その一番目がゴジラだ）にはじまり、アニメ、マンガ、小説、伝説にあらわれた怪獣にまでおよんでいる。感心したのは、全ての怪獣についてその出典が網羅され、末尾には索引までついている点だ。だから、ギョーも楪図かずおのマンガ「怪獣ギョー」に出てきた、あのひ弱な靖男少年に飼われていたへんてこな魚だったなと、すぐにわかる。『ギリシャ神話』のヘラクレスがやっつけた怪獣たちの名まえもみんな出ている。ネメアの獅子、エリュマントスの猪、鶴のような怪鳥ステュンパリテス、三頭のゲリュオン、地獄の番犬ケルベロス、それらをヘラクレスがどうやっつけたかまで、みんな出ている。例えば、ゲリュオンを倒したときは、〈三本の矢を一つ一つの頭に命中させた〉とある。まさに大百科とよぶにふさわしい。児童文学についてもこれくらいしっかりした大百科事典がほしいものだ。

ところで、その最後に「実在の怪獣たち」という章がある。そこには、シーラカンスもいる。たぶん大きく育ちすぎたのであろう体長十メートルものイトマキエイもいる。それらに混じって、やはり摩訶不可思議な実在怪獣たちが数多く登場してきている。それがおもしろかった。ブラジルの首長竜、マダガスカルの怪竜、南極のゴジラ怪獣、アフリカの六本足獣等々。南アフリカのアンゴラに棲むチペクウエなんぞは、〈大昔の恐竜の一種トリセラトプスの生き残りともいわれている。〉とある。こうなれば、チラノザウルスやステラノドンの生き残りであるわれらがゴジラ、ラドンにも望みがあるとはいえまいか。

むかし、ぼくは少年時代に、中に機械がつまっていて自由にコントロールすることができるビー玉があると本気で思っていた。そういう「機械玉」があって、それをぼくだけにくれるといった友達がいて、ぼくは、しばらくの間そいつの子分みたいになって、くっついて遊んでいた記憶がある。もちろん、そのときも、今も「機械玉」はぼくの手元にはない。ぼく自身の古い記憶をたどってみても仮想と実在は混沌としている。ぼくの息子の頭の中で、怪獣チペクウエが濶歩していたとしても少しもおかしくはないだろう。

ゴジラの真似をして甥っ子を驚かすのに使った。もう幽霊の真似じゃなかったんだね。暗がりからワッと出て、よくいじめてたね。

これは、『新劇』のゴジラ特集号(一九八三年一一月)での山崎哲のことばだ。このなんの変哲もない山崎の発言を、石井直人はするどい指摘でえぐっている。「ゴジラ、探偵物語それから自由」(児童文学評論研究会100回記念誌『批評へ』一九八三年一一月所収)の中で、石井は次のようにいう。

この甥っ子の方をみてみよう。おそらく彼は幼い頃の記憶として、暗がりからワッと出てきたゴジラ=伯父という光景をもってしまっただろう。彼は以後、それをくるみ込んで成長していく。ふつう、その彼の生き様じたいを虚構とはいわない。いわば、ゴジラはほんものの歴史にくみこまれ、はじめ虚構だったものは、すでに事実となったのだ。

石井の中でも、虚構と実在は混沌としている。石井の卓見は、子どもにとって、虚構も事実なのだと見做したところにある。かって、鳥越信は、マーク・トウェーンの『トム・ソーヤーの冒険』の有名なへいぬりの場面に着目した。トムがへいぬりの代償として彼の友人たちからせしめた《ガラクタ》について、鳥越は〈ここでも、これを単なるガラクタと考えるか、貴重な財産と考えるかで、子どもとおとなの分かれ道のあることが示されている。〉と、言い切ったものだ。ちなみに、そのガラクタ(あるいは財産）を列挙すると、かじりかけのリンゴ、タコ、ふりまわすひものついた死んだネズミ、ビー玉十二、口琴の部分品、色メガネのかわりに使う青いビンのかけら、糸まきでつくったおもちゃの大砲、何もあけられない鍵、チョークのかけら、水さしのガラスのせん、スズの兵隊、おたまじゃくし二匹、花火六発、片目の子ネコ、シンチュウのドアのハンドル、犬のくびわ、ナイフの柄、みかんの皮四切れ、こわれた窓わくの十九個に及ぶ。この羅列はぼくの責任ではない。トム・ソーヤーの作者マーク・トウェーン自身がこのように並べ立てているのである。

ところで、この鳥越の論は、まず「幼児の心、幼児のことば」というタイトルで『言語生活』（一九六二年五月）に載った。それから、「おとなの論理、子どもの論理」と改題されて、『児童文学への招待』（くろしお出版、一九六四年五月→風涛社、一九七六年一月）に収録されている。この改題の経過をみてもわかるように、鳥越は、トムの財産を〈子どもの論理〉というかたちでくくったのである。そして、以後しばらくの間、〈子どもの論理〉の有無が児童文学評価の最大のメルクマールとなる。もう少し正確にいうと、鳥越がスポットを当てたものは、〈子どもの論理〉と呼ぶよりはむしろ《子どもの価値観》とでも呼ぶべきものであった。これに対して、石井がとりあげた《虚構→事実》という流れは子どもの認識の方法に関わっている。大雑把にいってしまえば、この二つの捉え方にもう一つ、佐藤忠男の〈子どもの想像力というのは、結局のところ、その大部分がおとなの想像力の反映であろう。〉（「子どもの想像力を分析する」、『児童心理』一九六七年一〇月号）という捉え方を加えたかたちで〈子どもの論理〉は考えられるべきであったのだろう。

子どもの《読み》に関していえば、子どもたちは、その少ない生活経験ゆえに、大人が考えるとおどろきあきれるほどの、さまざまな誤読と勝手読みをくりかえしているはずである。また、それゆえにこその未知への新鮮なおどろきも、新しいイメージ創造の可能性もあるのだろう。その子どもたちの手持ちのふだをより豊かにすることも、ぼくら大人の大切な仕事にちがいない。が、むしろ、今のぼくは、子どもたちがどのような手ふだをもち、それをどのように操っているかということの方により深い関心がある。そして、石井の指摘は、ゴジラという虚構が一瞬ほんものになるそのめまいの瞬間を、ぼくに教えてくれた。これは「雪わたり」と『Ｅ．Ｔ．』とを繫げる論拠のひとつにもなるはずだ。

　ららぽーとに行くと、そこにはキングコングが立っていた。ぼくらの少年時代には、町かどをまがると、ゴジラが立っていた。アフリカでは、少年ケニアが大蛇ダーナの上にのって、流砂にのまれた果てのロスト・ワールドでチラノザウルスたちとたたかい、同じころ、山崎哲の甥っ子は暗がりからワッととびだしてくるゴジラとたたかっていたのだ。

　今、子どもたちが、町かどをまがると、そこには何がいるのだろうか。Ｅ．Ｔ．だろうか。ファルコンだろうか。もしかしたら、スーパー・マリオがキノコを片手にとびだしてくるのかもしれない。

　その子どもたちが「雪わたり」を読んだあと、しばらくの間は、マリオのようにとびはねるきつねの学校生徒たちが見られるかもしれない。いや、きっと見られるにちがいない。紺三郎はＥ．Ｔ．のようにわらい、きつねの学校生徒たちはマリオのようにとびはね、はしゃぎ、うたうのだ。

キックキックトントンキックキックトントン、
しみ雪しんこ、かた雪かんこ、
　野原のまんじゅうはポッポポッポ。
よってひょろひょろ太右衛門が、

去年、三十八、食べた。

キックキックキックキックトントントン。

＊「雪わたり」Ⅱ（現象）

また、「雪わたり」にもどる。「雪わたり」という作品を、ぼくらは「雪わたり」という現象から考えていた。これは、ずいぶんと真面目であたりまえのやりかただったにちがいない。でも、「雪わたり」を知らないで、「雪わたり」という作品の世界が、きちんとイメージできるとは思えない。だから、ぼくらは、「雪わたり」から考えていった。

ぼく自身についていうと、ぼくが「雪わたり」という現象について、知識として正確に（？）知ったのは、大人になってからだった。まず、藤田のぼるにきいた。それから確認のつもりで、富山うまれのうちの女房にきいた。どちらも、あたりまえのようによく知っていた。知っていたというと、何か知識のようにきこえてしまうが、知識というよりも、もっと生活実感に近いものだという印象を、そのとき、ぼくは受けた。上州前橋で生まれ育ったぼくは、かかあ天下とからっ風は知っていたが、「雪わたり」については全く何も知らなかった。もちろん、ぼくのからっ風についての知り方も知識というほどのものではない。

どこの飲み屋だったか、話のきっかけがなんだったかは、おぼえていない。だから、ある飲み屋で突然ということになる。そう、突然に、藤田のぼるが、いいだしたのだ。「賢治の『雪渡り』に〈かた雪かんこ、しみ雪しんこ〉というのがあるだろう。あの〈かた雪〉というのは、かたい雪だと、まあ、だれが考えても察しがつくだろう。でも、〈しみ雪〉の方はわかるかな。」と、藤田のぼるはいった。

〈かた雪かんこ、しみ雪しんこ。

　きつねの子ぁ、よめぃほしい、ほしい。〉

　ぼくは一瞬、藤田のぼるが何をいっているのか、わからなかった。そのくらいに「雪わたり」について何も知らなかったということになる。「雪がとけて、しみることかな。」と、だれかがいった。ぼく自身は〈かた雪〉に対して、どちらかというとやわらかい雪を漠然と頭に浮かべていたように思う。

　ひとしきり、ああでもないこうでもないといいあってから、藤田は「だから、結局は同じものだ。」といった。雪国の冬、二月か三月ころの早朝、あまりの寒さに、雪がみなこおりつくときがある。田んぼも原っぱもない。子どもたちは、その上を一直線で学校にいく。ふだんは、まわり道をしていくのだけれど、そのときだけは、とにかくまっ直ぐにいくのだと、藤田はいった。

　ふだん生活に使っている道は道としてある。だから、そういうところを歩くのは、やっぱり子どもだけだけどね、といったのは、うちの女房だった。ぼくは、女房の話をききながら、千葉省三の短編「みち」を思い浮かべていた。

＊わだかまり

話が、なかなか『E．T．』とゴジラに戻りそうもないなと思いながら、今かいている。でも、ぼくは、もう少し現象「雪わたり」に拘泥してみたい。

　ぼくは「雪わたり」という作品を、様々な間違いや無知をしょいこんでいる子どもという名の読者が、今、どのように読み、イメージを形成していくかということについて考えたいのだ。『E.T.』とゴジラはその際の重要な触媒なのだといっていい。

が、今ここに「雪わたり」を知らなかったときのぼくがいる。また、知ってからのぼくがいる。それを見逃すという手はない。その《読み》の、それぞれの差異をさぐることは、ぼくにとってだけでなく、子どもが本を《読む》ということは一体どういうことなのかをさぐる上でも、相当な手がかりを与えてくれるにちがいない。つまり、現象「雪わたり」に対して無知であったぼくの《読み》を通して、既知のぼくの《読み》に至る過程をみることは、子どもの《読み》のひとつのかたちを示すことになるのではあるまいかと、ぼくは考えているわけである。

ぼくは、子どもの読みというものはそれ自体は不完全なひとつひとつの読みの集積だと考えている。生活経験や知識が少ない子どもたちは、それでも自分の手持ちのふだを、とっかえひっかえ繰り出しながら、物語を読んでいくのだ。だから、個々のディテールではとんでもない間違った読みもしているはずなのだ。ぼくは、それでいいと思っている。子どもたちは自らの既知のイメージを総動員して、作品を読むのだ。その中には正系のイメージからははるかにかけ離れた異質なイメージも含まれているはずだ。それを、最終的には、どうにかこうにかつじつまをあわせて読んでいく。その子どもの《読み》のかたち、あるいはイメージがつくり上げられていく過程を、ぼくはみたい。

それをつきつめていけば、今こうして拘泥している作品「雪わたり」を読みとるためには現象「雪わたり」を理解することがまず必要だという考え方自体にもメスをあてることになるだろう。なぜならば、この考え方は、子ども読者が多くの未知と誤謬をかかえながらもどうにかつじつまを合わせつつ物語を読み進めていくという《読みのかたち》を排除し、《正しい読み》だけを目指しているからだ。ぼく自身は、どちらかというと、間違えながらもどうにか帳尻を合わせて読んでいってしまう読み方のほうに魅力と可能性を感じている。また、その読みの過程で生じてくるであろう《異質なイメージ》に出会いたいとも思っている。「雪わたり」に対するところの『E．T．』あるいはゴジラの関係というものも、おそらくはそういった意味でのイメージの異質さからきているのにちがいない。

それらのわだかまりについて、ぼくは、もっともっと考えてみたい。そこでまた、しつこくうちの女房の話にもどる。

＊雪わたりⅢ（女房の話）

「雪わたりは発見なんだよね。」と、女房はいった。朝おきてみて、雪をふんでも足がしずまないときがある。だれかにきいてわかるわけじゃなくて、そんなときがある。

ふだんは吹雪だ。一足ひと足、上級生の足あとの中に足を踏み入れながら、登校する。相手は上級生だから、下級生でチビの女房はとび跳ねるようにして、足あとをたどっていったにちがいない。大部分の日が、吹雪だという。ある日、からりと晴れ上がる。そんな日の朝早くに雪の上をとぶようにわたることができる。

晴れたらいつでも渡れるというわけではない、と、女房はいった。朝おきて、雪をふんでみる。のってみる。トントンとやってみる。のっても、しずまないとわかると、パタパタ走りまわる。どんなに走りまわってもしずまない。そんな雪の上を自分ひとりの足で、リズムをとり、トントンとはねまわってみる。たのしい瞬間だ。

ふつうの道は道としてある。だから大人はそんなところは歩かない。子どもだけがサクサクトントンとやる。ときどきやわらかくて、ズボッとうまってしまうときもある。でも、ふだんの道なんか歩かない。大人はそんなことしないといったあとで、でも、大人はみんな知っていたのかもしれないねと、女房はいった。前の晩の天気や冷え具合で、大人はもう翌朝雪が凍ることは、だいたいわかっていたにちがいない。子どもだけが、まるで自分が初めて発見したかのようによろこんで、雪の上を走りまわっていたにちがいないと、女房はいった。

＊「みち」

ぼくは、女房の話をききながら、千葉省三のいくつかの短編を思い出していた。

いろんなみちがあった。
大薮ぬけ道だの、小らんずいどうだの、ションベン稲荷新道だの、ぴょんぴょん街道だの。
みんな、おれたち、子どもなかまだけしか、しらない道だった。
そんな道が、どこにあって、どんな道だったか、それをお話してみよう。

千葉省三の「みち」は、こうはじまっている。この、子どもだけしか知らない道の話は魅力的だ。新屋の助治が発見した〈大薮ぬけ道〉は空井戸のそばをぬけて崖の上へでる。〈ションベン稲荷新道〉は、嘉右衛門じいさんのうちの栗をとって逃げるためにみつけた道だ。もっとも、栗の木はその年の冬にきられてしまう。だから、逃げ道としては役にたたないのだが。

省三のえがく子どもたちは、薮の中を進む。すり傷をつくりながら「みち」をいく。はじめていく道の、はじめて出会う風景に、子どもたちはおどろく。ションベン稲荷をぬけて、桐畑をぬけると、小さな空地だった。そこに出たときの子どもたちのおどろきとその風景描写は印象的だ。


桐畑をかけてとおって、低い草薮を、二つほどはねこえると、小さな空地に出た。

すすきだの、つる草だのが、まわり一面にしげっている。

なんだか、へんにシインとしたところだ。

見上げると、桔梗色の空が、ヒッソリと頭の上にかかっている。

穂すすきが、チカチカ、銀色に光っている。


「どこだい、こりゃあ！」と、三郎はいう。その場所に対する子どもたちの思いを、省三は〈ほんとに、宿のすぐ裏に、こんな場所があることなんぞ、今まで、一度も知らなかった〉というかたちで語っている。子どもたちは、いままで見たこともないような風景におどろき、また「みち」をすすむのだ。

そして、ヒョッコリとかおをだすと、そこは、いつも遊んでいる篭屋の裏庭だった、とかいて、省三は短編「ションベン稲荷」を終わっている。

〈見上げると、桔梗色の空が、ヒッソリと頭の上にかかっている。〉というあたりは、『だれも知らない小さな国』と同じだな、と、ぼくは思う。三角平地にひょっこりと顔を出したときの様子を、佐藤さとるは〈思わず空を見あげると、すぎのこずえのむこうに、いせいのいい入道雲があった。〉とかいている。子どもが既知の領域から未知の領域へと足を一歩踏み出したその瞬間を、千葉省三も佐藤さとるも描いているのだ。

そして、ヒョッコリと顔を出すと、その未知な世界は、いつもの見なれた世界のすぐ隣にあったりする。あたりまえといえばそれまでだが、子どもは知っている世界の外についてはまったく知らない。だから、既知のすぐとなりの未知に出会うといったためまいに近い瞬間をもつことがよくある。その不思議さを描いているという点でも、省三の「みち」の最後の場面は象徴的である。

藪を進み顔を出すと、そこはいつも遊んでいる篭屋の裏庭だ。こうして、新しく発見された世界（この場合は〈ションベン稲荷〉という道がそれにあたる）は、その発見した瞬間のおどろきが大きければ大きいほど、子どもたちの新しく広がった既知の世界の中で確固とした位置を獲得していくことになる。子どもたちは、こうして自分たちの手持ちのイメージをふやしていくのだろう。

古田足日は、省三のこれらの短編を読んだときの印象を〈ぼくはあらためて「みち」におどろき、「しょんべん稲荷」におどろいた。少年の行動、心理、少年の目にうつる風景――ぼくはぼくの少年時代を見た感じだった。〉（「千葉省三再評価の歩み」、『千葉省三童話全集』第三巻所収、岩崎書店）と語っている。古田は、自らの少年時代のイメージを武器にして、省三の「みち」のイメージをつくった。というより、これは、省三の「みち」が古田に自らの少年時代を想起させたという方が正解であろう。いずれにせよ、古田にとって省三の「みち」を読み解く際の手持ちのイメージが自らの少年時代の遊び、生活などの記憶にあったことは間違いない。

そして今、問題は、作品「雪わたり」を読む際に、子どもたちが現象「雪わたり」のイメージを手持ちのふだとしてもっているかどうかということにある。東京の東のはずれ、江戸川べりの団地に住む小学五年の子どもたちが、現象としての「雪わたり」のイメージを自らの手持ちのふだとしてもっているということは考えにくかった。だからなおのこと、ぼくらは作品「雪わたり」を読むにあたって、まず現象「雪わたり」の理解から考えていったといっていいだろう。〈あらためていう必要もないと思うが、しつこくいうと、ぼくは、こうした読み方、あるいは迫り方に対して、基本的に「読みを狭めるのではないか、あるいはイメージを限定するのではないか。」という疑問をもっている。それでは、現象「雪わたり」について教えてはいけないのかというと、そうではない。そのような危険を孕んだものとしてみてほしいということだ。〉

＊雪わたりⅣ（作品へ）

こんなおもしろい日が、またとあるでしょうか。いつもは歩けないきびの畑の中でも、すすきでいっぱいだった野原の上でも、すきな方へどこまででも行けるのです。平らなことはまるで一枚の板です。そしてそれがたくさんの小さな小さな鏡のようにキラキラキラキラ光るのです。

「雪わたり」に出てくる「雪わたり」に関する描写は、冒頭に近いこの場面だけである。しかし、物語の方はそののち確実に「雪わたり」という現象を背景にかかえこんで展開していくことになる。例えば、子ぎつねの紺三郎が、四郎とかん子に向かって〈雪がやわらかになるといけませんから、もうお帰りなさい。今度月夜に雪がこおったら、きっとおいでください。〉といっている場面などは、「雪わたり」という現象をよく語っている。

ここで、「雪わたり」という現象を知るまえのぼくの《読み》と、それ以後のぼくの《読み》が問題になる。とくに、「雪わたり」を知る以前の《読み》をさぐることが一番の主眼なのだ。が、そのまえに、いま現在のぼくの《読み》を確認しておこう。

まず、先にぼくは「雪わたり」をイニシエーションの物語だといった。この《読み》はどこからきているのか。というと、かなりの程度で「雪わたり」という特殊な現象を根拠にしている。いうまでもなく、こおった雪の上をすきなように歩けるという現象は非常に限られた条件の中ではじめて可能になるものだ。時期、時間、天候など、その他もろもろの「とき」が熟したときに、はじめて「雪わたり」という現象は生じている。

そして、「雪わたり」という現象の限定性は、期せずして、児童文学におけるファンタジーの要件と一致してくるのである。ひとつのイニシエーションはひとつのファンタジー世界の体験談でもあるのだ。つまり、雪がこおって歩けるようになったという限られた「とき」に、十二才以下の子どもだけが入れる空間（そして時間）が、きつねの学校生徒たちによる幻燈会という名のファンタジーなのだ。

そうしてみると、四郎とかん子の〈かた雪かんこ、しみ雪しんこ。きつねの子ぁ、よめぃほしい、ほしい。〉と森へ向かってさけんだこの言葉は、二人がきつねと出会うための呪文だったのだということが、よくわかる。いうなれば「ひらけゴマ！」だ。そして、ここからがぼくの深読みに入るのだが、これは、おそらく、この地方の子どもたちが「雪わたり」の日に《何か》に出会いに行くときに使った共通の呪文でもあるのだ。きつねの幻燈会の入場券には「十二才以上おことわり」とかいてあるが、その言葉に対する兄たちのものわかりのよさ、あたたかさを見てもそのことがうかがえる、さらに、四郎とかん子を送り出すときにそれは決定的となる。三人の兄はやはり〈かた雪かんこ、しみ雪しんこ……〉とさけぶのだ。

行っておいで。大人のきつねに会ったら、急いで目をつぶるんだよ。そら、ぼくらはやしてやろうか。かた雪かんこ、しみ雪しんこ、きつねの子ぁ、よめぃほしい、ほしい。

このはやし方はこの言葉の呪文性をはっきりと示している。兄たちがかつて出会ったものが紺三郎であったかどうか、ぼくには知るよしもない。が、彼等もまた、むかし（おのれが十二才になる以前に）この呪文のもとに《何か》に出会いに行き、帰ってきたにちがいない。そのように《読む》ことで、ぼくは、「雪わたり」をひとつのイニシエーションの物語だと考えたわけである。これは《読み》というよりは、もう《解読》に近いものだろう。

このぼくの読みは、かなりの程度で「雪わたり」という現象に左右されているといっていい。ぼくは「雪わたり」を特殊なものとして捉え、その特殊な時空という認識からファンタジーへ、そしてイニシエーションへと繋げていったのだ。逆にいえば、そのくらいに「雪わたり」という現象を知ったことが、ぼくにとって大きかったということになる。

さて、そこで今度は、現象としての「雪わたり」を知らなかったときのぼくの《読み》だ。ぼくは一体どのように「雪わたり」を知らずに「雪わたり」を読んだのか。

ぼくは小学五年の担任を二回している。そして、ぼくの記憶では、その二度とも「雪わたり」について知らないでいた。つまり、「雪わたり」という現象を知らずに、「雪わたり」という作品を子どもたちに教えていたわけである。そのとき、ぼくはどのように《読み》、また《教えて》いたのか。

まず、ぼく自身の《読み》はどうだったかということで、具体的に考えようとすると、じつは、どこをどうイメージしたかという確たるものがすぐには出てこない。つまり、それほどに漠然と読んでいたわけである。そのおぼろげな読みの中身を少しずつ辿ってみるしかないのである。

この作品のキー・ワードとでもいうべき〈かた雪かんこ、しみ雪しんこ。〉について、ぼくはどのような印象をもっていたのか。まえにも言ったが、ぼくは、〈かた雪〉を「かたい雪」と思っていたのに対して、〈しみ雪〉については「やわらかい雪」という印象をもっていたように思う。言い方があやふやなのはぼくの記憶のおぼろげさからきている。その記憶の糸をたどっていくと、ぼくの頭にはまず歌のリズムが残ったように思う。そしてそのリズミカルな感じから、勝手にその歌を対句表現のように受け取る。〈かた雪〉に対して〈しみ雪〉を「やわらか雪」と読む《読み》はここから出てきたようだ。「しみる」という言葉からとけてやわらかいという印象を受けたにちがいない。

そう読んでいった場合、四郎とかん子の歩き方はどうなるのか。さすがに、ぐちゃぐちゃなところを歩くという印象はもたなかったが、さくさくした感じはもっていたように思う。だから、〈木なんか、みんなザラメをかけたようにしもでぴかぴかしています。〉という場面での〈ザラメ〉も、いま考えると、コーヒーに入れるあのザラメをそのままイメージしていたように思う。ザラメのつぶつぶが、ぼくの頭の中では、そのまま雪原にばらまかれていたわけだ。そのイメージがストレートに〈たくさんの小さな小さな鏡のようにキラキラキラキラ光るのです。〉へとつながっていく。だから、〈鏡のように……〉ということばがありながら、それをかたい雪の表面の透き通ったようなひびわれ模様としてみることができずに、けっこうサクサクとしてしまうのだ。そして、これは〈しみ雪〉を「やわらかい雪」と見做したぼくの想像の《読み》からきているといってもいいだろう。

ところで、おぼろげな読みのほんのひとときの印象を、無理矢理におもてに引き出し、白日のもとにさらけだしていくと、どうやら、とんでもない方向の読みへ話が行ってしまいそうだ。ぼくだって、まさかピンポン玉みたいな雪のかたまりをけちらしながら歩いていたと思っていたわけではない。ただ〈平らなことは、まるで一まいの板です。〉とか、〈小さな小さな鏡のように〉というあたりを簡単に読み過ぎていったことだけは事実のようだ。ぼくは、それらの言葉を、美しい詩的な比喩表現だなと思いながら読んでいたように思う。

だから、ぼくは、子どもたちに教えたときも、二度とも、賢治独特の比喩表現にとらわれて、そればかりを教えていたような気がする。例えば、〈雪がすっかりこおって大理石よりもかたくなり、……〉とか、〈たいらなことは、まるで一枚のいたです。〉とかを比喩表現の美しさだと思うことによって、うまくコチコチの雪の板とザラメのバラつく雪原というイメージに矛盾を感じることなく、読み進めていったように思う。簡単にいえば、知らない者の強みで、そんなことは露とも知らずに読んでいったわけである。

さて、この《読み》を少し整理してみると、最初に〈しみ雪〉を「やわらかい雪」と見做す読みがあった。これはリズミカルな表現を、ぼくが無意識のうちに対句表現のように思い、また「しみる」ということばから「とけてやわらかい」という意味を連想したことによる。その結果、〈ザラメをかけたように〉というあたりから、実際に雪原にザラメをかけてしまう《読み》になる。そういった雪の原っぱを、四郎とかん子がキックキックトントンといくわけである。

ここまでいわば「雪わたり」以前の《読み》をみてきて、ひとつ、おもしろいことに気がついた。ぼくは〈しみ雪〉を「やわらかい雪」と読み誤った。これは、全くのところ正反対のとんでもない《読み》である。また、それがもとでかたくこおった雪の原に〈ザラメ〉をかけてしまった。しかし、このザラメの原っぱの方は、考えてみると、〈しみ雪〉を「やわらかい雪」と思ったほどの、とてつもない間違いではない。だいたい、ぼくは雪国育ちではないから、「ザラメをかけた雪原」といったところで、たいしたイメージが浮かぶわけではない。せいぜいが今までみたことのある雪景色の中で一番いいやつに多少何かを付け加えるくらいなものである。つまり、「やわらかい雪」のイメージが全くの間違いだったとしても、その次にくる「ザラメの雪原」のイメージの方はそう見捨てたものではないのである。そうして、先になんの支障もなく読み進むことができるのである。

大人のぼくが〈しみ雪〉でやったような《読み》を、子どもたちは随所でくりかえしながら、それでも、ぼくが戻ったのと同じように、どこかで正系のイメージに戻りつつ、本を《読む》という行為を続けているのだと思う。その際、その《読み》を正系に引き戻し、先に読み進める役割は、だれが担っているのか。ぼくは、それはストーリーの展開だと思う。四郎とかん子が子きつね紺三郎に出会い、幻燈会に行き、だんごを食べ、それをきつねたちがよろこび、四郎たちもうれしくなり、最後に帰ったというストーリーの流れの力が、子どもたちの（そして、ぼくの）細部での読みの振幅を引きもどし、進んでいくのだ。その《読みのはば》とそこから生じる《イメージの重層》を、ぼくは、これからもみていきたいと思う。

＊ゴジラⅡ（おわりのことば）

「雪わたり」を読んで、そこにE. T. の姿をみても、なんの不思議もない。船橋ららぽーとには、キングコングがたっている。町かどをまがるとゴジラがいる。もしかしたら今、町かどをまがるとスーパー・マリオがとびだしてくるかもしれない。

（『季刊児童文学批評』再刊一号　一九八七年七月）

むかし、そこに木があった
——『昔、そこに森があった』論。あるいは木のイメージに関するいくつかの雑感について——

1　木のイメージ（八〇年代について。あるいは全くの余談。余談は予断をゆるさない。よしことよしひこは別人であること）

木のイメージに六〇年代的、七〇年代的というのがあるとしたら、飯田栄彦の『昔、そこに森があった』（理論社　一九八五年九月）と、いいだよしこの『空とぶ木のひみつ』（新日本出版社　一九八六年一〇月）は、確かに八〇年代の木のイメージをもっている。

余談からはじめる。ぼくは、「いいだよしこ」という名を初めて新聞の書評欄で見たとき、「いいだよしひこ」だと思ってしまった。そして、本屋の店頭で、「よしひこ」から「ひ」をひいた「よしこ」だとわかったとき（つまり、ひをひきざんしたとき）、ぼくは、ちょっぴりがっかりした。だって、ぼくは、そのとき『昔、そこに森があった』の「次」を読もうと思っていたからだ。それでも、ぼくは『空とぶ木のひみつ』を買った。そして、読んだ。読みおえて、うれしくなった。そこには、八〇年代の木のイメージがあった。ぼくは、いいだよしこに飯田栄彦とは違う八〇年代の木のイメージを感じた。ひとりだけならいざ知らず、ふたりまでもが、しっかりと八〇年代の木のイメージを描いている。そのことが、ぼくの心をふるわせたのだ。

2　二本の木（八〇年代以前。あるいは、しつこいまえおき。ぼくがなぜ木のイメージにこだわるのかについて。そこには人間の夢と生きざまがある）

飯田といいだの木のイメージについて、ぼくが、なぜ、そこに八〇年代を感じたのかを語るまえに、ぼくは、それ以前の木のイメージについて語っておきたい。

六〇年代と七〇年代との間で、木のイメージについて確かな境が、ぼくの中でみえているわけではない。しかし、飯田といいだのふたりの木のイメージを見たとき、これは八〇年代だと思った。そこから逆に八〇年代以前がはっきりとした形であらわれてきたといってもいい。今、八〇年代以前として、二本の木のイメージが、ふたつの典型として、ぼくの頭の中に浮かび上がってきている。その一本は、佐藤さとるの『おおきなきがほしい』（偕成社　一九七一年一月）であり、もう一本は、斎藤隆介の『モチモチの木』（『ベロ出しチョンマ』理論社　一九六七年一一月所収、のち滝平二郎によって絵本化される。モチモチの木に灯がともったすがたは見事だった。こんな木のイメージもあるのかと、そのとき思った。岩崎書店　一九七一年一一月）である。

3　『大きなきがほしい』の木のイメージ（ゆめはふくらむ大きな木。ぼくらのゆめはどこまでも。天までとどけ。空までのびろ）

『大きなきがほしい』の木のイメージは、ひとことでいえば、《ゆめ》である。大きな木に、おのれのゆめをたくし、ゆめが具体的になってくるほどに、木もますます大きくなっていくのだ。

例えば、木は、まず、ふとい木でなければいけないと語られ始められる。かおるひとりで手をまわしたくらいでは、かかえられない。だから、一番下の枝にはしごをかけなければいけない。ぐらぐらすると、あぶないから、枝にしっかりとしばっておく。そこから、二番目の枝にも、はしごをかける。のぼると、ぽっかり穴があいている。穴は上までつづいている。こんどは、その中をのぼる……。

こうして、主人公かおるの木のイメージは、どんどんとふくらんでいく。この、どこまでもはっきりさせていかなければ気がすまない佐藤さとる一流のファンタジーには、村上勉のいかにもきめられた細かさで縁どられている絵のイメージが似つかわしいのかもしれない。絵本を解体してつなぎ合わせると、ほんとうに一本の大きな木ができあがるあたりも、完全主義を感じさせる。

木の上には小屋もある。りすのいえもある。てすりのついた見晴らし台もある。見晴らし台から見わたせば、山がみえ、町がみえ、かぶとむしのように小さい自動車もみえる。佐藤さとるの描く〈大きな木〉は、確かなかたちをもったゆるぎない《大きな夢》にちがいない。

4　『モチモチの木』の木のイメージ（豆太ははしる、じさまのために。月夜の空に雪がふり、モチモチの木に灯がともる。）

『モチモチの木』の方は、どうか。これは、いうなれば、ひとつの象徴である。象徴としての木におのれの《生きざま》を試している。そんな木だ。

豆太は、おくびょうだ。だから、夜中にひとりでセッチンにもいけない。その豆太が、夜の山道をはしる。腹痛で苦しむじさまのために、峠をくだる。なきなき、くだる。霜が足をかみ、足からは血がでる。それでも、はしる。豆太ははしる。ふもとの医者様まで、なきなきはしる。そのかえりに、豆太は、モチモチの木に灯がついているのを見る。これは、ひとつの《生きざま》の象徴にちがいない。

医者様がかえったあとで、じさまは豆太に次のようにいっているが、このじさまの言葉は、モチモチの木が《生きざまの象徴》としてあることを端的に物語っている。じさまはいう。

おまえは、山の神様のまつりを見たんだ。モチモチの木には、灯がついたんだ。おまえはひとりで夜道を医者様よびにいけるほど勇気のあるこどもだったんだからな。自分で自分をよわむしだなんて思うな。にんげん、やさしささえあれば、やらなきゃならねえことは、キッとやるもんだ。それを見て他人がびっくらするわけよ。ハハハ。

ここには斎藤隆介独特の説教がある。斎藤節とよびたくなるようなこの説教の是非について、ここで論じるつもりはない。ただ、斎藤隆介という作家の《生きざまの象徴》として、モチモチの木のイメージがあることを、ぼくらは心にとめておこう。そして、これが斎藤作品の根っこでもあったのだ。

5　二本の木を繋ぐもの（人間への信頼。あるいは疑うべくもないおのれ自身について）

佐藤の木のイメージは求心的である。おのれの《ゆめ》の具体化にむけて、佐藤の植えたマテバシイの木は、ただのびていくにちがいない。この木を〈孤独への幻想〉と位置づけ、〈だれも知らないおおきな木〉と名づけたのは天野悦子だった（「だれも知らないおおきな木」、『日本児童文学』一九七八年三月所収）。『おおきなきがほしい』を同じ作者の『だれも知らない小さな国』になぞらえた天野の卓見は、佐藤の木のイメージの求心的性格をよく語っている。

これに対して、斎藤のモチモチの木のイメージは遠心的である。おのれの生きざまの《象徴》として、斎藤は描く。他者へ語りかける。他者へ語りかけずにはいられない遠心的な力が、斎藤隆介という作家の中にはある。その力がモチモチの木に灯をともすのである。斎藤は、この自らの遠心的な力を〈やさしさ〉ということばでもって語った。

二本の木のイメージは、一見正反対の方向に向いているようにみえる。しかし、どちらも、おのれの《ゆめ》あるいは《生きざま》を確かなかたちでもって語っている。明確な意志でもって、木は支えられている。そして、支えているおのれ自身については疑うべくもないのだ。この明快さは六〇年代のものだと、ぼくは思う。

二本の木を支えている作家のおのれ自身を《人間》といいかえるならば、ここには疑うべくもない《近代的人間》がいる。佐藤の〈大きな木〉も、斎藤の〈モチモチの木〉も、その意味では共通の根でもって繋がれている。そして、この共通性と楽天性は確かに六〇年代のものだ。

むかし、ある共通性と楽天性とに支えられた二本の木が立っていた。飯田栄彦といいだよしこの木のイメージには、この楽天性はない。

6 『昔、そこに森があった』の木のイメージ（変身の意味。変身は人間を太古に戻す。あるいは、連綿として太古からつづく背景としての木について）

人間への信頼から生まれた作品が『おおきなきがほしい』と『モチモチの木』であったとするならば、『昔、そこに森があった』と『空とぶ木のひみつ』のふたつは、人間という存在を根本から疑ったところからうまれた作品だといっていい。飯田は、それを求心的に出し、いいだは遠心的に出している。その好対照もおもしろい。

『昔、そこに森があった』は変身の物語である。物語の舞台になる夜明農業高校には、校門から玄関口まで《八郎トンネル》と呼ばれている木のトンネルがある。長さ百メートルにもおよぶこのトンネルをくぐると、人間はみな何か他の動物に変身してしまう。人間が全て動物に変身するところから、物語ははじまるのだから、人間にしてみれば哀れというほかはないだろう。人間について語る文学という所作を、人間以外のものに転じて語らなければならないという不幸を、この作品は背負っている。そして、それが八〇年代なのだ。

『昔、そこに森があった』の変身の背景には、《八郎トンネル》という名の樹齢数千年におよぶ《木》が介在している。人間への疑いが、その人間をも包みこんだ太古の自然への回帰を誘っている。その象徴として《木》はあるのだ。

この作家は、太古まで遡ることによって、それでもなお、あらためて悩み生きていく人間という生き物に光をあてようとしているのだといってもいい。その意味では、限りない絶望と希望との隙間に、この作者は立っている。

『昔、ここに森があった』の変身のモチーフは、今までの変身とは異質である。ぼくは、変身というものは、限りない悲しみや怒りや喜びが凝縮し、耐えられなくなったときに、はじめて何かが何かに変身するのだと考えていた。いいかえれば、ここには何かが何かに変わり得る（あるいは変わろうとする）ベクトルがある。例えば、『モチモチの木』の場合もそうだ。おくびょう豆太のやさしさが、ただの木に灯をともさせる。ここには、「おくびょう豆太」を「勇気のある豆太」に変えようという意志がある。変身は、耐えに耐え抜いた精神の群れたちの凝縮であり、いわば賜物なのだ。

しかし今、その何かが疑われている。『昔、そこに森があった』は、ぼくにそう語っている。

『昔、そこに森があった』という作品は、一見複雑な構造をもっているようにみえる。ぼくは、これは、作者の衒いがそうさせたのだと思っている。いくつかの屈折を経ずしては、おのれの「何か」を語ることができない。そういう認識を、飯田栄彦はもっているということだ。だから、飯田は、自らの物語を語りはじめるにあたって、〈このへんてこな物語をよりよく楽しむために、前もって知っておいてほしいこと、あれこれ〉というプロローグをつけないわけにはいかなかったのだ。

しかし、飯田が〈へんてこな物語〉と呼ぶほどに、この作品は、へんてこな物語ではない。作者の衒いを剥ぎ取れば、作品は、わりあい単純に三つの部分と一つの仕掛けでもって構成されていることがわかる。三つの部分というのは、第一に、主人公高倉彦太郎が英語の非常勤講師を勤めている夜明農業高校での出来事である。第二は、彦太郎が語るいくつかの絵本論で、第三に、〈森の中〉と題された、石器時代の少年ジンとその仲間の挿入話がある。

一つの仕掛けというのは、いうまでもなく人間を全て他の動物に変身させるというファンタジーである。これは、動物に変身させられただけで、夜明農業高校でおこるもろもろの事件、出来事は、ストレートに青春を感じさせるぐらい熱気にあふれた日常なのだから、確かに仕掛けと呼ぶにふさわしい。

ぼくは、この作品は、挿入話であるジンとその仲間の物語でもって、成り立っていると考えている。そのくらいに、かってジンであった《木》の語る物語は鮮烈である。時代は太古に遡る。ジンたち、九人の少年は、《勇者》になるために、冬の山に入る。それは苛酷な石器時代を生き抜くためには絶対に通過しなければならなかったひとつのイニシエーションにちがいない。長老たちは、少年たちにひとおりの訓練をほどこしたのち、山を下りていく。しかし、少年たちはクマにおそわれ、食料は底をつく。予想をこえたアクシデントと厳寒の自然が少年たちを容赦なく打ちのめすのだ。ジンたちは死んだ仲間を食べることで、ようやく生き伸び、《勇者》として村にもどることができるのである。しかし、村にもどった仲間たちは、次々に狂い、あるいは殺し合い、ジンも村を去る。山での体験の苛酷さが、かれらを打ちのめしたのだ。村を出て、原野を歩くジンの姿にだぶるように、かつてジンであった《木》は、「ぼく」こと高倉彦太郎に語りかけてくる。

ジンハ　ワタシダ。ソシテ　ソナタダ。ワレラノタビハ、イマ　ハジマッタバカリダ。
ソノタビハ、ハテシナクナガク、ツライ。ガ、キョウハ、コレマデニシテオコウ

村を出たジンは森に入り、サルになる。不思議な温泉の力で、傷を癒し、サルに変身することで、森に同化するのだ。ジンはサルになることで、新しく生き変わり、うまれかわるのだ。しかし、その生活

も長くは続かない。全てをうばいつくし、やきつくす新しい人間たちがやってくる。森の動物たちは、彼らとたたかう。が、ジンは死に、森は焼かれ、燃えあがる。

《八郎トンネル》は、その森の末裔である。ジンであるその木は、何千年もの長い旅のすえに、いま、仲間のこと、森のことを語っているのだ。何千年の時空を経ても、なお語らねばならぬ「何か」をもっているジンの鮮烈さに、ぼくは胸をうたれた。すでに失われたジンの鮮烈なイニシエーションの上に、夜明農業高校は、そしてぼくらは、いま立っているのだ。

＊ぼく自身へ

むかし。ぼくが子どもだったころ、ぼくの家の前に、二本の木が立っていた。向かって右にイチョウの木が、左にヒノキが立っていた。イチョウよりもヒノキに、よくのぼった。ヒノキにのぼって、北を見ると、そこにはまっ青な赤城の裾野が広がっていた。青々と広がる十里四方の赤城の裾野、それが、ぼくの原風景である。赤城の裾野は左へ広がり、そこで榛名の裾野と接していた。その間に、おのこ、子持ち、谷川の山々があった。

山というものは青いものだと、ずっと考えていた。かなり大きくなってから、高崎とか桐生とかへ出かけたときに、山というものは町のすぐとなりにもあるものだと知った。ひどく違和感をもったのを今でもおぼえている。桐生にはそれほどでないが、高崎へは何度も行っている。いつでも、そう感じたわけではない。そんなことを感じることもなく、過ぎていった幼い日々もあったはずだ。もうそんなことを感じることもなくなった年とった日もあったはずだ。いつ、それを感じ、それがぼくの心の中にどう加わり、どう広がっていったのか、ぼくは知りたい。

違和感を感じることで、逆にそれまで意識にものぼっていなかったぼく自身の山のイメージの方が頭をもたげてくる。青い山々が、ぼくの心の中で確固とした位置を占めはじめる。ぼくは、ヒノキの上の、たぶん三本目か四本目だと思うが、その枝にわたした板の上にすわり、「これが、ぼくの山だ。」と思ったにちがいない。ぼくは、その景色がたまらなくすきだった。

＊

そのヒノキは、今はもうない。たとえ木にのぼったところで、山はもうみえないだろう。林立したビルの山は、ほんものの山たちを幾重にもかくしこんでいる。その向こうにぼくの山々があるはずだ。ぼくの山たちは、今、ぼくの心の中にしかない。むかし、ここにヒノキの木があった。ぼくは、そのヒノキの枝にすわり、赤城から榛名に及ぶ山々とその裾野の広がりを、その空気を胸いっぱいにすっていた。

＊

こうしてみると、ぼくの心の中の木は、確かに六〇年代の様相を呈しているようだ。ヒノキの枝にこしをかけ、はるかかなたの青い山々をみるぼくの姿は、『おおきなきがほしい』の木の上から町をながめているかおるに似ている。ぼくは、そのとき、ぼくだけの風景の中に生きていたにちがいない。今、心の中で、その風景はますますぼくだけのものになっていく。

ぼくがあえて、それを六〇年代と呼ぶのは、そのとき、その時代に、いくつもの《ぼくだけ》があったと思うからだ。ぼくの家のまえのヒノキの木の上からみる青々とした赤城のイメージは、ぼくだけのものかも知れないが、他にもいくつもの《ぼくだけ》があったにちがいない。それら全てのイメージの重なりが六〇年代なのだ。

かおるが、自分で描いた大きな木の絵をみせながら、お父さんに〈そんな　おおきな木が　あると　いいなあ。〉と語る場面がある。そのとき、お父さんは〈そういえば、おとうさんも　むかし、かおると　おなじようなことを　かんがえたことがあったっけ。〉という。にんげんがだれしも持っている《ゆめ》として、佐藤はかいている。そのような、ある意味では普遍を感じさせる木のイメージが、かってはあった。

これは『モチモチの木』についてもいえることだ。〈モチモチの木に灯がともる〉ということはひとつの言い伝えである。そして、言い伝えというものは、やはり遠いむかしから営々としてながれてきた普遍を感じさせるものだ。霜月三日の丑三つに、山の神様の祭りがあって、モチモチの木に灯がともる。それはひとりの子どもしかみることができない。それも勇気のある子どもだけだ。言い伝えと呼ぶには、あまりにも鮮やかなこの木のイメージは、それでもやはり幾千年のむかしからそこにあった《木》を介在してこそふさわしいものだ。

＊

その木のイメージは、今はもうない。ぼくのヒノキも今はもうない。失われた木のイメージを重ね合わせることで、ぼくの八〇年代はある。むかし、そこに木があった。その木がぼくに語りかけ、語りかけられることで、今のぼくは、新しい木のイメージ（そして人間のイメージ）を頭に浮かべていくのだ。ぼくにとって、八〇年代の木のイメージはひとつの屈折の上に立っている。

ぼくが、『昔、そこに森があった』と『空とぶ木のひみつ』の二つの作品に、ある種のショックをおぼえたのは、ぼくの心の中に、失われたヒノキのイメージがあったからにちがいない。ぼくは、二つの作品を読みながら、実はぼくのヒノキのことを考えていたのだ。これは、木が動きだし、語りだすというモチーフを、ぼくがぼくの意識の深部で共有していたということになるのかもしれない。もう少しいえば、ぼくらは今、失われた木のイメージをも共有しているのにちがいない。その痛みが、八〇年代の《木のイメージ》なのだ。

7　『空とぶ木のひみつ』の木のイメージ（木にはへそがあるということ。よみがえりの日に、木はみな空をとぶ。これは見事なアジテーションだということ）

『空とぶ木のひみつ』の木のイメージについて語ろう。ぼくは、これを遠心的な作品だといった。そのことについて語ろう。

初めにざっと、作品のあらすじをなぞってみよう。まず、物語は四月の終わりの夜からはじまる。主人公の克也はおもちゃの怪獣ギロを忘れたのを思い出して、花さくリンゴの木にのぼる。すると、リンゴの木は、しゃべりだし、空をとぶ。満月の夜に克也が木のヘソにのったから、よみがえったのだ。次の満月の夜に、克也、エリ、良太、明の四人のペガサス団は、金沢の町の神社の大ケヤキのじいさまを手伝って、《よみがえりの日》のために、お堀のタブノキ、町の広場のシイの木のふたごの兄弟、植物園のユーカリのところへと、空をとぶ。犀川の土手で人間に邪魔ものあつかいにされているサクラのおばあさんにも会う。白山では、ボスザルのカムリ、カモシカのアカバンバたちが話し合う。《よみがえりの日》に木がみな月へ移住してしまったら、どうするかを、動物たちも考えるのだ。アメリカのシャーマン将軍という樹令四千年のセコイアが全体の指揮者になって、《よみがえりの日》の準備は進められる。リンゴ園をやってる克也のおじいさん、植物園の大木先生が心配する。白山の動物たち、リンゴの木、ユーカリ、みんなが、どうしようかと考える。そして、とうとう『よみがえりの日』がやってくる。移る木、残る木、行く動物、残る動物。ペガサス団の四人組は、〈月の道〉をいく木たちを見送る。ラストは、ペガサス団の四人が、月に木がふえて〈みどりの月〉になった姿を思い浮かべているところである。

こうして見てくると、飯田も、いいだも、木について語りながら、じつは人間について語っているということがよくわかる。飯田は《八郎トンネル》という数千年を生きてきた木の姿を借りて少年ジンのことばを伝えていた。それに対して、いいだは《よみがえりの日》という木が自由に動ける日を設定することで、逆に一歩も動くことすら許されていない木々を切り、焼き、奪っていく人間の危機について語っているのだ。

「国際森林年」設定に象徴されるように、地球上の木に危機が訪れているのは、御承知の通りです。木を切りつくし、石油を掘りつくし、放射性物質を増やし、何という地球をわたしたちは子孫に残そうとしているのでしょうか。

子どもたちは、やむを得ず、このような地球を受け取って二十一世紀を生きなければならないのです。

この、作者「あとがき」にみられるいいだの言い方は、作品以上にこの作者が「危機的」な認識をもっていることを告げている。いいだは、まさにこの危機の到来と未来への予感を、他者に語りかけずにはいられなかったのだ。

木は、人間という存在をその根源から問い直すものとして、いま、ここに立っている。むかし、ぼくが遊んだヒノキの木がすでに失われてしまったように、木そのものも危機に瀕しているのだ。ぼく自身に引き付けていえば、かって、ぼくのヒノキが立っていたところには、いま、日本銀行の白い四角い鉄筋コンクリートの建物がたっている。ちょうど正面玄関前の石畳のあたりに、ヒノキの木はあった。家のまえの道も一変している。以前はバスなどすれちがえなかったせまい道が、いまは片側二車線で、中央にグリーンベルトもついていて、すごいものだ。歩道も広く、大きなケヤキの並木になってつづいている。みどりは少なくなったわけではない。しかし、それでもなお、白い冷たい銀行の今のありようは、ぼくのヒノキを完全に過去のものとして、記憶の中にぬりこめている。そのとなりに、十三階建ての住友ビルが強いビル風をおこしつつ今たっている。

むかし、そこに木があった。今はない失われた木々のイメージが（そして、失われた全てのものたちのイメージが）今、立ちあらわれ、語り出し、空をとぶのだ。八〇年代の木のイメージは、やはりひとつの屈折の上にたっている。《木》は何千年もの間、そこに立ち、人間とその営みをともにしてきた。そして今、危機に瀕している。その木が今、耐えきれず、ヘソをあらわにし、子どもたちをのせ、空をとぶ。それにしても、《危機》を《ヘそ》にむすびつけたところに、いいだの想像力の冴えがあったといってもいいだろう。リンゴの木が、克也をのせ、初めて空をとぶ瞬間を、いいだは次のようにかいている。

「やったぜ！　ふん、ふん、ふふふ、ふん」

リンゴの木は、はな歌をうたいながら、リンゴ園の上を飛びまわり始めました。花ざかりのリンゴ園からは、

「ホォーッ、ホォーッ」

という、ため息が聞こえました。自由になったリンゴの木を、他のリンゴの木がうらやましがっているのです。

「なんや、カッちゃん、こわいんか」

まだ、幹に抱きついたままの克也をからかうように、リンゴの木が言いました。


この、空をとべるようになったとたんに、はな歌をうたいだすリンゴの木の陽気さは、いったい何なんだろうかと、ぼくは思う。飯田といいだの差異は、飯田が青春の蹉跌をはずかしながら語っているのに対して、いいだはストレートに（しかも明るく）木の危機的状況について語っている点だ。はな歌まじりに空をとび、関西弁を話すリンゴの木から、木の危機的状況をだれが想像できるだろうか。『空とぶ木のひみつ』は危機について語り、語りながら、底抜けに明るい。いわば「明るい危機感」とでもいうべきもので、つらぬかれている。その小気味よさは、ひとつのアジテーションになっている。それも、久しぶりに鮮やかで見事なアジである。

みどりを守ろうという会話部分での説明（あるいは説得）は正直いっておもしろくない。しかし、木のへそにのり、空を自由にとびまわり、《よみがえりの日》にほんとうに木たちが月へ行ってしまうと

いう物語の展開はじつに明快なアジになっていて、おもしろい。また、木とともに動きまわる四人の子どもたち＝ペガサス団も、底抜けに明るい。これは、安藤美紀夫の『プチコット　村へいく』（新日本出版社　一九六九年九月）以来の見事さだと、ぼくは思った。

＊

プチコットは小人である。ある日、小人のおかあさんのピルカコットは古い呪文を思い出す。プチコットは、それを一年かかって覚えて、村へ行く。プチコットが覚えた呪文は、こうだ。

バルカ　ビルカ
バルカ　ビルカ
ピルカ　バルカ
ホウ！

プチコットがこういうと、なんでも「おもちゃ」になってしまう。プチコットは、木がたおれてきて、下じきになりそうな子どもを、木をおもちゃにして助ける。山火事がおこったときは、火をビニールのおもちゃにかえてから、川にながして消してしまう。まったく、見事なものである。

が、プチコットが村でやったことはそれだけじゃなかった。プチコットは村で、軍隊の基地拡張反対闘争をやってしまうのである。てっぽうや戦車をみんなおもちゃにかえてしまう。大砲のたまをプラスチックのたまにし、ジープをブリキのおもちゃにし、隊長の双眼鏡もブリキとボール紙のおもちゃにしてしまうのである。ブリキの戦車をうごかし、プラスチックのたまをポンポンとうちあう兵隊たちは、こっけいだ。

作者の安藤美紀夫は、あとがきの中で、北海道のはてのヤウスベツで基地拡張に反対している二戸の農民に最初に読んでもらいたいといっている。このことからもわかるように、プチコットの呪文は、ひとつの事実からうまれたものだ。基地拡張への危機感が、この作者を支えている。

基地拡張への反対、あるいは基地そのものを撤去しようという闘争が、現実に成功裏におわることはほとんどないといってもいいだろう。国家権力そのものが相手なのだから、それもいたしかたない。しかし、現実の敵が強大だからといって、フィクションでそのあと追いをすることはない。安藤は、敵をおもちゃにおとしめ、笑いのうちに基地拡張を打ち砕く。この明快さ、明るさに、ぼくは拍手喝采をおくったものだった。そして、いいだよしこの『空とぶ木のひみつ』にも、ぼくは同じような明るさを感じた。いいだの《木のイメージ》は、屈折しながらも、外に向かってのびている。いいだの木が、空をとび、ついには月にまで行ってしまったわけが、ぼくにはわかるような気がする。

＊

『空とぶ木のひみつ』のラストシーンは、《よみがえりの日》に月へ行ってしまった木や動物たちを見送りながら、克也たちが、一瞬みどりでいっぱいになった月を思い浮かべるところである。この〈みどりの月〉のイメージが、ぼくは好きだ。

「移住先が月の裏側じゃ、成功しても地球からは見えないなあ」

明が、残念そうに言いました。

克也は消えてしまった『月の道』のあたりに目をこらしながら答えました。

「でも、うまくいけば、月全体に仲間をふやして、みどりの月にできるかも知れないよ」

「みどりの月！」

ペガサス団の子どもたちは、満月を見上げました。


月は一瞬、たしかにみどり色になって、こうこうと輝いているように見えました。


この〈みどりの月〉のイメージが、ぼくは好きだ。読者である子どもたちは、この〈みどりの月〉を、どのように自分の頭の中に浮かべるのだろうか。クレヨンのみどりベタぬりのまんまるの月、あるいはまた、メロンのようなおいしそうな月が、子どもたちの頭の中には浮かぶのだろうか。ぼくは、そのことを考えるだけでもたのしくなる。

ぼく自身の趣味でいうと、ぼくは、黄色に赤と青とを少しずつまぜた、淡く渋いみどりが好きだ。だから、ぼくが頭に浮かべるとしたら、月は当然そんな色をした〈みどりの月〉になるはずだ。

ぼくは今、小学二年の子どもたちを教えている。その子どもたちが『空とぶ木のひみつ』のラストの〈みどりの月〉をどのようにイメージするのかを考えると、おもしろい。おそらくは大半が、クレヨンの「みどり色」一色にぬりつぶしたような月を頭に浮かべるにちがいない。

しかし、絵をかくときは、また別だ。ぼくのクラスの子どもたちは、絵の具を赤、青、黄色の三原色しか使っていない。みどりの絵の具は存在しないのである。一年の、初めて絵の具を使いだしたときからそうだから、彼らは何の戸惑いもなく、彼ら自身の〈みどり〉をつくり、自分だけの〈みどりの月〉を浮かべはじめるにちがいない。

その彼らが、『空とぶ木のひみつ』を読んだとして、ラストの〈みどりの月〉はどうなるのか。やっぱりほとんど原色に近いものを頭に浮かべるのではないかと、ぼくには思える。思い浮かべるというより、これはさっと浮かび、さっとすぎるのだ。場合によっては、原色の方がかえってすっきりするということもあるだろう。まみどりにぬりつぶされたメロンのような月が空にぽっかりと浮かんでいるというのは、それはそれで鮮明で明快というべきだ。

しかし、ここで、ぼくが「みどりの月って、いったいどんな月なんだろうね?」と、たずねると、おそらく事態は一変するにちがいない。ひとたび立ち止まったときに、彼らが頭に浮かべる〈みどりの月〉は、かぎりなく自らのつくりだした〈みどりの月〉に近くなるはずだ。そして、絵をかかせたら、それこそ三原色からつくりだした〈みどり〉以外には出てこない。なぜなら、それが彼らの最も安心して使える既知の〈みどり〉だからである。

話が横道にそれたと思う人がいるかもしれない。が、ぼく自身のなかでは、必ずしもずれてはいない。ぼくは今、子どもの《読み》のかたちについて考えているのだ。子どもが本を読むという行為とそれがひとつのイメージを形成していく過程を、ぼくは見たいのだ。子どもたちが、既知の知識・体験・イメージを次々にくりだしていくその存り様が、ぼくにとっては問題なのだ。

大雑把にいうと、いいだの〈みどりの月〉は、立ち止まらないと原色のみどりの月になり、立ち止まると三原色混合のみどりの月になる。そんな気がする。これは、どういうことか。立ち止まらないで、さっと読むとき、子どもたちが頭に浮かべる〈みどり〉は、おそらくこの言葉からふつうに受ける最大公約数の「みどりという色」にちがいない。これは子どもの場合、おおむねクレヨンや絵の具のみどり色をそのまま浮かべることになるだろう。これは、浮かべるというより、通り過ぎるものだ。

そして、ひとたび立ち止まったとき、彼らは自らがつくりだしたことのある様々な〈みどり〉を思い浮かべるにちがいない。彼らは、赤、青、黄色を混ぜ合わせることで出来る彼ら自身の〈みどり〉を、既に知っているからだ。いうまでもなく、このふたつの〈みどりの月〉は、別に善悪の基準を示すものではない。確かに、原色のみどりよりも、それぞれがつくりだした〈みどり〉のイメージのほうが多様で、しなやかにはちがいない。が、子どもの《読み》に与える強度、イメージの鮮烈さは、原色のみどりの方が優るかもしれない。それは、その子のそれまでの生活史やら、たまたま読んだときの気分やらで、千差万別だ。ただ、ぼくが言いたいのは、この〈みどりの月〉が読者の二重の読みを誘発しやすいイメージを孕んでいるということだ。ここに、読者である子どもたちそれぞれの木のイメージを重ねていったら、〈みどりの月〉は子どもの数のぶんだけのみどりの森になって、月の上をさわさわとゆらすことになるのだろう。いいだの〈みどりの月〉には、未来への予感がある。

すぐれた作品は多層な読みを可能にするものだ。ぼくが、この作品のラストの〈みどりの月〉をおもしろいといい、それに比して、その会話部分をつまらないというのは、会話部分にはイメージの広がりが感じられないからだ。木々の危機に関する啓蒙的な発言があまりに多く、これらは、たとえどのように語ろうとも、ひとつしか読みようのない硬直したことばの連続にすぎないものだ。ぼくらは、このような言葉の群れに接すると、ただただ学びつつ、わかりつつ、読書という行為を続けていかなければいけないことになる。これは、木のへそにのり、空をとび、《よみがえりの日》に、〈みどりの月〉をみる発想とは、全くの別物だと、ぼくには思える。

ぼくは、やっぱり《よみがえりの日》を礼賛したいのだ。これは、みごとな《架空リアリズム》になっているると、ぼくは思う。

ぼくは、正直いって、最初のうちは、ほんとうに《よみがえりの日》が実行にうつされるとは思わなかった。三千年に一度やってくる《よみがえりの日》。その日、木たちは、ヘソにのられなくても自由に動くことができるのだ。今までの《よみがえりの日》は、木たちは動かなかった。そして、今度も、結局は動かないのではないか、と、ぼくは読みながら思っていた。

その根拠がないわけでもない。例えば、木が空をとぶというひみつを、子どものほかには話してはいけないといわれながら、克也は、簡単に、おじいさんと大木先生に話してしまう。木たちも、よき理解者だということで、それをわりあい簡単に許してしまう。いってみれば、書き方が軽くて、とても木たちがみな月へいってしまいそうな末世に、ぼくには見えなかったわけだ。

しかし、ぼくの悪い予感は完全にはずれてしまった。《よみがえりの日》の決行に、ぼくは自分の心がおどるのが、わかった。末世にはならなかった。いいだは、ぼくの想像以上に、軽くさわやかに「それ」を実行してくれたのだ。

*

この計画は地球上の半分以上の木が『よみがえりの力』を集め協力しないと実現できない。

これは、《よみがえりの日》に月へ行く条件として大ケヤキのじいさまがいったことばだ。〈地球上の半分以上〉というくらいだから、これは、大変なことにちがいない。それを、いいだは、行くものにも、残るものにも、選択の自由をあたえ、しかも、それを決行した。

月へ行くことが、必ずしも自由を約束しているわけではない。行ってみなければわからないが、このまま地球にいて死ぬよりはましだと、ケヤキのじいさまはいう。この、フィフティ・フィフティの感覚も好きだ。克也のおじいさんや大木先生が好きだからといって、地球に残るリンゴやユーカリの木も暗さがない。行くものも、残るものも、自分で考えて、自分の道をきっぱりと選びとっている。この明るさに、ぼくは気がついていなかったというべきか。しっかりと、あっさりと、木たちに月へ行かれてしまった。この結末の見事さと明るさは『プチコット　村へいく』以来の快挙にちがいない。

＊

かって、鳥越信は『山が泣いてる』の結末の不完全さ（?）にふれて、「冒険小説の未成熟」（『講座・日本児童文学③　日本児童文学の特色』明治書院　一九七四年四月所収）の中で次のようにいったことがある。

山形の「もんぺの子」同人が共同制作した『山が泣いてる』（理論社　一九六〇年）は、山形県の大根村に広がるアメリカ軍の実弾射撃場の撤去運動を描いた作品だが、物語の最後で軍事基地がとりはらわれたかといえばそうではない。なぜなら、これは事実に取材した事件だから、実際にとりはらわれていないからである。

鳥越は、ここで〈事件の完結性〉をいい、〈架空リアリズム〉を主張した。鳥越は、いう。――〈社会的な素材や事件を描きながら、事実が到達したところまでしか書かないのではなくて、その事実が前進し、やがて完結するまでの過程（もちろん、これは現実におこっていない部分だから、その後の事実過程とは全くちがったものになる可能性もあるが）を虚構によって構築する、しかも読者に「うそ」を感じさせないリアリティをもつことは、果たして不可能なのか〉と。

こういう言い方がゆるされるならば、『空とぶ木のひみつ』は、木が空をとぶということを除けば、全くの日常的物語である。つまり、結末の『よみがえりの日』という解決法を除けば、克也たち四人組が木々の危機について気づいていく啓蒙的リアリズムにすぎないものだ。その啓蒙的リアリズムを、いいだは、みごとな架空リアリズムに変身させてくれたのだ。とくに、ラストの〈みどりの月〉のイメージは、ぼくに未来形の予感をあたえてくれた。

8　再び、森のなかへ（飯田栄彦の森のイメージは、ひとつの憧憬の中に繋っている。飯田は自らの原体験の中へ遡り、また、蘇る。ぼくらの八〇年代の森は、大きな屈折の上に繋っている）

森にはみんながいた。タヌキ校長もカメレオン教頭もパンダもキリンもスカンクもドーベルマンも。それに、チンパンジーやニホンザルやゴリラの生徒たち。森を駆け、木から木へとび移り、はねまわり、歌って、踊って、笑って……。みんなてんでに、好き勝手なことをしてあそんでいた。タヌキ校長は、ゆでダコのように顔をまっ赤にさせて、ゴリラとロビンフッドごっこをしていた。

ぼくは、再び飯田栄彦の《森》の中へはいっていこう。飯田は《八郎トンネル》を〈森〉と呼ぶ。その森の中で、飯田は自由になる。飯田の《森》のイメージを最も象徴的にあらわしているのは，ここにあげた動物たちの戯れの部分だろう。飯田は、動物に変わった教師や生徒たちを、木の上で自由に遊ばせている。サルはうたう。ブタはどなる。タヌキに変身した校長はまっ赤になって、生徒のゴリラとロビンフッドごっこをする。それら樹上の群れの戯れは、頭に思い浮かべるだけでも、ぼくらの心をなごませる。

夜明農業高校は、《八郎トンネル》という森を通過することで、生き生きと蘇る。森の中で、教師も生徒もブタやサルに変身しながら、かえって心はひとつになっていることが、ここに明示されている。かっての教え子である友清少年はオランウータンに変身して「ぼく」にいう。笑いながら話しかける。

こげな学校は他になかろ、先生

この友清ウータンの言葉は象徴的である。このような学校が現実にはふたつとないことを告げている。だから、考えようによっては、重すぎる問いかけだ。しかし、ヒゲブタに変わった「ぼく」は、特別に考えることも迷うこともない。〈ないない、絶対にあるもんか、ブホッ〉と、あっさりと答えている。このどうしようもない軽薄さも、高倉彦太郎こと「ぼく」の魅力なのだ、といってしまえばそれまでなのだが、飯田は自らをヒゲブタに変身させることで、つまり人間の姿を放棄することで逆に人間の心を回復させようとしている。そういうパラドックスを試行しているのである。

飯田の《森》のイメージは、「自由」の象徴として、今、ここにある。その自由の息吹に、読む者は心をうたれるのだ。高木あきこは、これを〈熱気〉と呼んだ。第二十六回日本児童文学者協会賞の「選考評」(『日本児童文学』一九八六年七月)の中で、高木あきこは〈私は読んでいる間じゅう、この作品の熱気に圧倒されつづけ、感動したのだった。作者の、人間とくに若者達への信頼感……あったかいユーモアがうれしい。〉といった。

ぼくは、高木あきこのこの「感想」を読んだとき、飯田の自由さの根拠を、リンゴの芯をむきだしにするように、たしかめてみたいという衝動にかられた。これは、どういうことか。ひとたび変身を果たした、かっての人間たちは、ほんとうに、自由に動きまわっている。この熱気に、ぼくらは胸うたれることになるのだ。が、ひるがえって考えてみると、やはり、彼らは人間のままでは、彼らの本性を出すことができなかった「不幸」を背負っていたとはいえまいか。

実をいうと、その「不幸」がどこにあり、どこへいったのかが、ぼくには、今、よくみえていないのだ。しかし、そんなことは無頓着に、彼らは森の中で初めて自由に振る舞っている。この自由さとは、一体なんだろう。そして「不幸」とはなんだろう。

いいだよしこが、月の中にみどりの森をイメージすることで、未来に対する予感を語った。それが、いいだの「自由」であったと、ぼくは思う。それに対して、飯田栄彦は、自らの原体験へと遡っている。飯田は、自らの幼児性の中に《森》を形成する。飯田にとって「自由」の獲得とは、自らの幼児性への回帰ではなかったのか。そのことが、最もはっきりあらわれるのは、「ぼく」が木に語りかけるときである。飯田は、まるで自らの胎内に回帰するかのように、木に語りかけている。

木を見上げながら、ぼくは胸のときめきを感じていた。通じるだろうか。少年の日の呪文に、木はこたえてくれるだろうか。ぼくは今でも、木の声を聞くことができるだろうか。

「木ィさん」
少年の日のように、深く息をすって呼吸を整えてから、ぼくはおもむろに呼びかけてみた。「ぼかあ、話がしたいっちゃん。ぼくの話ば聞いてね。聞こえたら、枝ばゆすってつかあさい」

飯田は、木に語りかけることばを〈呪文〉と呼んでいる。そう、たしかにこれは、自らの幼児体験に遡り、再び体験するための〈呪文〉にちがいないのだ。飯田は自らの幼児性へと回帰し、また蘇る。その同じ道のりを、ぼくらは再び辿るのだ。「ぼく」こと高倉彦太郎が少年の日の記憶を蘇らせるとき、ぼくは実はぼく自身の記憶を辿っているのではないかという錯覚におちいることがある。〈木〉についての記憶を、飯田は、次のように語っている。

……子どものころ、ぼくは木が大好きだった。木登りをして、木と話さない日はなかったと言っていいほど、毎日のように木とあそんだものだ。村には小さな雑木林が点在し、子どもたちの格好のあそび場だった。その林で、幼いぼくはどんなに夢中になって、ターザンや山賊ごっこに興じたことだったろう。苦心して、作った弓や刀に胸を踊らせながら。

ぼくが、むかし、のぼったヒノキの木が、もうないように、飯田の語る雑木林も山賊ごっこも、苦心してつくった弓も刀も、今はもうないのだろう。飯田は、今を語るために、今はもうない原風景としての木のイメージを引き合いに出さずにはいられなかった。この屈折した幼児性と、ぼくは、とりあえず固い握手をしたい。
ぼくは、ぼく自身の原風景の中へ帰ろうと思う。むかし、そこに木があった。今、そこは日本銀行の白い四角い建物と、住友生命の十三階建てのビルディングの下に沈んでいる。ぼくのヒノキとその木の上から眺めた山やまの風景は、ぼくの心の中で、また新しく蘇り、動き出すにちがいない。ひとつの失われた木のイメージが、今も、ぼく自身のいくばくかを支えている。

（『季刊児童文学批評』再刊二号　一九八七年一〇月）

雲は流れる、迷路はめぐる

＊青空

雲は流れる。迷路はめぐる。迷路は青空にこそ似つかわしい。

＊また青空

どんな魔力をもった迷宮も、そこを通り抜けた瞬間に見る、あの目もくらむような青空ほどに魅惑的なものはないだろう。透き通るような青空。ぽっかりと浮かぶ白い雲。流れていく。ぼくらは、その約束された出口＝青空をめざして、迷路をすすむのだ。

＊ミノタウロスとイカロス

ミノタウロスの迷宮が、ぼくらの気持ちを揺り動かすのは、その一方にイカロスの神話をもっているからにちがいない。イカロスは、ミノタウロスの迷宮から逃れるために、父ダイダロスが蠟でつくった鳥のはねを身につける。翔びたつ。イカロスは空を舞う。その空は、きっと目が痛くなるほどの青さをもっていたにちがいない。空の青さがイカロスの理性を狂わせたのだ。ぼくはそう考えている。太陽に近づきすぎたイカロスは、蠟のはねを失う。命をおとす。

迷宮の上には、やはり眩しくなるような青空が似つかわしい。迷宮は、ときとして地の底、あるいは森の中の暗やみを思わせるが、そのうしろには、透き通った空がある。その一瞬の空の輝きを求めて、ぼくらは迷路をすすむのだ。

＊君津へ

君津が、こんなにも遠いところだとは知らなかった。同じ千葉県に住んでいながら、この地理的感覚のなさに、ぼくは半ばあきれながら、小さなワゴン車を運転していた。千葉の先が市原で、その先が君津ぐらいにおもっていたものだから、どこまでも続く白くて長いアスファルトの道に、ぼくはいささかうんざりしはじめていた。

「まだ、なの。」と、子どもたち。

「うん、もうすぐ。」と、女房。

千葉を過ぎてから、もう十回以上繰り返されている同じ会話。あきもせず、くらくもならずに、どちらかというとルンルン気分で同じ会話を繰り返すことができるのは、女房の「もうすぐ」に五分から五時間ぐらいの時差があることを、子どもたちが承知しているからにちがいない。

そういえば、以前船橋から前橋まで車で帰省したときも、出発した直後に、子どもたちが「どのくらいで着くの。」とたずね、女房が「三十分！」と答えていた。ふと、そのときの情景を思い出す。あのときは、首都高速道路が事故で渋滞していたせいもあるが、確か前橋へ着くまでに八時間以上もかかってしまった。

君津は、前橋よりは近かった。二時間ほどはしった後に遠くから見えた君津砦は、頭で思い描いていた迷路よりも小さく見えた。空想の迷路よりも現実の迷路のほうが小さく狭いというのは、考えてみれば、当たり前のことだった。気づかねば行き過ぎてしまったかも知れない迷路への脇道を見つけ、ぼくはホッとして車をよせた。ぼくらはその日、無料で家庭に勝手に配布されてきた新聞に出ていた広告を頼りに、ここまで来たのだった。砦のとなりの駐車場に車を置いて、ぼくらは砦の中へと入っていった。

＊イカロス

また、イカロス。片岡輝の「勇気ひとつをともにして」という歌が好きだ。『ギリシャ神話』のイカロスの失敗談をひとつの勇気の歌として歌い変えた。その潔さが好きだ。

イカロスは空を翔ぶ。蠟でつくった鳥の羽根を身に付けて。雲を越える。空高く、舞い上がる。陽に近づく。その熱で蠟はとけ、翼を失ったイカロスは地上へと落ちていく。真逆さまに。このイカロスの行為を、片岡輝は〈勇気ひとつをともにして……〉と、歌いあげた。

いうまでもなく、ギリシャ神話のイカロスは、勇気ひとつをともにして、空へと翔びたったわけではない。ミノタウロスの迷宮から逃れるために、父ダイダロスがつくった羽根をただ身に付け、考えもなくとびたったにすぎない。父の忠告を忘れて、空高く上がりすぎ、羽根を失い、墜落したにすぎない。

このイカロスの失敗談を、ひとつの勇気の詩にうたいかえてしまった。その明快なロマンチシズムが心地よくて、ぼくは好きだ。好きなのだ。

だから、ミノタウロスの迷宮には、やはり、勇気ひとつをともにして翔びたったイカロスの眼もくらむような青空が似つかわしい。ぼくはそう考えている。

＊ミノタウロス

新井素子の『ラビリンス』（徳間書店　一九八二年八月）も、そのタイトルが示しているようにやはり迷路の物語である。新井の作り出した、その迷路は、最初から種を明かしてしまえば、世界一のレジャーランド建設のために、特殊合成樹脂によって作られた、半透明のガラスのような迷宮である。それは魔性の迷宮でありながら、眩しいほどに光輝き、空の蒼さをも映している。作品のラスト近く、この物語の主人公であるサーラとトゥードが「神」とともに迷路の出口から出たときの描写も、やはり青である。新井は次のように書いている。


角を、まがる、と。

白、かった。

目の中に、赤だの青だのむらさきだの、ありとあらゆる色のイメージをおこさせる程、白かった。

その——出口は、出口は、光に満ち力に満ち——。

つめたい風が、吹きこんでくる。先頭にいた、サーラの髪がなびく。赤い、光の乱反射。

そして——。


空に近い処。ここには、空の青がおりてきていて。見渡すと、一面の青。空の青、それをうける迷宮の青、街をかすませるもやの青。

引用の前の方は、サーラたちが迷路の出口を見つけた瞬間。後の方は、迷路を抜けたサーラたちが人生という名の〈巨大なラビリンス〉へと旅立つ瞬間のものだ。ありとあらゆる色のイメージをおこさせるほどに白く輝く出口を抜けた瞬間に、サーラたちを迎え、包み込んだものは、やはり〈一面の青〉だった。ここにも、ぼくは、迷路と青空との不思議な関係を見てしまう。迷路にはやはり青空が似つかわしいのだ。

ぼくは、どうやら『ラビリンス』という作品を、その出口＝ラストから語り始めてしまったようだ。迷いついでに、今度は、六年に一度の大祭をしているというこの物語のイントロを見ることにしよう。新井のガラスの迷路に入り込むのは、それからでも遅くはないだろう。

足許に、火が見える。
林の南、祭りの広場で焚かれている火。
巨大な赤。今、陽が落ちて、その赤はいっそう鮮やかに目にしみた。
かすかに聞こえてくる、神木をうちあわせる音。いくつかの神木に、広場の火がうつされ、それが小さな赤い点になって村の端々へ散ってゆく。清めているのだ。村全体を。これから二昼夜にわたってとりおこなわれる祭りの為に。

火が見える。神木が打ちならされる。暗やみの中を広場の赤い火が村の端々まで清めるために散ってゆく。この「闇と火」という導入は、ぼくらの心を直截に原始時代へと引き寄せるものだ。原始の時代は神話の時代でもある。この祭りが頭に角のある〈神〉に生贄を捧げる儀式だと知らされるとき、ぼくらはそこに容易にミノタウロスの神話を想起することになる。

クレタの王ミノスの妃、パージファエは牡牛を愛し、大工ダイダロスにつくらせた青銅の牝牛像の中に潜り込んで想いを遂げる。その獣愛の結果うまれた半人半獣の怪獣がミノタウロスだ。

ギュスターヴ・モローに「パージファエと牡牛」という絵がある。ミノタウロス本人ではなく、その発端であるパージファエと牡牛を描こうとする画家の眼がすでに屈折しているようで魅惑的だ。青銅の牝牛の中へ潜もうと衣服を脱ぐパージファエと、その姿を木陰から垣間見ている白い牡牛の姿は、まるでニンフとユニコーンのように、茫洋としていて美しい。水彩で描かれた黄昏時の遠景はさらに茫洋としている。これは、モローの絵の中で一番きれいな風景だと、ぼくは思っている。その中央やや右よりの奥に突き出るように描かれている青銅製の牝牛の黒さと無表情さが、それでもやはりミノタウロスの悲劇を内に込めているのだろう。同じモローの「クレタの迷宮にはいるアテネ人たち」の中に描かれたミノタウロスは、迷宮の闇の中で、ひっそりと生贄のアテネ人たちを待ち構えている。

しかし、『ギリシャ神話』を背景においたように見えるこの物語が、じつは核戦争からさらに一千年を経過した時代の地球（?）上の物語だと、一体だれが想像できようか。ひとつの神話をおのれの胎内に閉じ込めることで、この物語はそれ以降の全ての歴史の流れをも、その迷路の中へ閉じ込め、塗り込めようとしているのかも知れない。幾層もの迷路の重なりの中で、ぼくらは、生贄の三人の少女と共に〈神の穴〉へと入っていこう。

村で六年に一度の祭りの夜に、サーラとトゥードとイアスという三人の少女が〈神〉への生贄として選ばれる。サーラは軍神ラーラを守護神とする男まさりの少女。トゥードは知神デュロプスを守護神とする理知的な少女。イアスはただ怯えているだけの少女。イアスの影の薄さが気にかかるところだ。が、彼女の役目はもう少し物語が進んだところで決定的なものになる。

〈神の穴〉という名の洞窟の闇の中で、三人の少女が出会った《神》はミノタウロスそのものの姿をしている。もっとも、核戦争の後に退行しすでに文字を失っている人間であるサーラたちがミノタウロスの神話を知っているはずもない。だからかも知れないが、神の角は〈神を目の前にして言うのはおかしいかも知れない。が、あきらかに、どうしても、神罰が下って生えたとしか思えない、額の二本の角〉という倒錯した形容詞句を冠して説明される。そして、この倒錯した描写が、かえって神としてのミノタウロスの地位を高め、人間たちを原始の底へと引きずりおろしているのだ。幾層かの倒錯したイメージを背景に置いて、《神》という名の獣はイアスをむさぼり食うことになる。その場面だ。

するどい歯が、筋肉組織にもぐり――神は、右手で獲物をおさえ、軽く首をふる。ずるり、と、たまらない音をたて、筋肉がひきちぎられた。ゆっくりと、血をしたたらせながら、口の中へ消えてゆく――肉。

イアスのひきちぎられる音を後ろに、サーラとトゥードは洞窟の闇の中をひた走る。サーラはあわよくば神を倒そうと思って来た少女。トゥードは神に文字というものを教わろうと思って来た少女。出現した神は、そのどちらの思いも断ち切るほどの威厳と狂暴さをもってあらわれ、イアスの血をすすり、肉をくいちぎり、はらわたをむさぼる。ただ食われるためだけに出てきたイアスという少女の役まわりは、やはりあわれというべきか。ともかくも、神の〈食事〉の音を聞きつつ、ふたりは逃げる。そして、その闇の向こうに新井素子は、ガラスのように光輝く迷路のイメージを置いている。

ラビリンス——迷宮。

それは本当に、何という迷宮だったことだろう。

まぶしい。今までの、暗闇に慣れた目ではあまりにもまぶしい。まるで陽光のま下にいるような、光の乱舞。

「ガラスの……迷路……？」

トゥードが、かすかに呟いた。その迷宮は、確かに、ガラス製の迷路のように見えた。厚い、青味をおびた、すきとおった岩。この迷宮には、陽光に露出した部分がだいぶあるらしく、そこから光がはいってきて——それが、この、とてつもなく大量のガラスの壁に、反射し、屈折し……

迷路めぐりの冒険は、やはり後ろから追い迫ってくる敵がいた方がおもしろい。『インディージョーンズ』の冒険も、そうだった。『オズのまほうつかい』も、そうだった。ドロシーたちはもうずいぶんと長い間地下の世界をノーム王から逃げまわっていたものだった。サーラとトゥードの後ろの闇の中にも、〈神〉という名のおそろしい人食い怪獣がいる。迫っている。

その前に目もくらむようなガラスの迷路がある。抜け出る以前から光輝く中に置かれてしまった二人にとって、これは救いというよりは絶望そのものなのではないか。〈神〉はこの迷宮の全てを知り尽くし、逃げる二人の少女の方はこの迷宮の謎を何ひとつとして知らないのだから。

ところで、ガラスの迷路の残酷さは、透き通った壁一枚の向こうに外の光を見つけたときにあらわれる。どんなにしても破れるはずのない壁の向こうが黄昏て、冷たい青から甘い金色に変わるときがある。

見上げると、月がある。

「月よ！」

迷宮の、天井。今までは、天井の上にも更に道があり——迷宮は、立体的に、幾層にもなっていたのだが、今。

天井を透かして。かすかに、二つ、円盤が見える。大きな赤い月、小さな白い月。あれは、まごうかたなく——夜、空にかかる、月。

なぜ月が二つもあるのか、と思う人もいるかも知れない。が、そんなかたいことはいわないで、話を先にすすめよう。かたいのは迷路の壁だけでたくさんだ。サーラとトゥードは一枚だけになった壁を破ろうと剣をふるう。しかし、壁は破れない。だいいち、そのくらいのことでこわしたり、壊れたりするようでは、迷路遊びのルール違反だ。ふたりは絶望の中で、また下りの道を選ぶのだ。

サーラとトゥードは迷路を進み、話の方も進んでいく。ミノタウロスのような容貌をもった〈神〉と呼ばれているものが、じつはロウグという野獣と人間との遺伝子組みかえ実験体の第二十六号群だということがわかる。また、このラビリンスも、かっての人間たちがつくった世界一のレジャーランドのなれの果てだとわかる。そこに辿り着くまでには、ぼくらはもう少しこの物語につきあわなければならないのだが、これら倒錯した歴史のイメージをも包み込んで、新井素子がぼくらのまえに見せてくれたこの光輝く特殊合成樹脂製の迷路のイメージが、ぼくは好きだ。なぜなら、ここでは、闇から出たときのふりそそぐ光と青空という迷路のロマンチシズムが最初から粉砕されてしまっているように、ぼくには思えるからだ。
さて、サーラ、トゥードは神と出会い、三人の奇妙な三角関係の生活が始まるのだが、それについてくわしく語るのは止めにしよう。妙に道徳的になりそうな気がするからだ。物語はめでたく大団円をむかえる。また、ラストである。〈迷宮には、必ず出口があるけど、命には果たして本当に出口があるかどうかわからない〉と、サーラがいう。もはや遊戯としてのラビリンスは終わっている。物語の終わりは、巨大な人生という名のラビリンスに二人が、今、一歩を踏み出すところである。

世界は今、巨大なラビリンスとなり、二人を待ちうけ、二人は、一歩一歩、足場に気をつけながら、世界の中へとはいってゆく。時々、世界の入り口までの水先案内人である神を見上げて。いずれにせよ、この先の迷宮の中へはいってゆくのは、サーラ達若い世代の仕事であり――そして、一度迷宮にはいったら。どれ程巨大な迷宮であっても、出口の有無が判らなくても、歩いてみないことには仕方がないのだから。迷宮の中で立ちどまっていては、何の可能性もないのだから。巨大な人生《ラビリンス》が、今そのつめたく苦しく優しい手をひろげて、二人を包みこんでいた。

新井は、もともと暗やみの中にひっそりとあるべきラビリンスを特殊合成樹脂という名の《ガラスの迷路》に仕立て、白日の下にさらけだした。迷路の魔性は消え去ったが、今度は人生がラビリンスなのだ。人生という名の暗黒の迷路へ旅立つとき、しかし、新井素子という作家の目は、なぜ慈愛に充ちるのだろうか。そこには限りない自己＝人間肯定のロマンチシズムが流れているように、ぼくには思えてならないのだ。

＊君津砦

君津砦の中は、思ったより広かった。自らを騎兵隊に擬して、スー、アパッチ、シャイアン、コマンチの四つの砦を征服していくという設定のこの迷路は、騎兵隊よりインデアンびいきだというぼくの個人的な心情を無視すれば、周りを囲っている丸太の木のはだと香りが心地よく、おもしろかった。

ただ通り抜けるのではなく、途中に四つのチェックポイントを設定するという仕組みは、他の迷路も大同小異のようだ。ちなみに、ぼくの家の近所にある「ららぽーと迷路」は「M・A・Z・E」という四つのポイントを通らなければいけないことになっている。また、京葉道路穴川インター0分の「アリスの迷路」は「♥♠♦♣」の四つ、行川アイランドの「カリブの海賊迷路」は、スティーブンソンの『宝島』に出てくる二人の人物（ジム・ホーキンス、ジョン・シルバーと、もうひとりは確かスモレット船長だったように思う）と宝島の4つのポイントがあった。それは国土の狭い日本には最適な方法だとひがんだ見方をするよりは、やはり人間はただ回るよりも多少の変化を好む「考える動物」だというべきなのだろう。

人間は考える葦であるといったのはパスカルだが、迷路の中を歩き回っていると、ふと人間は「考える足」ではないかと思えてくる。現代人は足のない葦であるといったのが、だれだったかは知らないが、全くのところ、迷路遊びは足が頼りの冒険なのだ。

ぼくの勤め先の四年生がPTAの活動で「ららぽーと迷路」に遊びに来た。子どもが迷ったら大変だということで、子ども四、五人グループに必ず大人が付くようなかたちで、用意周到に迷路遊びの冒険ははじまった。結果はどうだったか。どのグループも子どもの方がはやく道を見つけ、いちばん時間がかかったのは先生だったという。もしかしたら、子どもには、大人が失ってしまった動物的な不思議なカンが残っているのかも知れない。

＊また君津砦

ぼくと女房のふたりは、君津砦の木のはだの心地よさに酔いしれていた。なぜか雨が降りはじめた。「傘のほしい方は、入り口のところで配っていますから、おいでください。」という放送があった。また楽しくなった。入り口に戻って傘を借りるのと、ポイントをさがし外へ出るのと、いったいどちらが急務なのだろうかなどと、軽口をたたき合いながら、ぼくらは歩いた。運よく、傘を二つ持っているアベックに出会い、傘を一本借り受けることができた。そんなこんなで、ぼくらは、迷路の中を、一時間半ほど迷い歩き、出口でタイムカードを打ったとき、「ワースト賞」という名の賞状をもらう権利を得ていた。早く出過ぎて、その権利をもらいそこなった子どもたちは、ぼくらをうらやましがった。ぼくはすぐにその権利をゆずった。ゆずることをこばんだ女房と、ぼくのタイムカードをもった一番上の娘のふたりは、窓口で賞状をもらい、よろこんでいた。

＊『扉のむこうの物語』Ⅰ（青空）

岡田淳の『扉のむこうの物語』（理論社　一九八七年七月）も、また迷路をめぐる物語である。主人公の行也は、冬休みの宿題の「物語づくり」をしているうちに、〈扉だけの扉〉の向こうにある〈迷路の街〉へと迷い込んでしまう。さまざまな冒険を経た末のこの物語のラストも、やはり青空だ。

がれきはいつのまにか、もっとこまかい砂つぶになり、行也は砂漠の果てに、ぽつんと立つ倉庫の扉を見た。

もどれるのだ、と行也は思った。

おそらくこの結末は、ママと行也のつくった結末ではないだろう。自分でつくった結末なら、ピエロを殺しはしなかった——。

「ピエロ」

つぶやいたとたんに、行也のほおを熱い涙が流れた。

扉の前に立って、ゆっくりふりかえってみた。なにもなかった。見渡すかぎり、砂漠だった。暗いほど青い空だ。


『扉のむこうの物語』に出てくる青空は、これが最初で、最後である。ぼくは、ぬけるような青空を求めて、息の詰まるような迷路の物語を抜けた。そして、そこに青空を見た。しかし、振り返った青空の下に《迷路》は、もうなかった。『扉のむこうの物語』は、青空と迷路とがついに共存し得ない物語だった、と、ぼくは思った。ぼくは、ある種の苛立ちと口惜しさの中で、扉の向こうの物語をふりかえっていた。

＊『扉のむこうの物語』Ⅱ（プロット）

行也は、冬休みの〈特別な宿題〉で、物語をつくることになる。ある日、小学校の先生をしているとうさんの学校に行き、階段下の倉庫で物語の材料集めをし始める。〈ピエロのあやつり人形〉〈扉だけの扉〉〈迷路〉〈オーケストラ〉〈時計〉〈落ちこみ椅子〉〈オルガン〉〈大きなそろばん〉〈ひらがな五十音表〉。そこに喫茶店メリー・ウィドウのママがあらわれる。ふたりは、それら倉庫の中の不思議なものたちを使って、物語つくりを始める。行也が〈ひらかな五十音表〉を「えのめいろへ」とひっくりかえしたとたんに、倉庫は突然暗くなる。ふたりは〈扉だけの扉〉のむこうの街に入ってしまうのだ。そこは〈迷路〉になっていて、倉庫の扉は〈ルービック・キューブ〉のように動いて消えていく。〈陽気で親切なマスター〉に〈分類所〉へ行けばいいといわれる。途中、通信簿の点数のような〈五人のこどもたち〉に出会ったり、古道具屋の〈時計〉が逆にまわって、ママが小学六年の小山内千恵に戻ってしまったりする。駄洒落ばかりいう〈指揮者〉のあとをつけ、大きな木をみつけ、〈分類所〉へいく。そこでは、〈ピエロ〉が、わし・マンドリル・ふくろうの大臣の助けをかりて、人々を分類している。書記が分類して紙を背中にはると本当にそうなってしまうのだ。行也と千恵も分類されそうになるが、ピエロがあやつられていた糸を切り、いっしょに逃げる。最後は、出ない音がある〈オルガン〉で「ブラームスの子守唄」をひき、この世界に戻る。最初に引用した《がれきと青空》の場面は、ちょうど絵の迷路の世界から戻ってきたところである。迷路の中の冒険が、じつは倉庫で自分がつくっている物語で、その中へ入ってしまっているというういわば入篭のような仕掛けをもった作品である。

＊『扉のむこうの物語』Ⅲ（冒頭＝特別な宿題・考）

行也のクラスの先生は、この冬休みに、ふつうの宿題のほかに特別の宿題というのを出した。それは自分で課題を考える宿題だった。

『扉のむこうの物語』という作品は、〈特別な宿題〉から始まっている。この〈特別な宿題〉という言い方は、やはり岡田淳の『雨やどりはすべり台の下で』（偕成社　一九八三年一〇月）の物語の発端に出てきた〈かわった宿題〉を思い出させるものだ。

『雨やどりはすべり台の下で』は、ゴムまりとプラスチックバットの三角ベースの野球から始まっていた。が、その野球をはじめた理由が変わっていた。六年生の一郎が〈夏休みちゅうに、最低いちどは、グループ登校のメンバーであそぶこと。という、かわった宿題〉を出され、それを消化するためにやったものだ。《宿題》として三角ベースをやる子どもたちの姿に、ぼくは否応なく「いま」を感じたものだった。

それと同じように、行也のクラスの先生は〈特別な宿題〉を出し、行也はこまっている。「特別さ」にこまるのは、いまの子どもたちの特徴なのかも知れないと、ふと思ったりもする。その〈特別な宿題〉として、行也は《物語づくり》を選ぶのだ。そして、自らがつくった物語の世界へと迷い込むというのが『扉のむこうの物語』という物語の基本構造になっているのだ。

その《物語づくり》を選択するまでの行也のテーマの決め方の消極性にスポットを当て、そこに「いま」を見たのは、藤田のぼるだった。『日本児童文学』（一九八八年七月号）に書かれた一九八七年の作品回顧の文章の中で、藤田は次のように言っている。いささか長くなるが、前半が藤田が引いた岡田の文章、後半がそれに対する藤田の評言である。

いろいろ考えてみた結果、スポーツを選ぶのはやめにした。

というのは、自分がみんなに、ひ弱だと思われていることを知っていたからだ。

（中略）

もし行也が運動に関係した課題を選べば、おや白雪姫（藤田注、ユキヤにひっかけた行也のあだ名）もからだをきたえようなんて思っているわけ、というようなことをいわれそうな気がした。どんな課題を選んでもいいのに、わざわざそんなのを選ぶこともないだろうとおもったのだ。

こうした消去法の結果、行也は「物語作り」にする訳だが、その消去法のモチーフが変に目立ってはいけないという周囲への思惑にあることは、今の子どもたちの状況の一面を端的に語っている。つまり、ひ弱であることが問題なのでなく、それを克服しようなどというヤル気を見せたりするのがヤバイのだ。

藤田は、目立つまいという心のありように、子どもたちの「いま」を見た。児童文学者協会の附設研究会のときは、たしか、行也のテーマの決め方が教室の今のありかたを反映しているのではないかという意味あいのことをいったように記憶している。ひとつひとつ消していって自分のやることを選ぶという行也のテーマの決め方を、藤田は、皿海達哉の『海のメダカ』の〝目立つまいと思っている康男〟と並べて、このふたつのクラスの状況は似ているといい、そこに藤田の考えている現代を感じるといった。

確かに、そうなのだろう。「立ち向かわない子どもたち」「無気力な子どもたち」「他人を揶揄する子どもたち」等など、そのひとつひとつは「いま」の子どもたちの主体性のない弱さを語っていて、決して間違ってはいないだろう。

しかし、ぼくが気になるのは、『雨やどりはすべり台の下で』のときもそうだったが、そういう「弱い」子どもたちに対して、《特別な宿題》を出す大人の側だ。「主体性のない」子どもたちは、変わった宿題として三角ベースをやり、特別な宿題として自由な勉強をやらされている。この自由さとは一体何なのだろうか。ぼくは、藤田がいった問題に、もうひとつ、教師が子どもたちに対して与えた《特別な宿題》を重ね合わせることによって初めて子どもたちの「いま」が見えてくるのではないかと考えている。揚げ足を取るようにいえば、なぜ今の大人たちは、子どもたちに対して《ふつうの宿題》ではなく《特別な宿題》を出したがるようになったのだろうか。それが、いま気にかかっている。

＊『扉のむこうの物語』Ⅳ（倉庫の中のふしぎなものたち・考）

そのL字型の、わずか六畳ほどの空間に、じつにとりとめもないいろんなものが置かれていた。古いオルガン、トーテムポール、児童机、展覧会にでも出品したのか、紙粘土や焼物の人形、がっしりした机、すわる部分に布のクッションのついた椅子がいくつか、ファイルやプリントのつまった棚、大きなそろばん、音楽会に使う色セロファンのついたスポットライト、スピーカー、古い掲示板、黒板、大きなひらがな五十音表、学習用時計、それから扉、扉……?

『扉のむこうの物語』は、その表題が示すとおり扉のむこうの世界へと旅立つ物語である。〈扉だけの扉〉は、そのファンタジーの出入口だ。扉の向こうは迷路の街で、階段下の倉庫で羅列されたとりとめもないものたちが次々に登場することになる。彼等がこれからの物語を支えていくことになるといってもいいだろう。その意味で、このL字型の空間は、行也のこれからの冒険の基点となるべきものだ。

しかし、岡田淳の『扉のむこうの物語』を読み終わったとき、ぼくは、なにか岡田淳のファンタジーが、袋小路に陥っているような胸のつかえを覚えた。まあ、迷路めぐりの物語なのだから、袋小路も、堂々巡りも、あって当たり前だといえば、それまでだ。が、どこか今までの岡田淳のファンタジーとは違うという印象を受けた。それでは、どこがどう違うのか。

はじめに思ったことは、「扉のむこうの世界」が、子どもたちの日常の学校生活から、あまりにも離れすぎているということ。もうひとつは、倉庫の中で羅列されていたとりとめもないものたちが倉庫の中では不思議な雰囲気を醸し出していたのに対して、扉のむこうの迷路の世界では単なる《小道具》として扱われ、その精彩を失っているということだった。

確かに、物語の随所に、倉庫の中にあったものたちが、ちりばめられ、登場し、消えていく。日常のひとつ隣の幻想のように見える。しかし、それら倉庫の中の不思議なものたちのあらわれ方、そして消え方が、ぼくには、どうにも腑に落ちない。ひっかかるのである。

今までの岡田の作品に登場してくる《不思議なものたち》は、『ムンジャクンジュは毛虫じゃない』（偕成社　一九七九年八月）に出てくるムンジャクンジュにしろ、『ようこそおまけの時間に』（偕成社　一九八一年八月）の茨にしろ、子どもが生活している場のすぐ隣にあったといってよい。それは、もうひとつ全く別の世界があるというより、この世界へたまたま染み出てきた異形のものという雰囲気をもっていた。構築されたもうひとつの世界というより、その染み出てきたような感覚が、ぼくは好きだった。

学校ネズミ、色ネコ、ムンジャクンジュ、これらはすべて確固とした思想と世界をもって我々の前にあらわれたわけではない。そっと、ひそやかに染み出てきたようなリアルさと親しさをもって、ぼくらの前に姿をあらわし、きえていったのではなかったか。ぼくは、そのような、いかにも身近すぎるものとして、岡田のファンタジーをみていたし、どちらかというと「異形のもの」と呼ぶことにいささか躊躇してしまうような岡田の登場人物たちが好きだった。

それは、ぼくが、確立され構築されたファンタジーよりも、あちらの世界からこちらの世界にポッと異形のものがやってきて、こちらの世界に何らかの亀裂を生じさせるようなファンタジーの方に望みをかけているという、ほとんど個人的趣味によっているのかもしれない。余談にはしるが、ぼくは、ほんとうにきちんと組み立てられ、安定した世界をもつファンタジーよりも、どこか寂しそうに現実に寄り添って、ときどきその現実にちょっかいを出す不安定なファンタジーの方が好きなのだ。

『扉のむこうの物語』は、主人公の少年、行也が自らのつくった物語の中へ入っていくという入篭の構造をもっている。だから、単純に「あちらの世界」へ行くファンタジーではない。むしろ、入篭の内とか外とがときに呼応しときにせめぎ合うような関係にあるべきものといっていい。それが、どうしたことか、あまりにも「あちら」に行き過ぎ、「こちら」のものが小道具としてしか機能していないということだ。

しかし、『扉のむこうの物語』の作品空間が、扉の向こうに偏っている、あるいは、子どもの日常から離れてしまっているということは、それ自体は別にいいとか悪いとかいうことではない。また、異形のものがこちらの世界を震撼させるべく染み出すのではなくて、むこうの世界に完全に行ってしまっているということも、それ自体はわるいことでも何でもない。もちろん、ぼくの趣味は趣味としてあるが、それは、あっちの世界へ行くファンタジーを否定することではない。つまりは、岡田淳がつくりだした「もうひとつの世界」の在り様に対して、ぼくが、ひっかかっているということなのだ。

ほとんどしつこい物言いがつづいてしまった。ぼくは、はじめに岡田のファンタジーは染み出てくるようなファンタジーだといった。この作品でいえば、とうさんの勤め先である古びた校舎、階段下の倉庫、そして倉庫の中に打ち捨てられたように置かれていたものども、古いオルガン、トーテムポール、ピエロのあやつり人形……。これらの全てが、岡田のファンタジーの異形のものとして、こっちの世界に染み出てくる可能性をもっていたものたちなのだ。それら生まれる可能性のあったものたちが、結局のところ、岡田の「むこうの世界」に閉じ込められ、その世界の《小道具》としてしか使われなかったことを、ぼくは今、心底から悼んでいるのだ。

倉庫のものたちの騒めきが、ぼくには聞こえてくるような気がする。物語づくりのために、はじめから《小道具》になるように運命づけられてしまった倉庫のものたちは、彼等自身のほんとうのことばで、もはや語らない。例えば、〈ピエロ〉はなぜトーテムポールにつるされたのか。もしかしたら何十年ものあいだ、そこにそうしていたのかもしれない、その時間を、ピエロが語ることはない。〈落ち込みいす〉は、クッションのバネがこわれるときに、そのいすだけが語ることのできる何かをもっていたのかもしれない。〈扉だけの扉〉も、もはやだれひとりとして知る者のいなくなったあのときの学芸会のことを語りたいのかも知れない。

そういえば、この部屋にあるものは、すべてふしぎななにかに見える。行也は、入り口のところに立ったまま、あらためて倉庫のなかの、ふしぎなものたちをながめわたした。

しかし問題は、どのようにふしぎなのかということだった。また、そのふしぎさが、物語のなかでどういう役割をはたすかということだった。そして、まだなにも、はじまってはいなかった。

行也は、自由課題の物語づくりに役立ちそうなものをメモしていく。倉庫の中は、不思議議そうなものたちでいっぱいだった。しかし、作者の岡田淳自身がいうように、問題はその不思議さが物語の中でどのような役割を果たすかということだった。まだなにも、はじまってはいなかったのだから。

倉庫のものたちの不思議さは、いわば、かってある時代を生き、ある時間を過ごしてきたものたちの、その時間を閉じ込めている倉庫という空間の不思議さ、そして閉じ込められているものたちそのものが内包している時間の不思議さである。たとえば、男女の顔を合わせ持つピエロは、それゆえに他のピエロとは違う一つの時間を生き、今ここにこうして息をひそめているはずだ。

そのひっそりと息をひそめていた時間が、学校ネズミの口を借りて染み出てきたものが『放課後の時間割』の中の「戸だなの中のマリオネット」という掌編を思い出している。これは、図工準備室ネズミが語るふたつのマリオネットの恋物語だ。しあわせなふたつのマリオネットの間に、ある日怪獣のマリオネットが置かれる。怪獣は女の子のにじ色を食べたいという。恐れおののく日々が続くが、あらしがきてマリオネットはこわれてしまう。図工の先生は、怪獣のこわれたところをにじ色の粘土でなおし、ふたつのマリオネットは先生があわてたので、糸がからまってしまい、二人はしあわせでしたという話だ。『放課後の時間割』の中では、どちらかというと付けたり風のたあいない小品だ。それでもまだ、このマリオネットたちの糸がからみあい、あるいはこわれた部分をにじ色の粘土で直された怪獣のいきさつを、ぼくらは読み取ることができる。それなのになぜ、扉のむこうの世界で、その世界の全てを分類し、また記憶するという絶対的といっていい権力を与えられた〈ピエロ〉でさえもその両性具有的性格のいわれについて何も語られることがないのか。〈ピエロ〉のかつての時間のことは何ひとつ語られることなく、事件がただ物語を進めるためだけに推移していくのである。

ぼくは、べつにピエロの過去の履歴を隈無く知りたいわけではない。しかし、ただ人々を分類するためだけに登場し、行也の「ほんとうの友達は分類して作るものじゃない」という言葉に目覚めるためにそこに置かれ、人々に考える力を与えて死んでいくためにそこにいる〈ピエロ〉は一体何だったのかと、つい思ってしまうのだ。〈ピエロ〉は、きっと男の子と女の子と二つの顔を合わせ持つような体験をおのれのうちに持っていたにちがいない。それは、図工準備室のマリオネットの糸がからみあったような、あるいはそれ以上にたのしい（あるいは悲しい）時間を内在していたにちがいないと、ぼくは思う。ぼくは、ひとつでふたりの顔をもつマリオネットに、ついふたつのマリオネットの恋物語を連想してしまう。その場合、怪獣役は三つの顔をもつトーテムポールだろうか。トーテムポールとマリオネットの糸は、いったいどのような時間を共有し、また閉じ込めて、いまそこにいるのだろうか。

ぼくは、この物語の発端が行也の物語づくりにあるということも非難するつもりはない。ただ、物語をつくるという行為がいかにも安直に行われ、また倉庫のなかのふしぎなものたちが、それ自身の成り立ちをひとつも気にされることなく単なる《小道具》として扱われ、迷路の街にあらわれ、そして消えていく有様が哀れなだけである。

いま、例えばぼくは、ピエロについてだけ語ってきたが、これは倉庫の中のものたちの全てについて言えることなのだ。〈落ち込み椅子〉にしても、そのクッションのバネがはみ出てしまうようなひとつの時間を生き、いまここにいるはずだ。すわる部分のバネが落ち込むほどのことだから、椅子にしてみればおのれの存亡をかけた大事件だったにちがいない。〈落ち込み椅子〉については、また、それ自身にスポットを当てて、語らねばなるまい。

ともかくも、倉庫のなかのものたちの個々の閉じ込められた時間が、この作品で語られることはない。ということは、『扉のむこうの物語』という作品の仕組みが、その背後に閉じ込められた時間を内在していないということにもなる。ぼくらは、いくつもの生き得る可能性を生き、いまその中のひとつの現実を生きている。一つの現実を生きると云うことは、同時に無数の可能性を閉じ込めていくことでもあるのだ。ぼくはいま無数といったが、実際にはそうではない。無数の可能性という言い方は、じつはほとんど選びようもないほどに閉ざされた可能性と同義でもあるのだ。閉じ込められた時間の思いが重いほど、ぼくらの現実は重層的な気分に覆われ、ほとんど幻想的といっていい現実を生きることになるだろう。『扉のむこうの物語』は、その幻想がない。

＊『扉のむこうの物語』Ｖ（落ちこみ椅子・考）

「あ?」

ママは両手を上にさしだすようにして、小さな声をあげた。腰ががくんと、思ったより深く沈みこんだのだ。

はじかれたようにママが笑いだすと、行也も笑ってしまった。

「これは、落ちこみ椅子よ」

ママは笑いながらいった。表情が豊かなママの目はこどもみたいだ。

「こんな椅子にすわってるとさ、気分まで落ちこんじゃって、さびしいことやいやなことばかり思い出して、ぐちをこぼしそうになったりするかもね」
ママは立ちあがった。底を見ると、バネがはみ出していた。

メリー・ウイドウのママは机の上からクッションつきの椅子をひとつ下ろして腰をおろす。と、ママは小さな叫びを上げる。クッションのこわれた椅子に座り込んだのだ。ママは腰をがくんと落とし、子どもみたいに笑いながらいう。――「これは落ちこみ椅子よ」と。

座ったとたんに、思った以上に沈み込む椅子というのは、よくあるものだ。沈み込んだとたんに子どものように笑いころげるママの姿は、そんな瞬間をよくあらわしている。

ところで、〈落ちこみ椅子〉と名付けられたこのバネのこわれた椅子は、扉のむこうの世界に、出たり消えたりしながら都合四回も登場することになる。倉庫の中の不思議なものたちの中でも、とりわけ異彩を放っているといってもいいものだ。そのあらわれ方を見てみよう。

変な言い方になるが、〈落ちこみ椅子〉は、その椅子に座った《犠牲者》によって四つの場面に分けることができる。

まず、最初の犠牲者はメリー・ウイドウのママの場合。次に、行也。その次に、幼い千恵。最後に、ピエロである。『扉のむこうの物語』には主要な登場人物が四人いる。そのそれぞれが〈落ちこみ椅子〉に座り込み、自分自身の不幸な境遇を嘆くのである。例えば、ちょっと長くなるが、ママの落ちこみ具合は次のように描かれている。

わたしだって、あんたくらいの年のときには、自分がしあわせになれるもんだって思ってたわ。

……小学生のころって、よかったなあ。これからの時間を、自分で好きなように使えるっておもってた。……お店を出してから、なにげなく立ち寄った日曜日の小学校で、窓からのぞいた教室に机と椅子が見えたわ。うそみたいに小さな机と椅子。それを見たとき、わたし思わず泣いちゃった。小さなあったかい世界で、世の中のものや生きてくってことなんてなにも知らずに、未来を信じて、……いいや、信じちゃいなかった。ただ疑っていなかったんだ。そのころの自分がなつかしくって、かわいくってさ……

ママの愚痴はまだまだ続く。大同小異の四人の落ちこみ具合を連綿と語っていくのもおもしろい趣向かも知れない。が、それはいわば悪趣味の部類に入るものだ。ちょっとさわりだけ説明して、話を先に進めよう。第二の犠牲者、行也は「ぼくって、男らしくないんだ」を連発する。幼い千恵は「わたしは不幸な女の子だ」という。ピエロは、いままで人々を分類し続けてきた自信を喪失して、「ぼくは、いままで、何をしてきたんだろう」と自問する。いうなれば、それぞれの生活の負の部分をとりたてて取り上げて愚痴をいうというパターンだ。いっているうちに、何となく、もうひとつ例をあげたくなった。ぼくはやっぱり悪趣味なのだ。行也の場合。

行也はだまって、ママのむかいがわにあった椅子にすわった。思ったよりも腰が沈みこんだ。

「ぼくって、男らしくないんだ」

きゅうに弱々しい調子のことばが、行也の口から出た。ママは行也の顔を見た。

行也は「男らしくないんだ、ぼく」という言葉を連発する。作品冒頭の〈白雪姫〉というあだ名を、ふと思い起こす。〈落ちこみ椅子〉は登場人物たちの負い目をおもてに出すための小道具としてあるらしい。そして、そのような小道具としての〈落ちこみ椅子〉は不思議に魅力的なものである。この椅子は、行也やママのふいをついて、突然にあらわれ、ふたりのうちのどちらかを故なく落ち込ませ、また忽然と姿を消してしまう。きゅうに落ち込んだときのふたりの様子とあいまって、この椅子は「倉庫の中のものたち」の中でもとりわけ不思議な魅力をもっているといってもいい。

しかし、と、ぼくは思う。この〈落ちこみ椅子〉の魅力も、やはり小道具の域を出ていないのだ。ママや行也が突然に落ち込む様を楽しむのもいいかもしれないが、それはやはりそれだけのものにすぎない。ぼくは、むしろ、この椅子が何故〈落ちこみ椅子〉なのかという、そのわけの方を知りたい。いうなれば、〈落ちこみ椅子〉となったこの椅子の《語られざる時間》の方を、ぼくは知りたいということだ。

この椅子は、かってこの椅子自身が生きた固有の時間を持っているはずである。それは、たまたま行也とママの思い付きとして〈落ちこみ椅子〉になったのではなく、椅子自身の持っていた時間がふとしたきっかけで行也とママという二人の時間と触れ合ったときに生じた一瞬の火花の結果ではなかったのか。その火花こそ、岡田は語るべきではなかったのか。ぼくは、そう思う。

人あるいはモノとの出会いを、そのような複数の時間の重なりあるいは生成と消滅として考えてみたとき、〈落ちこみ椅子〉の「椅子の生」というか生きてきた時間は全く語られることなく、いくつかの場面のいくつかの小道具としてあらわれ、消えていくことが、哀れなほどによくわかる。

さらにいえば、ここで語られる愚痴も〈落ちこみ〉一般であって、行也あるいはママ固有の《負》ではないのだ。ぼくには、そう思えてならない。

これは〈落ちこみ椅子〉第三の犠牲者、小山内千恵こと幼いときのママの場合も同様である。千恵は自分を不幸だと言う。美人でもないわ、ピアノもないのにピアノを習わされてるの、という。しかし、これらの悩みは、悩みというにはあまりにも一過性の愚痴にすぎない。行也が「きみをその悩みから救ってあげよう」といって、椅子から立ち上がった瞬間に、千恵はもう「だって、おかしいと思ったのよ。こんなにいやなことばっかり考えるなんて……。それにさ、わたし、そんなに自分のこと不幸だなんて思ってるわけじゃないのよ、ふだん……」といって、けろりとしている。べつにいつまでも愚痴をいっていてほしいわけではないのだが、この程度の負い目で千恵が「扉のむこうの世界」にはいってきたとは、ぼくには、とても思えない。ぼくは、ただ幼い千恵が「迷路の街」にやってきたその根拠というか契機としての《負》のモメントを知りたいだけなのだ。

いくら自由課題の物語づくりだからといって、そう作者の都合で、絵の迷路の世界に入れられたり、ときに出されたりしていいものだろうかと思ってしまう。千恵はまだ主人公なみのあつかいだからいいけれども、突然にこの世界に連れ込まれ、分類され、背中にラベルを張られ、ときにオルゴールや青い花びんにされる人たちは、いったいこの作品の中で、どんな役割を持っているのだろうかと考えてしまう。

そう考えていくとき、突然見えてくるものがある。それは、人々を分類したことを悩むピエロと、人々を眠りから覚まさなければ駄目だという行也と千恵の姿である。そのような三人の《大義》のために、その他の無数の人々は置かれていたのかということに、やっと気づくのである。ひとつひとつのものたちの存在の根拠の曖昧さが、作者の絶対的生殺与奪の権とあいまって、妙に物悲しく映ってくるのである。

ぼくはいままでに、何千何百のひとを分類してきた。そのほとんどが、自分はそんなものじゃない、そんなものにはなりたくないとうったえていた。いやがっていた。それでもぼくは魔法を見せつけ、そのひとたちの考えを眠らせ、ラベルどおりの人間に、あるいはものに変えてきた……。ぼくは、なぜそんなことをしてきたんだろう

ピエロの魔法は〈魔法をかけても机〉の言葉の前に力を失い、ピエロはいつの間にか〈落ちこみ椅子〉にすわることになる。ピエロの愚痴は、人々を分類してきたことへの疑問である。しかし、考えることもなく人々を分類してきたピエロが、なぜこうも容易く自らの役割に対する疑問に目覚めることができるのだろうか。ここでも、顔を出すのは物語づくりをしている作者の思惑の方であって、決してピエロ自身が引きずってきたであろう過去の閉じ込められた時間の方ではない。

＊歩くイス

ぼくは今、松谷みよ子の『ふたりのイーダ』（講談社　一九六九年五月）の中に出てくる歩くイスのことを思い出している。

シンデレラのカボチャが馬車に変身するなんてあたりから考えると、いいのかも知れない。虐げられた灰かぶりが、ある日突然に美しい姫に変身するのは、その話を語り継いできた人たちの、有形無形の恨みと夢とが込められているからだ。

シンデレラのカボチャが馬車になったように、限りないやさしさ、かなしみ、いかりが凝縮したときに、何かが何かに変身する。『ふたりのイーダ』を読んだとき、ぼくは、ここに出てくる歩くイスに、この

変身をみたような気がした。物語の細部の記憶は薄れても、そのイスの印象だけは、まだ不思議に心に焼き付いていて、離れない。

昭和二〇年八月六日の朝早く、おじいさんとイーダは広島へ出掛け、それきり帰ってこない。原爆のことを知らないイスは、それから二十余年のあいだ、イーダをさがして洋館の中をコトリコトリと歩けるようになる。このイスがなぜ歩けるようになったのかの深い詮索は、ここではすまい。しかし、このイスがかってイーダと充実した時間をもっていたことと、それが《原爆》という人間を一瞬のうちに消し去る兵器でもって奪われてしまったという怨念とは無縁であるまい。

二十年後に直樹少年が出会ったイスは、失われ閉ざされた時間の重なりの中で、まさに歩くという行為を得たのではなかったのか。ひるがえって、『扉のむこうの物語』に出てくる〈落ちこみ椅子〉は、自らの時間について、何も語っていない。行也やママの平穏な時間を揺るがすこともない。ただ愚痴をいわせるための、いのちのない機械として、そこにある。

*チクロの想い

唐十郎の『さすらいのジェニー』（福武書店　一九八八年四月）を、墨田公園の特設テントで見た。これも、猫の世界と人間界とを往来し、水の世界と日常の経済法則の支配する世界とが交錯する迷路のような物語だ。交通事故に遇って意識を失った少年ピーターが、その夢の中で猫になってめす猫ジェニーと出会うというポール・ギャリコの原作も、現実に交通事故に会った少年の病の床に伏している時間と、彼が夢を見続けている内なる時間とが絡み合った迷路のような物語だった。その上さらに、唐は、ジェニーを演じる緑魔子にチクロというもうひとつの役を潜ませたのだ。その緑魔子の演じるチクロと、石橋蓮司のワタナベさん（「ワタナベのジュースのもとです、もういっぱい」の、あのワタナベさん）とのかけあいが見事だった。
「ずっと慕っていた」というチクロ。「もうチクロの時代は終わった」というワタナベさん。緑魔子と石橋蓮司とのやりとりは、すでに忘れ去られ生き去られた時間＝チクロと、その時間を閉じ込めることで生きている「いま」という時間＝ワタナベさんとの切々としたせめぎ合いである。

ジェニー　忘れたの？
ワタナベ　チクロ！　だれが忘れるもっか。あのすきま風に身をちぢこませていたきみの姿、そして、どうのぞくのと、とまどっていた顕微鏡の前のきみのこと。今夜からチクロだと言った時、はい、ワタナベさんとふるえていたきみの唇、今、まざまざと思い出す。
ジェニー　じゃ、なにがかわったんです。
ワタナベ　一杯のコップに入れた一杯の粉末。そしてそこにそそぐ一杯の水、それは一杯だけで腹が満ちた気になったあの頃のことだよ。
ジェニー　忘れたのね。
ワタナベ　忘れちゃいない。ただ、もう、そんなものに飢えてはいないと言ってんだ。
ジェニー　じゃ、飢えさせて。
ワタナベ　（体をひいて顔を見る）
ジェニー　飢えさせましょう。
ワタナベ　なんのために、なんのために他人を飢えさせるんだ。

ジェニー　チクロとあなたとあたしのために。

チクロは、過ぎ去り閉じ込められた時間である。「渡辺のジュースのもとです。もういっぱい。」と、ぼくらを魅了したチクロ入りジュースは、今はもうない。いくつもの時間を郷愁の彼方へ旅立たせながら、またそれに倍する時間を生きもせず閉じ込めながら、ぼくらの「いま」はある。

＊火鉢・不良・フラフープ

緑魔子の演じたチクロが、ぼくらに、心の中に沈み込んでいた記憶の淵を垣間見させてくれたように、『扉のむこうの物語』のディテールの中には、ときとしてハッとするような懐かしさを覚えるものがある。例えば、迷路をめぐっているときの《街》のイメージ、路地から突然うそのように商店街へ出るめまいのような瞬間の描き方にもそれを感じることができる。チクロに対応してもっと手っ取り早い例をあげると、〈火鉢〉〈不良〉〈フラフープ〉の三つ。タイム・ショック、あるいはカルチャー・ラグとしての《イメージの変換》ということにでもなろうか。とりあえず、〈火鉢〉と〈不良〉をめぐるママと行也、行也と千恵の会話を見てみよう。

「わからないの？　そろっているのよ」
「だから、なにが」
「いい？　これは火鉢」ママは青いせとものの鉢を指さした。そして鉄のつぼを持ちあげ、「これが火消しつぼ」つぼのなかから「これが消し炭」と、炭をつまみだして見せ、ふくろのなかから、

「おまけに火おこしまで」と、底ぬけの鍋の底に針金をはったみたいなのをとりだし、にっこり笑ってうなずいた。

行也は、火鉢ということばは知っていたが、それが火鉢だとは知らなかった。ママにいわれるまで、大きな植木鉢の上に園芸用の肥料のふくろがおいてあると思っていたのだ。


千恵は片手でひたいをささえ、ななめに行也を見た。

「あんたって、不良でしょ」

「ふりょう？　それ、悪いことしてるって意味？」

「そうよ。親にかくれてたばこすったりしてさ。かくしてもだめよ。髪型と服装でわかるんだから。不良なんだけど、お金持ちなんでしょ」

行也はめんくらった。髪型はふつうだし、服装だってジャンパーとジーパンだ。


ママと行也の〈火鉢〉をめぐる会話。それから千恵と行也との〈不良〉をめぐるちぐはぐな会話は、時代の違いをあらわしているというだけでなく、おもしろい懐かしさに溢れている。そこには生きた言葉と死んだ言葉、あるいは閉じ込められた時間やもののイメージが突然に姿をあらわすような、そんな魅惑的なちぐはぐさがひそんでいる。しかし、その懐かしさが、ワタナベさんに迫ったチクロのように、自らの時間をもって「いま」というときを浸食し、断ち切ろうとするほどの強さを、やはり持ってはいないのだ。

一斉を風靡したフラフープも、行也の時代には、もう遊びとしての位置をもってはいない。「フラ……?」と、わからない様子の行也に、千恵は、馬鹿にしたような目で「フラフープ。まるい輪をからだのまわりでまわす遊び」と、説明する。

そういえば、フラフープ熱がかなりになったとき、フラフープをやりすぎると内臓によくないとか、健康に害があるとかいうことが、新聞でさわがれだし、その実例の事故記事も新聞に載ったものだった。それとともにフラフープ熱が急速に下火になっていったときの感触を、いまでも覚えている。そのときは何の疑問ももたなかったが、いま改めて考えてみると、変なものだ。やりすぎれば健康に害があることなど、初めからわかっていることだ。それなのになぜ、ことさらにあの時期に《害》をクローズアップしなければならなかったのか。どうも、あの「輪っか」が流行り過ぎていたら困る人たち（というか大きな組織）の情報戦に、フラフープは絡めとられ、閉じ込められたのではないか、と、いま考えると思えてくる。

また、チクロ。ジェニーことチクロは、一冊のブックレットを取り出して語り始める。――〈この岩波のパンフレットを見て下さい。食べ物と文明の特集をしているこの号に45年にズルチン禁止、47年チクロ禁止、52年サッカリン禁止、……（中略）……ですが、62年から、突然、ＢＨＡ禁止延期、そして規制品目基準緩和！　こうあるんです。こうなっているんです。あたしはこの時を待っていました。もう忘れることを恐れて、ジュースの海を恐れることはありません。この世間とやらが、あれほど毛嫌ったチクロさえ、ゆっくりと受け入れだしたんですから。〉

一杯の粉末に水をそそぐだけで満ち足りた気分になった《あの頃》がある。大人たちは夢を売っていた。それが「有害」とわかったとき、手のひらをかえすように、大人たちはその夢を子どもたちから切り放し閉じ込めていった。ぼくは別に「有害」なものをいつまでも食わせておけばいいといっているわけではない。むしろ逆である。ただ、「有害」というレッテルがついたとたんに、それまでの自分がまるでいなかったかのように豹変する世間の君子ぶりが気に入らないだけだ。チクロが「有害」であろうがなかろうが、そのジュースを飲み、せがんでいた子どもの時間と記憶はなくならないのである。

ぼくが、そんなことを思うのも、フラフープの流行とそのすたれ方の激しさを子どものときに垣間見てしまった記憶が、頭のどこかにまだ残っているからにちがいない。

〈火鉢〉と〈不良〉のイメージが、フラフープと同じ次元で語ることができるかどうかは、定かではない。これは流行というよりも、ひとつの文化が確実に滅び、次の時代はそれらの記憶も形状も跡形なく過去の時間のうちに塗り込めながら進んでいくということを語っているようだ。

ぼくらは、子どものときにみなつぎのあたった服を着ていたものだった。いまは「おしゃれ」でわざわざつぎをあてることはあっても、できたほころびやかぎさきをふさぐためにつぎをあてることはない。穴のあいたなべの底をふさいで使うこともない。

ぼくの小学校時代。教室の冬の暖房は火鉢に炭だった。家に帰っても、炭、練炭、薪が、ぼくらの日常の「火」であった。それが、教室の暖房も、石炭になり、コークスになり、灯油になり、新しい学校ではガスストーブになっている。それでも、ぼくらの記憶の中に、それらの物とそれらを使っていた風景がしまいこまれているうちは、つぎも炭も生き続けることだろう。

しかし、ぼくらの後の世代は、当然のことながらぼくらの時代の風景を共有することはない。かれらにとっては、つぎも炭もすでに有史以前なのだ。かれらは、新しい時代の新しい風景を生きていることになる。したがって、ぼくらの塗りこめられた過去の記憶と、いまも日々生産され続けていることになる新しい時代の新しい風景との重層が、ぼくにとっての「いま」ということになる。

千恵と行也、あるいはママと行也の関係が、そういった意味での重層的な構造になっていなかったということが、もしかしたら一番致命的なことだったのかも知れない。過去に怯えぬ今はない。

＊風景と記憶

「ねえ、きみの国には、どうしてこんなにひとの住んでいない街が多いの?」

行也は小声でピエロにたずねた。

「昔は住んでいたんでしょう」

「昔は? そのひとたちはどうしたの?」

「わたしが忘れちゃったんだわ」

「きみが忘れた? きみが忘れるといなくなっちゃうの? そのひとたちはどこへ行ったんだろ」

「知らないわ。街の記憶があるだけ」


ピエロが忘れるとひとは消え、街の記憶だけが残っている。朽ちかけた非常階段、こわれて使いものにならなくなった自転車が山のように積まれている。曲がりくねったパイプが何本もほうり出されている裏通り……。

ぼくは、廃墟の街を逃げるときに、ピエロがふともらした〈街の記憶〉という言葉に山崎哲の『エリアンの手記』(一九八六年十月二六日〜十一月四日　本多劇場)のおばあさんの言葉を思い出していた。「中野富士見中いじめ自殺事件」をとりあげたこの戯曲の出だしは、「いじめ事件」とは一見無縁のような宮澤賢治の『銀河鉄道の夜』を、おばあさんがまごに読み聞かせているところから始まる。読んでいる場面は『銀河鉄道の夜』も終わり近く、川におちたカムパネルラを街の人たちが必死にさがしている部分だ。アセチレンランプがせわしく行き来する中を、黒い川の水が小さく波をたてて流れていく。その下流いっぱいに銀河が巨きく写っている。ジョバンニは、「カムパネルラはもうあの銀河のはずれにしかいない」と思う。と、にわかにカムパネルラのお父さんがきっぱりという。「もう駄目です。落ちてから四十五分たちましたから」と。

そこまで読んだとき、まごのサチコは、おばあさんに「ジョバンニはどうしてほんとうのことを言わないの?」とたずねる。サチコのいうほんとうのこととは、カムパネルラは銀河のはずれにいるということだ。「夢だからだれにも信じてもらえないと思ったの?」と問いつづけるサチコに、おばあさんはこう答えている。

いいかい?　こうだよ……。カムパネルラが消えたのはぼくのせいじゃないだろうか。ぼくが夢からさめてしまったので、カムパネルラは消えてしまったんじゃないだろうかってね。でも、そうだ。だからこうも言えるんじゃないかって……。ぼくがいまここにこうやっているのも、ひょっとして夢なんじゃないか。ぼくもだれかに夢をみられているから、その……、ここにこうやって生きてるようにおもえるだけで、そのひとがもし……、もしじぶんの夢からさめたら、じぶんも消えてしまうんじゃないだろうかってね。

『エリアンの手記』のおばあさんの言葉は、生きているということの不確かさ（生の希薄さ）について語っている。ジョバンニがカムパネルラとすごした銀河鉄道の旅が〈夢〉で、いまこうしている自分もだれかの〈夢〉の中のものであるとするならば、現実（あるいは、ひるがえって幻想）とは、いかなるものなのだろうか。「中野富士見中いじめ自殺事件」といういかにも事件らしい事件を、『銀河鉄道の夜』という幻想から語り始め、しかも現実の「生活」の危うさをきっぱりと言い切った山崎哲の手際に、ぼくは感心したものだ。

　そういえば、最新作の「パパは誘拐犯」（一九八八年十一月一八日〜十二月五日　下北沢ザ・スズナリ）も、誘拐犯の男と誘拐された社長令嬢が、どちらの家族にも《誘拐》と信じてもらえずに右往左往する話だった。場面が突然に社長宅になったり、誘拐犯であるパパの家になったりする仕掛けも含めて、世の中の「生活」といわれるものがどこも似たり寄ったりになり、たとえ家族のひとりぐらいが誘拐されてもどうということがないくらいに存在が希薄になってきているということを、山崎は言いたいのかもしれない。ここにも「生」の危うさがあるわけだ。ぼくが不満だったのは、チラシに「そうだ！　このお嬢さまをぜひ、あの遠野へご案内しなければいけない」とあったのに、下北沢のザ・スズナリのかぶりつきで見た舞台では、ただの一度も〈遠野へ〉行こうとしなかったことだ。駄洒落みたいだが、遠くと遠野ではまるでちがう。そのあたりに不満が残ったが、次作への期待に取っておこう。余談ついでにもうひとつというと、誘拐犯のパパ役の木之内頼仁が熱演だった。汗をポタポタと流しながら「オレは誘拐犯だ」と言い続けていた。やはり誘拐された側の小堀ちえみも「私は誘拐されたんです」とさけんでいたが、こちらは汗は目立たなかった。ラストで、戸を開けると外は雪が降っていた。それがカーテンのように白く一面に広がっていった。もしかしたら山崎は、その雪の向こうに行き着くことのない〈遠野〉を夢見ていたのかも知れない。

＊やぶ（あるいは記憶）

子どもの頃、利根川の河原でよく遊んだ。大きな石がごろごろところがっている上を、ぼくらはポンポンと身軽にはねていた。河原は、なぜか石ばかりではなく、ところどころに島のようなかたまりを置いていた。

ぼくらのお気に入りの「島」は、こんもりと笹がしげり、その中を幾筋もの細い道が迷路のようにはしっていた。ぼくらは、その中で、一日中かくれんぼをしたり、戦争ごっこをしたりしたものだった。島の横には穴があって、ぼくらはその穴をさらに広げてもぐりこみ、いっぱしの探検家にもなった。無数の道も、それらの穴も、ぼくらがそこで遊ぶよりずっと以前からそこにあった。ぼくらのまえの「子どもたち」もここで夢中になって遊び、その島の道と穴のいくらかを自分たちの力で作り直し、遊び直し、満足していたことだろう。

ぼくは、そんなことはつゆとも知らずに、はうように笹のしげった道をすすみ、ときに道からちょっとだけ逸れた笹の中で、ひっそりと身をひそめたものだった。かくれんぼという遊びは、仲間とともにありながら、いつもひとりぼっちの瞬間を生き続けるものだ。こんもりとおいしげった笹の中に身をひそめ、見上げると青空があった。雲が白く流れていく。ぼくの記憶の中の迷路は、やはり青空とともにある。

よく考えてみると、日本の児童文学は、いくつもの迷路と青空の関係を描いてきている。例えば、佐藤さとるの『だれも知らない小さな国』（講談社　一九五九年八月）の小川の小道を抜けて〈三角平地〉へ出た瞬間もそうだ。佐藤はそのときの様子を〈思わず空を見あげると、すぎのこずえのむこうに、いせいのいい入道雲があった〉とかいている。千葉省三の「みち」や「ションベン稲荷」もそうだ。省三は、「みち」の中で、藪を抜けた瞬間を〈見上げると、桔梗色の空が、ヒッソリと頭の上にかかっている。／穂すすきが、チカチカ、銀色に光っている〉と書いている。

宮澤賢治の『風の又三郎』の中に、嘉助たちが草の原で迷う場面がある。空が一瞬暗くなり、気がつくといきなり目の前に〈聞いたこともない大きな谷〉があらわれる。すすきがざわざわざわっと鳴る。向こうの方は底知れずの谷のように霧の中に消えているという場面だ。

ぼくは、この賢治の草原も《迷路》だと思う。草藪を抜けたと思った広がりの中に、嘉助たちは底知れぬ谷＝地獄を見たのだ。ぼくは、子どものときに『風の又三郎』を読んで、この〈谷のイメージ〉と、さいかち淵で聞こえた主格不明のことばに身震いを感じたのを今でも不思議に覚えている。迷路には天国行きの道もあれば、地獄行きの道もある。賢治は、そのとき、きっとぼくに地獄を垣間見させてくれたのだ。でも、路地や藪を抜けた瞬間にいきなりひらける眩暈のような空間の感触は、賢治の〈谷〉も省三の〈空〉も同じものだ。賢治の空は暗く重くキインキインと稲光が鳴っているが、その霧もすぐに切れる。明るい陽の光が流れ込む。

さらに遡ってみると、巌谷小波も、《藪》とそこを抜けて見る青空を描いている。小波お伽噺が長編化し始めた一八九九年（明治三二年）のもので「猪熊入道」（『少年世界』第五巻一〜七号）という作品がある。凧好きの少年、亥太郎が榎にひっかかった凧を助け、その凧から抜け出た猪熊入道に助けられ、月の世界へ行くという冒険仕立ての物語である。その冒頭で、榎のてっぺんにひっかかった凧を助けに行く場面は、やはり迷路のような藪の中だ。ちょっと長くなるが、亥太朗が凧を助けに行く《藪の中》の描写を見てみよう。これは、日本の児童文学が描いた《藪の中＝迷路》をはいずり回る子どもの元祖ではあるまいか。

　中へ這入つて見ると、前も後も右も左も、ミツシリ竹が生へて居ます。下はまた一面に、茨や枯枝や切株で、足の踏み場もありません。その上藪の中へ這入つて見ると、すつかり方角が解らなく成つて、今まではよく見えて居た、榎の在所が知れません。

　けれども亥太郎は勇気を出して、ガサ〳〵ガサ〳〵かき分けながら、段々這入つて行きますと、手を茨で引かいたり、足を切竹で突ついたり、その痛いの痛くないの！　一足行つては立ち止まり、二足行ては蹴つまづき、遂には亥太郎も、もう泣き度く成つて来ましたが、いや〳〵、折角此処まで這入つて来たのに、今更帰つては残念だと、又気を取直して、一生懸命に進んで行き、やつとの事で中央の大榎の根元まで来ました。

　こうして亥太朗は、榎の木のてっぺんまでのぼりつめ、大きな奴凧を助け出す。小波はそのときの空が青かったとまでは描いていない。それでも、亥太朗少年は、助けた凧から抜け出た猪熊入道に連れられて、月の世界にまで行くことになる。榎のてっぺんから見上げた空は、きっと青くかがやいていたにちがいない。

　見上げると、そこにはいつも青空があった。ぼくらはいくつもの迷路をくぐり抜け、いくつもの青空を見上げながら、大きくなってきたのだ。

＊青空

迷路には顔がある。「ららぽーと迷路」を初めて見たときの違和感は今でもはっきりと覚えている。君津砦の木のはだに馴染んでいたぼくは、「ららぽーと迷路」のいかにも安っぽい機能的な板塀で仕切られている迷路に失望したものだった。いま思うと、それは何の起伏もない埋立地につくられた迷路としては、いかにもよく似合っていた。そのとき「迷路には顔がある」と思った。

どの迷路をめぐっていても、いつも楽しくなるのは、ところどころに「迷路は毎日（毎週）変わります」という札が張られていることだ。どんなに魅惑的な迷路も、その謎が解かれた瞬間から色褪せるものだ。「迷路は毎日変わります」という言葉は、迷路は解かれるためにありながら、解かれた瞬間に意味を失うという二律背反的宿命をよく示していて、おもしろいものだ。怪人二十面相のように毎日顔を変えている現代の迷路は、今真っただ中を生きている子どもたちには一体どのような風景として残っていくのだろうか。

ぼくの記憶の中の迷路は、いまも青空とともにある。雲は流れている。迷路はめぐっている。さあ、出てこい。ぼくのミノタウロス。

（『季刊児童文学批評』再刊五号　一九八九年二月）

子どもたちは都市の暗がりの中で犯罪に憧れている
――児童文学に描かれた都市のイメージに関するいくつかの雑感について――

＊都市Ⅰ（犯罪）

子どもたちは都市の暗がりの中で犯罪に憧れている。

＊キー子Ⅰ（ピストル）

まずは、キー子のすてきなすてきな〈犯罪〉から語り始めようか。

キー子は、ピストルをかまえる。


　キー子は橋の上に立っていた。そしていった。

「おい、金をだせ。」

大きくて、ながい橋。鉄の橋だ。橋の下は、大川。ひろくて、まるで海のようだ。船がとおる。うすよごれた、ポンポン船。ながいいかだをひっぱっている。

「おい、金をだせ。」

キー子はピストルをぎゅっとにぎった。

＊キー子Ⅱ（天涯孤独）

新冬二の『すてきなすてきなキー子』（太平出版社　一九六八年一二月）は、そのタイトルの示す通り不思議に魅力的なキー子という名の少女の冒険の物語である。

キー子には父もない。母もない。家もない。金もない。学校もない。記憶もない。どうして今「ここ」にいるのかも分からない。分かっているのは、ただ自分の名前が「キー子」だということただそれだけである。

そんな記憶喪失風な、あるいはちょっと風変わりな妖精とも呼べそうな少女を、新冬二はたったひとりでぽつんと夜の街へほうり出した。いまから四十年ほど前の東京での話である。

記憶喪失風というと、自分が何者かわからずただおろおろとする少女を思い浮かべる人もいるかも知れない。が、キー子はそうではない。親も家もないというと、気の毒なみなし児を思い、「家なき子」や「フランダースの犬」の話を思い出して落涙する者もいるかも知れない。が、これもそうではない。

キー子は、大人と対等に口をきく。わたりあう。つっぱる。はねっかえる。さっそうと過ぎ去っていく。その姿は、大人がまるで保護者のように振る舞いがちな児童文学的良心をのっけから拒絶しているように、ぼくには見える。

＊キー子Ⅲ（強盗）

金もない家もないキー子は〈しょうがないから、まず強盗をやろう〉と考える。そのためには、やっぱりピストルがほしいと考える。キー子のこの小気味好さが、ぼくは好きなのだ。

＊キー子Ⅳ（反逆。あるいはアジテーションとしての）

新冬二は、天涯孤独な少女を描いても、「とりあえずひとりぼっちにしておいて子どもの自立心を育てる」などという健全な精神とは無縁なところに立っている。

ここには《大人対子ども》という基本的構図がある。そして、新冬二という作家は大人を信じていない。いうなれば、「大人への反逆」のアジテーションとしてキー子は、橋の上でピストルをかまえるのだ。

＊キー子Ⅴ（無機的な会話）

そのアジテーションの中身をちょっと見てみよう。まずは冒頭。夜、キー子がひとりで街を歩いていて警官に呼び止められる場面である。

夜。

キー子は、ひとりで街をあるいていた。すると、呼びとめられた。

「おいキミ、ちょっと待て。」

「キミって、あたしのこと?」

「そうだよ。あるいているのは、キミだけだ。」

太い声。なんだか、せなかがぞくぞくしてくるようだ。こんな声をだすのは、だれだろう。

「いやあね。」とキー子はいった。

「レディにむかって、もうすこし口をつつしんでよ。」

テンポのいい無機的な会話が続く。呼び止めた相手は警官だ。制服を着ている。肩から斜めにピストルをかけている。警棒。帽子の徽章がにぶく光る。「ところで、ここをどこだと思うね。」「どこって、東京でしょ。」「いまは、何時だね。」「さあ何時かしら、時間はちゃんとうごいているわ。」

＊都市Ⅱ（夜。暗く冷たい金属のような外観を持った）

ふざけるんじゃないと言いながらも笑い出す警官。若い警官は、キー子の手をひっぱって交番にむかう。手をひかれながら、キー子は自分がこの作品に存在してしまい、歩き始めているという自覚をようやく持ったかのように、まわりの街の風景をぐるりと眺めていく。街は真夜中である。店はみな戸を閉めている。暗い。

ひっぱられながら、キー子は街の景色をながめていく。街路灯がずらっと、ならんでいる。商店はみんな戸をしめてしまって、どの店もまっ暗だ。なんだか、ちょっとさびしいし、つまらない。

「ここは、どこ?」

「東京だって、いったろう。」

「やられた。」

東京だって、ひろいんだね、とキー子は　かんがえる。でもすぐ、そんなことはどうでもいいやとかんがえた。あたしはどうしてこんなところにいるんだろう、とキー子はかんがえる。でもすぐ、めんどうくさくなった。

新冬二の描く都市のイメージは、一言でいえば《夜、それも金属のイメージ》であると、ぼくは考えている。

この金属的な、あるいは無機的な風景のイメージは、じつをいうとキー子の物語よりも後に出た『口笛のあいつ』（理論社　一九六九年一一月）の方により明瞭にあらわれている。

そこには暗い港がある。黒く続く倉庫がある。麻薬取り引きの合図の口笛を吹くあいつがいる。いうなればモノクロのハードボイルドタッチのギャング映画の風景がここにはある。

キー子の物語の冒頭をあげたついでに、『口笛のあいつ』の冒頭も見てみよう。

　くらい、ひろい、踏切……。

警報機が鳴っていた。

立ちどまった。ここまでくると、濃い海のにおいがする。つうんとする、潮のにおい。あんまり、すきでないにおいだ。

「なにがくるんだろう?」――よし子がいった。

「きまってらあ」

勝次は、にぎっていたよし子の手を、ふりはなした。

「貨車にきまってらあ」

警報機は鳴っている。つめたい夜の空に、カンカンカンカン……それはいつまでも鳴りつづけていくようだ。

風が吹いている。冷たい風である。汽笛が闇を突き抜ける。機関車の響きが暗い街を揺さぶる。二人が待っていた暗い踏み切りを貨車を引っ張って黒い機関車が過ぎていく。ふと見ると銀色の冷凍車に大きなトカゲがはりついていて、それを見た勝次がぞっとする。こうして勝次とその友人の不二夫の麻薬組織に巻き込まれた冒険の物語は始まる。

この物語の舞台になっている暗い港町も架空の街ならば、キー子がぽつんとただひとりで投げ出された《東京》もまた架空の街にちがいない。

新冬二の作品世界では、都市そのものはひとつも自分の顔を見せてはいないと、ぼくは思う。それらは夜のやみの中で、無機質な背景を作っているだけなのだ。

＊都市Ⅲ（明るさと暗さの落差）

『すてきなすてきなキー子』の中に描かれた都市のイメージを拾っていくと、ぼくらはあるひとつの事実に気付かされる。キー子の会話のあっけらかんとした明るさと比べると、新冬二がときどき見せる都市＝東京への眼差しにはひとつの大きな落差があるということだ。

例えば、キー子は警官に手を引かれながら見た街の風景を、〈なんだか、ちょっとさびしいし、つまらない〉といい、交番の中から見る街の景色も、〈みていると、キー子はすこしかなしくなる〉といっている。

交番からの街の風景を見てみよう。

表どおりを見ると、それでもときどき、自動車がすいすいとおる。赤いテールライトが、ちかちかしながら、とおくなっていく。それを見ていると、キー子はすこしかなしくなる。

ここはいったい、どこなんだろう。どこかで見たような気もするし、ぜんぜん知らない街のようでもあるし。

あたしはキー子。とうさんもかあさんもいない。学校へもいかないし、家もないし。そいつはすこしへんだな、と思った。でも、かんがえるのがめんどうくさい。それにとっても眠くなってしまった。夜中におきてるのは、つらいな。

新冬二は、なぜキー子という少女を、突然にまた唐突に東京のまんなかにぽつんと放り出したのだろうか。会話の金属的といってもいいテンポの良さが、かえって《東京》という街のイメージを無機質で透明なものに仕立てていく。その《東京》を眺めながら、キー子は〈さびしい〉といい、〈かなしくなる〉という。しかし、そのさびしさは今までの抒情的生活感からきたなつかしさとは無縁なものだ。そういったなつかしさとか、それまでひきずってきた生活感といったものを、新冬二は、むしろすっぱりと切り落とした。また、そこにキー子の「大人への反逆」のアジテーションとしての小気味好さもあったし、冒険の意味もあったにちがいない。

真夜中、一時半の街の暗さの中で、キー子は少しだけさびしくなったり、かなしくなったりしている。件の少年ならば、その《どこかで見たような気がする懐かしさの心情》を温め続け、持ち続け、ずうっと考え続けているにちがいない。キー子はそこのところを「考えるのがめんどうくさい」と考えることによって、すっぱりと捨て去っている。全ての懐かしさ、淋しさ、つまらなさを振り捨てて、キー子はさっそうと歩き始める。

新冬二は、この作品をかいたとき、きっと都市に住む大人たちからだんだんと人間の顔が消えていってしまっていることをおそれていたにちがいない。東京という街が、だんだんと固有の顔をうしない無機的なへらへら笑いを始めているようにも思えたにちがいない。

そのとき、新冬二は、キー子というスーパー少女を作り出した。世の大人たち全てに向かって、さっそうと反逆のピストルを突き付けたのだ。

キー子は確かにときどき、ふっとさびしそうに街を見る。これは、もしかしたら、キー子という特異なキャラクターを生み出した新冬二自身の迷いの記憶の吐露ではないのか。

キー子の冒険の旅の小気味好さとは裏腹に、キー子が時折見せる「都市への眼差し」は暗く、またさびしい。《東京》はキー子のような魅力的な少女を、ひとりぼっちのままそこに置いて、黙っている。都市は《夜の金属》のように無口である。

ビルの上から、ついと、光の帯がながれてきた、と思ったら、それは電光ニュースだ。
『あすの天気、北の風、晴れ』
ビルがいくつもならんでいる。ビルはたいていまっ暗だ。ひょいと、高いビルの角をまがると、横丁に、屋台のおでん屋がでていた。赤いあんどんが見える。
キー子はあるいていった。

新冬二の描く都市の姿は、よく見ると、じつは東京でも下町の風景への懐かしさで揺れている。ビルは真っ暗でも、その向こうの暗がりにはおでん屋の灯りがある。キー子は、そこに向かって歩いていく。都市は、あいかわらず暗い無機的な金属の色でもって、世界を染めている。

＊都市Ⅳ（砂のあした）

新冬二が、《東京》の真ん中にぽつんと妖精のような少女、キー子を置いた頃、このままでは、都市とそこに住む人間たちがみな砂になってしまうと考えたのは小沢正だった。そのとき、小沢は『砂のあした』（国土社　一九六九年二月）を書いた。

ススム少年は、転校生のスナダくんと多発する子ども誘拐事件を追う。物語の終わり近くで、ススムはスナダくんから未来の地球は砂におおわれて人類は死滅することを知らされる。子ども誘拐事件は子どもたちを未来の世界へ連れていって〈砂にすがたをかえる練習〉をさせるためだったのである。

うそだというススムの前で、スナダくんは自らの姿を砂に変え、テレビの13チャンネルに死滅寸前の近未来の人間たちの姿を映し出す。スナダくんの体から砂が落ち始め、足も手も砂に変わって崩れ始め、砂の山になり、その砂山の砂がふたたび畳の上をサササッと動いて、また元通りのスナダくんの形になる不気味さも見事だが、ここでは、死滅寸前の都市のイメージの方を見ることにしよう。

家のなかがうつった。どこかのおばさんが、おかってでヤサイをきざんでいる。べつにかわったようすはないみたいだ。おばさんが、水道のせんをひねった。じゃぐちから、ジャーッと砂があふれだした。

町のけしきだ。道路には、大雪のあとのように砂がつもっている。その上を、ヨロヨロと歩いていく人たち。砂にうまっている自動車や、電車。

へやがうつった。会社の社長室らしい。床の上も砂でいっぱい。デブッチョのおじさんが、いすにすわってる。

その後おじさんはピストルを耳に押し当ててダーンッと撃つ。頭にあいた穴からは血ではなく砂がシューッと吹き出してくる。

＊都市V（廃墟のイメージ）

都市には廃墟のイメージが似合っている。

＊寿歌（廃墟のイメージの続き）

小沢正が未来の都市を一面砂でおおってしまったように、都市にはいつも廃墟のイメージがつきまとう。北村想の芝居『寿歌』もそうだ。

核戦争後の焼けた空気の中から始まるこの芝居は、初演は確か一九七九年に名古屋で行われている。十年後の一九九〇年一月に青山円形劇場で見たその舞台はシンプルというより、何もなかった。舞台の上は荷車ひとつ。登場人物もゲサク（矢野健太郎）、キョウコ（佳橋カコ）、ヤスオ（和泉祥二）の三人だけである。

引っ張ってきたリヤカーひとつと三人の登場人物のかけあいだけで全てが進行していくから、金もからない。高校の演劇部なんかでときどきやられるのは中身のおもしろさもあるがそんな理由もあるにちがいない。花火のように光る暴発ミサイル、流れ星のように見えるリチウム弾、夕焼けのように燃えるホーシャノーも、三人の台詞の中で出てくるだけで、実際の舞台は何も変わらない。何もおこらない。

このシンプルさは核戦争後の都市と人類の寂しさを象徴しているといってしまえば、それまでだ。が、それほどまでに都市には廃墟のイメージこそが似つかわしい。

ラストは鮮烈である。去り行くゲサクとキョウコの上に雪が降り続ける。舞台一面の雪は二人を包み込み、世界を包み込み、果てしなく降り続く。何もない世界の上をさらに何もなく降り積もる雪は世界が廃墟であることさえも意味ないものに変えてしまっているようだ。

同じ北村想の舞台『ＤＵＣＫＳＯＡＰ２』(ザ・スズナリ　一九八八年九月公演)で、家鴨石鹸株式会社の社長、別保(神戸浩)が作りかけの高速道路の石柱を見ながら、「ああ、そうだ。私は思ったよ。資本社会の文明というのは、遺跡を建築しているんじゃないかってね」とつぶやく場面がある。考えてみれば、唐十郎の『犬狼都市』も東京太田区の地下に犬田区を隠していた。鄭義信(新宿梁山泊)の『ジャップ・ドール』も新宿の地下に地底人を住まわせていた。このラストも特設テントの向こうに本物の新宿の街を背景にして大きな土龍が天空へ駆けていくという鮮烈なものであった。全くのところ、都市は《廃墟・遺跡・地下都市》という自らが塗り込め閉じ込めてしまった重層のイメージの側から眺めたときに、初めて生き生きと華やいでみえるものなのかも知れない。

＊都市Ⅵ(東京ルパン)

小沢正がスナダくんを使って、子どもたちを誘拐したり、砂だらけの未来を見せていたよりも少し前に、作家の砂田弘は、東京を舞台に一つの痛快なピカレスクロマンを作っている。天才的なスリの名人、東京ルパンが活躍する『東京のサンタクロース』（理論社　一九六一年一二月）がそれである。

華やかなクリスマス・イブの銀座が、まず冒頭で語られる。「ジングルベル」の軽やかなメロディ。〈名物の柳も折れよとばかりに人波がつづく〉という常套句風体裁でもって、砂田はこの物語を書き始めている。

銀座四丁目――。ここは絵はがきでおなじみの東京の中心である。ロータリーの信号塔が、一定の時間をおいて、青、黄、赤　と点滅する。その中央には、白い腕章を巻いた警官が、両手をたえまなく動かせて、交通整理にいそがしい。勢いよく笛が鳴る。一方の人波がたちきられ、新しい人波がすばやく十字路をよぎる。それとならんで、タクシー、トラック、オートバイの波がひしめいて走る。

むかしも今も、クリスマスイブの夜の銀座はにぎやかにはちがいあるまい。じつをいうと、ぼくは、そんなところには縁がなく行ったことがないから、よくわからない。それでも、交通整理の警官をあげるまでもなく、砂田の描くその銀座風景はやはり六〇年代の東京を思わせるものだ。〈東京ルパン〉はそんな六〇年代の東京で、クリスマスイブの夜だけ〈東京サンタ〉になる。ルパン君とその仲間は、冒頭にあげたような華やかな繁華街の風景とは別世界に住む貧しい家庭に〈東京サンタ〉の名でクリスマスケーキのプレゼントをする。また、そうしているルパン君自身も、山谷に住む貧しいひとりの少年にすぎないのだ。

「ぼくはね、スリなんだ」

「なんだって?」

京太は一しゅん、からだをかたくした。ルパン君はぬれた手をあげると、その手を川の上でくるっとまわした。川の面にしずくが落ち、二つ三つ小さな波紋ができた。

「ぼくはもう一年間も、スリをつづけているのだ。八十万円もすりとったのだよ」

ルパン君はまた、指を川の面に泳がせた。舟足は速い。ちゃぷちゃぷ、指の間で音がした。

「だけど、ぼくはどろぼうとはちがうんだ。すりとった金はぜんぶかくしてある。ぼくはそれで山谷をいい町にしようと考えているのだ」

砂田は、華やかな銀座と対比して貧しい山谷を描いていく。このときの、砂田の中には《富める者と貧しい者》という基本的構図がある。天才スリのルパン君には、金持ちと貧乏人とを一瞬のうちに見分ける天性のカンがあったと、砂田が書くのは、自らも貧者であるルパン君は決して貧者の金を盗るという〈犯罪行為〉をしてはならなかったからである。

＊都市Ⅶ（ハイウェイ）

ルパン君の活躍からおよそ十年後に、砂田弘はもうひとつの〈犯罪〉を描いている。『さらばハイウェイ』（偕成社　一九七〇年一一月）がそうである。砂田は、ここで、ひとつの誘拐事件を通してまるでヘドのような世の中の矛盾・悪を告発している。憲法九条、欠陥車、我が子を学校に送り迎えする母親、差額ベッド、ベトナム戦争、アポロ11号の月着陸等など。ここに描かれた都市のイメージは情報化社会の中で幾多の事件にまみれ、汚れ切っている。

欠陥車による交通事故を契機に、タクシー運転手である竹内青年は、自動車会社の専務の息子を誘拐してしまう。そのラストは悲惨である。竹内青年は、まだ出来たばかりの東名高速道路で中央分離帯に乗り上げ、横転し、死んでしまう。即死である。砂田弘は、その死もまたひとつのニュースのかたちで伝えている。

この物語を雑誌に連載し始めたとき、砂田は、子どもにも階級があるということを書くつもりだったという。その攻撃対象として選ばれたはずの神岡良彦を、しかし砂田は攻撃することはできなかった。良彦は竹内青年と友達になる。しかも「おじさんの考えはただしくない！」ときっぱりと言う。良彦はいう。〈それじゃ、やけのやんぱちじゃないか。ぼくは、人間はもっとすばらしいものだと思います。自動車だって、人間がつくりだした機械じゃありませんか。〉と。

ここには、あくまでも子どもに未来を託そうとする砂田弘の熱い祈りがある。

＊都市Ⅷ（現風景。あるいは遊び場としての）

砂田弘の『街はジャングル』（草土文化　一九九二年七月）は九〇年代、つまり現在の変貌していく都市のイメージと、そこに現在進行形で生きている子どもたちの姿を爽やかなタッチで描いている。

舞台は東京の真ん中よりやや北にある南町。三十年前にはビルらしいビルは一つもなかったというこの町も、今では、ビルが町の五分の四を占めるまでになっている。

南町商店街もすっかりさびれ次々に店を閉めていく。卓司と鉄夫と勉の三人組は、長命湯の材木小屋を〈ひみつの遊び場所〉にしていたが、そこもとうとう廃業になってしまう。物語の大半は、三人組に真理と和子を加えた五人の子どもたちによる《遊び場》さがしとその喪失のイタチごっこになっている。が、子どもたちは変わりゆく街の風景の中で、〈古い蔵〉〈路地裏に捨てられたポンコツ車〉〈ビルの六階の空き部屋〉と次々に自分たちの遊び場を見付けていく。

ここには、金持ちのふところをねらうルパン君はいない。欠陥車を作る自動車会社の専務の息子を誘拐し、その胸に一矢を報いようと考えている竹内青年もいない。しかし、変貌する都市の中で、砂田弘という作家は、まだ〈子ども〉への期待（あるいはメッセージ）を忘れてはいない。現在進行形のかたちで進む都市の変貌の中で、子どもたちもまた、現在進行形で生きていることを砂田は語っている。砂田は《現風景としての都市》とそこに生きる子どもたちの姿を遊び場さがしというひとつの典型をもって描いているのだ。

その遊び場のイメージがおもしろい。子どもたちは与えられた公園ではなく、いつも都会の片隅に忘れ去られたようにある空間を選んでいる。銭湯の裏。もうすぐつぶれてしまうスーパーの倉庫として使われていた蔵。パチンコ屋の曲がりくねった路地の突き当たりに捨てられていたポンコツ車。貸しビルの空き部屋。どれをとってみても、大人たちがみな一瞬忘れ去ってしまったものばかりだ。

つくられるそばから壊されていく現在の都市のありようでは、変貌の速度が早過ぎて、都市には遺跡と未来とが同居している。もはや、無用になってしまった建物やがらくたと、今はまだ工事中の未来の建物予定物（こんな言い方があるのだろうか。とにかく工事中の建物は建物と呼ぶにはまだあまりに廃墟でありすぎると思うのは、ぼくだけだろうか）とが混在している。それら廃墟が、子どもたちの秘密の遊び場に変貌するとき、一瞬、廃墟は異彩を放ち、はなやぐのだ。そのとき、たしかに街はジャングルになるにちがいない。

＊銭湯

材木小屋のあるこの長命湯の裏庭は、卓司たちのひみつの遊び場所となった。べつにやくそくしたわけでもないのに、ここにくるときは、三人ともぜったいにほかの友だちはさそわなかった。ギャングごっこやかくれんぼ——にげたりかくれたりするのにつかれると、材木にまたがって、マンガを読んだり、ゲームボーイで遊んだりした。

建物ができあがるまでは時間がかかるが、こわすのはかんたんだし、早い。

長命湯が廃業してわずか三日目にブルドーザーがやってきて、ふつうの家の三、四けん分はある長命湯の建物を、あっというまにおしつぶしてしまった。昼間のできごとだったので、卓司たちが学校の帰りに立ちよったときは、えんとつだけをのこして、もうばらばらになっていた。

そういえば、石橋蓮司・緑魔子を中心とする劇団第七病棟が、「オルゴールの墓」（唐十郎・作、一九九二年六月公演）を演じた場所も、また忘れられた存在、とりこぼした存在としての廃屋＝銭湯だった。日暮里駅で降りて山側に行くと谷中墓地がある。その中を通って抜けたところに江戸時代から二百年続き、戦時中も湯煙を絶やしたことがなかったという「柏湯」がある。一九九一年一一月にその歴史を閉じたというその銭湯を第七病棟は自らの劇空間として変容させる。「オルゴールの墓」という劇は、腹話術師の青年、夕一（石橋蓮司）と彼に思いを寄せる女、朝子（緑魔子）とのかけあいで大半が占められている。再会した二人は、四年間の「とき」の重みを弄るように廃屋と化した銭湯でなべをつつく。ラスト近く、大きな音と共に舞台後方にある扉が外され、夕日が差し込む。それまで閉塞状況に置かれていた廃屋にとつぜん希望（とまではいかないが）光が差し込む。その夕日をながめる石橋蓮司の顔が好きだ。劇はやっぱり劇的なほうがいい。

第七病棟は廃屋にこだわる劇団である。その創立宣言といえる「浮上宣言」に次のような言葉がある。

忘れられた存在としての劇場――ぼくらは、ぼくらの世界を表出しうる存在としてすべての廃屋を劇場とする。また、時代がとりこぼしたもの、ぼくら自身がとりこぼしていることに気付かなかった存在から、地を這うようなアッピールがあった。自らがとりこぼしたものに対峙せよ、と。忘れられ、とりこぼされた存在を劇場――空間にこめて表現してゆく。それは、ぼくらの演劇する思想の武器となるのだ。（'76・12・25、『オルゴールの墓』リブロポート　一九九二年一〇月所収）

＊都市Ⅸ（パーティー）

ふたたび新冬二に戻ろう。新冬二にも八十年代後半の東京を描いた『今夜はパーティー』（小峰書店一九八七年一二月）という作品がある。

これもまた不思議な発端をもった作品である。物語の冒頭で、突然に父さんが「こいつは、ゲームなんだよ」という。「おもしろそうね」という母さんの顔はあまりおもしろそうではない。ゲームとは、今夜家でパーティーを開くにあたって、それぞれがだれも知らない異性のパートナーを連れてくるというものだ。

午後五時までに家に帰ること、千円以内のプレゼントも用意すること、ゲームのためにもらった三千円と自分の貯金箱からだした千五百円をポケットに入れて、キヨシは出発する。

キー子の物語と比べると、キヨシのこの物語はずいぶんと現実味を帯びているように見える。じっさい、キヨシがパートナーを見付けるためにとったその日一日の行動は、まるで東京観光巡りのように分かりやすく、また日常的である。

まず、谷中の祖母のところへ行く。それから祖母と共にタクシーで浅草の雷門に向かう。祖母と別れて、吾妻橋から浜離宮まで水上バスで隅田川を下る。汐留から新橋を通って銀座通りまでは歩ける距離だ。銀座から原宿へ行くために地下鉄で渋谷に向かい、表参道で降りるといった具合だ。キヨシの通った道筋をもっとよく知りたい人は東京都23区の地図でも広げてみるがいい。キヨシの通ったルートが手に取るように分かるだろう。

キヨシが水上バスで隅田川を下っていく場面を見てみよう。

キヨシは水上バスの二階の甲板の一番前の椅子に座って、たまたま隣に座った女の人と橋の名前を言っていく。

おねえさんは、水上バスが橋をくぐるたびに、ゆっくりいった。

「両国橋。」

「新大橋……。」

「りょう、ごく、ばし。」

「しん、おお、はし。」

キヨシは、おねえさんのまねをして、ゆっくりと、橋の名まえをいった。

「隅田川にかかっている橋って、ひとつひとつ形がちがっているのよ。」

「それ、お父さんにきいたことがある。」

「でも、なぜかな。」

「なぜって……。」

「同じ川にかかってるんなら、ぜんぶ同じ形にしてもいいのにね。」

「そうかな。」

キヨシはいった。


清州橋、永代橋、佃大橋……、と二人は橋の名前を言っていく。キヨシはその人にパーティーのことを話す。女の人は〈このつぎのとき、よんでくれればいつでもいくわ。〉という。

この次に行くと言われても、今夜のパーティーだって、どうなるかわからない。仮にもう一度同じようなパーティーをやったとしても、名前も住所も聞かずに別れた女の人を、キヨシは呼ぶことはできない。

物語のラストは、家族みんなのすきやきパーティーである。つまるところ、パートナーを連れてきた人は一人もいなかった。父さんは映画、母さんは知り合いのおばさんの家でおしゃべり。まじめに一生懸命にゲームの決まりを守ろうとしたのは、ぼくひとりだけだったと、キヨシは考える。

この物語には、東京観光案内といっていいほどに《東京》の姿が描かれている。隅田川の川下りの場面もそうだったが、浜離宮から汐留、新橋、銀座への道すがらも、高速道路、駅、ビルなど、特徴的な風景はそれとわかるように丹念に描いていっている。まるで未来の遺跡を構築するかのように変えられ作られていく町の風景。ここにはたしかに八〇年代後半の東京の姿がある。

が、じつは、この作品のもっとも大事な部分は見知らぬ異性をパートナーとして連れてきて「今夜はパーティー」をひらこうとするその奇妙な家族ゲームそのものにある。架空のものといっていいこの不可思議な家族ゲームのために、東京というひとつの都市をまるごと双六の紙舞台のように使ってしまったところにある。

ここに描かれる川も橋もきれいに整備され、ビルも明るく建っている。まるで観光名所案内のようにキヨシは浅草雷門に行き、隅田川を下り、銀座に行き、原宿に行く。ここには、かって天涯孤独なキー子がピストルをかまえて立っていた橋のイメージもなければ、暗い金属的なビルもない。ここでは、東京はまるで双六のようにゲームの場所を提供しているにすぎないのだ。

＊東京スコットランドヤード

ぼくは、新冬二の『今夜はパーティー』を読みながら、〈東京スコットランドヤード〉という鬼ごっこを思い出していた。

海彦、山彦があるんだから都市彦があってもいいなという軽いノリでつくられたという劇団都市彦は、芝居『フェアリィ・リング』（明石スタジオ　一九八九年三月公演）の中で、東京山手線環内プラスアルファといったところを範囲にした壮大な鬼ごっこをやってみせたが、これは逃げるものと追うものという構図もあいまって、おもしろいものになっていた。〈東京スコットランドヤード〉という名のそのゲームは、逃げるカップルは地図に示された主要幹線道路を徒歩で逃げる。また一時間ごとにこのゲームの幹事であり発案者であるミユキ（萩原真理）に電話をかけ居所を告げなければならない。くじの結果、ケッタ（寺田圭佐）とショウコ（杉本美穂）が逃げることになる。あせるリョウスケ（徳永健）。ゲームの終わり近く、波乱は訪れる。

ショウコは出発点の有楽町マリオンの前に戻って終わろうと言い、そんなショウコの性格を察知したリョウスケが最後の〈賭け〉で待ち伏せる。賭けは当たった。ケッタとショウコは追い詰められる。そこでまた、夢のような一瞬だ。

ケッタは「ショウコ、おれにかまわず早く逃げろ！」と叫び、ピストルを構える。リョウスケも下手奥からあらわれ、舞台中央のケッタをピストルでねらう。ピストルといってもこれは全部人差し指を銃口に見立てた演技だから、見ている方にしてみれば、ゲームと夢と現実とがないまぜになっていて、じつはよく分からないものになっている。そのわからなさが心地好い。舞台は銃声と共に暗転となって、あとはマイムマイムの輪で大団円となる。ここでは、東京という街はひとつの大きな鬼ごっこの舞台となって、逆に異彩を放っている。

不思議なルールは不思議なゲームを作り出す。都市がこれに加担するとき、都市はこの架空ゲームの舞台としてよみがえる。

＊都市Ｘ（家族）

考えてみれば、見知らぬだれかを連れてくるという奇妙なルールは、逆説的にいえば今の東京ではだれ一人として他人を連れてくることなど不可能だということを語っていることになる。ここにはピストルをかまえるキー子はいない。《大人対子ども》という図式も反逆の精神もない。あるのはただ《家族》である。知らない人を連れてくるという突飛なゲームをすることで、新冬二という作家はいま《家族》というまとまりの不思議な親密さを語っている。と同時に、知らない人ばかりになってしまった東京という街のさびしさについて語っているのかも知れない。

＊心残り

心残りがたくさんある。児童文学に描かれた都市＝東京のイメージについては、やはり日比茂樹の『東京どまん中セピア色』（小学館　一九八一年九月）をおとすことはできない。小野塚稔と馬場庄吉という二人の少年が電車の網棚から通知表入りのかばんを盗るところなどはハラハラドキドキ痛快このうえないものだ。

那須正幹の『さぎ師たちの空』（ポプラ社　一九九二年九月）は、『東京のサンタクロース』以来久々の本格的なピカレスクロマンだ。大阪は通天閣のほど近くにさぎ師たちの住む町がある。不良グループの金を盗って家出してきた太一は、アンポと名乗る男と出会い、さぎ師たちの仲間入りをする。大阪という都市を舞台にしたアンポたちのさぎの手口のおもしろさについても語りたいが、もう時間切れだ。

伊沢由美子の『走りぬけて、風』（講談社　一九九〇年六月）も、さびれゆく商店街のおそらく最後になるであろう中元大売出しの福引きで、一等賞の自転車を当てようとする少年の努力とまわりの風景がさびしくも、すがすがしく心に残っている。

＊犯罪（あるいは子どもたち）

キー子は橋の上でピストルをかまえている。勝次と不二夫は麻薬密輸を企む口笛のあいつを追っている。東京ルパンは銀座の人込みで金持ちのふところをねらっている。小野塚稔と馬場庄吉のふたりは電車の網棚の上の通知表入りのかばんをねらっている。広島にいる太一は青空に浮かぶ入道雲をながめながら大阪のさぎ師たちに憧れている。

子どもたちは都市の暗がりの中で今も〈犯罪〉たちに憧れているのではないか。

（『日本児童文学』一九九三年二月号）

ある日、ぼくらは笑いの渦の中をひた走る

1

スーパー・エキセントリック・シアターの芝居が好きだ。とくに『コリゴリ博士の華麗なる冒険』の〈よわとり〉と『メガ・デス・ポリス』の〈ゴキブリアイリス〉の二つが好きだ。

2

『コリゴリ博士の華麗なる冒険』は、ひとことでいえば、産業スパイものの劇である。「遺伝子の組み換え実験」をからめたシリアスなドタバタ喜劇である。『メガ・デス・ポリス』の方は、核戦争後の世界で人類存続をめぐる争いをする。これもやはりシリアスなテーマを内にもったドタバタ喜劇の体裁をとっている。一〇〇個のギャグで笑わせながら、人間という生き物の存在を根底から震撼させてしまう。SETのその二つの芝居を、ぼくは好きだ。

3

二つの劇とも舞台で一度見たきりである。本は見ていない。パンフレットはある。それらを片手に、

記憶を適当にたどりながら語ることにしよう。

4

『コリゴリ博士の華麗なる冒険』には、産業スパイの忍者部隊が登場する。これは、ヘンタッキーのフライドチキンが「半値」になって売り出されたために、その秘密をさぐるべく派遣されたバクドナルドからのスパイである。演じるのは、子宝金太郎の三宅裕司、馬飛福助の永井耕一、馬飛三助の小倉久寛の三人。産業スパイが忍者だという時代錯誤風設定もおもしろい。これからヘンタッキーの社長の屋敷に侵入しようとする三人の忍者のギャグのかけあいもおもしろい。SETは二時間の芝居に一〇〇個以上のギャグを入れることを信条にしている劇団だから、ひとつひとつの設定、ひとつひとつの台詞がみな「笑い」に包まれている。が、そんな細かいことは、ここではどうでもいい。ぼくは今、〈よわとり〉と〈よんげん〉の話をしたいのだ。

ヘンタッキーのフライドチキンが「半値」になった理由＝秘密は、遺伝子操作の結果、四本足のにわとり、つまり〈よわとり〉を発明したからである。一羽のにわとりに足が四本あれば、そのにわとりからのもも肉は当然四本とれることになる。したがってフライドチキンの値段の方も「半値」になるという計算だ。

ところで、八木橋修演じるコリゴリ博士は、それだけでは満足しない。彼の本当の目的は別のところにある。博士は、四本手の人間、つまり〈よんげん〉の開発を目指していた。にんげんより二本分、武器を持つのに便利な〈よんげん〉を兵隊としてどこかの国に売り込む計画を立てていたのである。そして、小倉久寛演じる三助は、最後に〈よんげん〉の実験材料にされ、命をおとすことになる。ラストシーンでは、三助を偲ぶ二人の忍者のうしろで、二本首のキリン、ヨワトリ、ウシなどが悠々と歩いている。

5

『コリゴリ博士の華麗なる冒険』の作者、大沢直行の魅力について、SETの主宰者であり、演出家であり、役者である三宅裕司は、次のように言っている。

どの作品にも一貫してるのが、個人対集団っていう世界の見方。そういう視点で人のことをゲラゲラ笑わせながら、ものすごく歪んだことを言ってるでしょ。(例えば、『コリゴリ博士の華麗なる冒険』では安いフライドチキンを作るために4本足の鶏＝よわとりを発明したコリゴリ博士の話が、武器を持つのに便利な4本手の人間＝よんげんをうみだす) こういう凄いストーリーだと、ギャグが格好よくなるんですよね。普通の話では、ギャグやってる奴が馬鹿に見えるんだけど、大沢作品では最終的にはメチャメチャ格好よくなる。こうなると役者は燃えますよ！(88年9月新宿シアターアプル公演『幕末・めりけん・じゃっぷ』パンフレット所収の「三宅裕司インタビュー」から)

6

三人の忍者のドジなギャグからくる笑いを所々と言うより連続して演じながらストーリーをすすめていくというやり方はSETの常套手段だ。が、この『コリゴリ博士の華麗なる冒険』は、〈よわとり〉と〈よんげん〉という駄洒落的虚構存在（こんな言い方があるのだろうか）によって、バイオテクノロジーが生み出したひとつの非人間主義への告発が簡潔明瞭に描かれていて、おもしろいものになっている。

ヒューマニズムを声高に主張することばが、必ずしも真にヒューマンな言動になっているわけではない現代で、この〈よんげん〉的発想は、ぼくには、むしろ好感が持てるものだ。もちろん、コリゴリ博士のような〈よんげん〉製造は否定しなければいけない。が、ぼくらのヒューマニズムはもうあまりにも自己の認め得るヒューマンの範囲が限定され、矮小化され、硬直し切っているのではないだろうか。

考えてみれば、アメリカ的ヒューマニズムも、日本にある全ての政党がいっているヒューマニズムも、ソ連型社会主義も、公に叫ばれているヒューマニズムの全てが、もはやヒューマンなるものから程遠い存在になってしまっている。いまこそ、ぼくらは勇敢に明るく楽しく〈よんげん〉的ヒューマニズムを提唱しようではないか。

7

〈よんげん〉という駄洒落と共にあげることで際立って輝いてくる〈にんげん〉のイメージが、そこにある。誤解をおそれずに言えば、九〇年代の今、ギャグ抜きに語れる真実はない。

8

ディスクジョッキーが、軽い調子で読み上げる。

「核戦争がぼっ発した模様です。ミサイルが爆発すると、アッという間に付近は全滅するそうです。

戸締まりは厳重に、と政府が……アッ！」

『メガ・デス・ポリス』は、こうして文字通りアッという間のギャグで幕をあける。

9

この『メガ・デス・ポリス』の冒頭を、四十六年前の広島、長崎の現実と重ねたのは、『朝日新聞』の「核時代のエピソード⑦」（『朝日新聞』89・8・15朝刊）だった。

この設定は、四十四年前の夏の現実と重なった。

広島、長崎の原爆の投下直前、ラジオのアナウンサーが、防空情報を放送しようとしていた。広島中央放送局の古田正信さんは「中国軍管区情報！　敵大型機三機西条上空を……」と読んだところで、爆風に飛ばされた、と手記にある。長崎放送局は「（敵機が）島原半島上空を北西に侵入……」まで告げて途切れた（長崎原爆戦災誌）。

朝日新聞の平和問題取材班の語り口を真顔なものであるとするならば、ＳＥＴの語り口は、やはり笑い顔である。それは、ギャグの連発という饒舌を抜きには語り得ないアナーキーな失語に満ちた笑顔である。

10

『メガ・デス・ポリス』は、核戦争後の地球が舞台である。山里深い老人ホームで核の冬を生き延びたわずかな人間たちは、試験管ベビーで子孫を残す。コンピューターが支配するシェルターシステム。ベビーたちは、そのシェルターの中で、コンピューターの指示通りに生活をしている。

シェルターの中にいる彼らは正義の子、愛の子である。じつは、シェルターの外には、憎しみのみを持つ野蛮なものたちがまだ生き残っており、彼らのシェルターへの侵入、彼らとの生存をかけた戦いでもってストーリーは進行していくことになる。

リーダー男　タラチネ、実はな、バイオテクノロジーと盆栽とカタツムリの情報が盗み取られたんじゃ。その目的が一体何か、教えておくれでないかい。

C　わからん、わからん、わからん、わからん

リーダー男　タラチネー‼　ワシが頭を下げて、こげん頼んどるんじゃ。頼む。教えてけれや‼

C　わからん、わからん、わからんが。ただ、これだけは言えるじゃろ。その盗っ人は憎しみのある世界を残し、愛しかない世界を亡ぼす為に、外の世界を変化させようとしとるんじゃ。

（'89年9月青山劇場公演『メガ・デス・ポリス』パンフレットから）

タラチネというのはコンピューターの名前である。シェルターの中の〈愛しかない世界〉が実はにせもので、野蛮と思われている外の住人の方が余程に人間的であることが物語の進行とともに分かってくる。そして、その外の住人たちが、増加してくる放射能を食い止め、浄化しようと必死になって求めているものが、〈ゴキブリアイリス〉という名の花である。細かいところはぼくも忘れてしまったが、ア

イリスの美しさとゴキブリの生命力とでもって地球を救おうという夢の花が〈ゴキブリアイリス〉である。こう書いてしまうと、おもしろくもなんともない。ドンバンを演じる三宅裕司が同じ言葉を舞台の上で言うと見事なギャグになる。笑いというのは、そんなものだと思っている。ラスト近くで、舞台全体に咲き誇ったアイリスの花も見事ならば、それらの全てを無に帰すように、コンピューターの指示通りに核のボタンを押し、全てを（自らも）滅亡してしまう〈愛しかない世界〉のベビーたちの愚かさも、また見事なものだ。それら物語の全てを笑いの渦の中でひた走らせていくスーパー・エキセントリック・シアターの芸も、また見事なものである。「笑い」は今ここまで来ている。

11

『メガ・デス・ポリス』のラストは、核爆発を逃れて生き延びた若い男ドンバンと老女ヨネの会話。「二人だけになっちゃったね」とドンバン。「いえ、三人よ。子どもができたらしいの。わたし、放射能のせいかしら。どんどん若返ってくるみたい」とヨネ。

子どもができたとか、放射能のせいで若返ったとかいうヨネのことばに、たじろいだり、あわてたりするドンバン。そのたびに客席を笑いの渦に包みながら、「また、やり直そうか」といって、三宅裕司は老女を抱きかかえて、坂をのぼりはじめる。老女ヨネの妊娠は新しい生命の誕生を予感させる。明るいラストである。と、そこで、坂をのぼる三宅裕司の腕の中で、老女ヨネを演じる石井桂子の手が突然に力を失う。ガクッと倒れ込んだヨネは、すでに死んでいるのかも知れない。八二年五月、池袋シアターグリーンでの初演時のエンディングでは、三宅裕司が老女を抱きかかえて希望に燃えて終わったというが、八年後の青山劇場でのドンバンはただ力なくヨネを抱きかかえ歩いていく。一〇〇個のギャグがひとつの真実を支えている。

12

新美南吉の『ごん狐』のラストシーンの話をしよう。

兵十は、ごんを火縄銃でドンと撃ったあとで、土間にかためて置いてある栗を見つける。「ごん、お前だったのか」という問いに、ごんは、うなずきつつ、息たえる。

そのとき、ごんは笑っていたのではないか。

「おや。」と兵十は、びつくりしてごんに目を落しました。
「ごん、お前だつたのか。いつも栗をくれたのは」
ごんは、ぐつたりと目をつぶつたまゝ、うなづきました。
兵十は、火縄銃をばたりと、とり落しました。青い煙が、まだ筒口から細く出てゐました。

このとき、ごんは確かに笑っていたのではないか。

13

一九三一年一〇月四日の日付で「スパルタノート」（『校定全集』第十巻所収）に記されている「権狐」のラストは次のようになっている。

「おや――。」

兵十は権狐に眼を落しました。

「権、お前だつたのか……、いつも栗をくれたのは――。」

権狐は、ぐつたりなつたまゝ、うれしくなりました。兵十は、火縄銃をばつたり落しました。まだ青い煙が、銃口から細く出てゐました。


うれしくなった権狐は、確かに笑ったにちがいない。

14

斎藤隆介の「ベロ出しチョンマ」(『ベロ出しチョンマ』理論社　一九六七年一一月所収)のラストシーンも笑いに満ちている。刑場の場面だ。父親が江戸将軍家へ直訴をした罪の連座で、長松とウメの兄妹も磔柱に上げられる。槍の穂先がギラギラッと光る。磔柱の上で、ウメが虫をおこしたように泣き叫ぶ。長松は、思わず叫んでしまう。「ウメーッ、おっかなくねえぞォ、見ろォアンちゃんのツラーッ!」と。そして、眉毛をカタッと「ハ」の字に下げてベロッとベロを出す。これは、ウメが泣きそうになったときに、いつも長松が使うおどけ顔だ。この顔を見ると、ウメはいつも笑い出さずにはいられない。

竹矢来の外の村人は、泣きながら笑った、笑いながら泣いた。長松はベロを出したまま槍で突かれて死んだ。

長松がベロを出したまま槍で突かれて死んだそのとき、ウメが笑いながら突かれたのかどうかまでは、斎藤は語っていない。それでも、読者は笑いながら槍の穂先でつらぬかれたウメを思い、長松を思い、涙する。言い換えるなら、長松の笑いがよりいっそうの涙を誘うのだ。
同じ斎藤隆介の「八郎」の中に、もう一つ際立った「笑い」がある。八郎が、泣いているわらしコに別れを言いつつ、海に入っていく場面である。

　八郎は泣いているわらしコの頭ひと撫でするると、後ろ向いてチラと笑って、したらば、まんつ。

と言ったかと思うと、わあ、あ、あ、と両手を拡げて寄せて来る波コを胸で押しかえしながら海の中サぐっくと入って行ったと。

「八郎」という作品は、「したらば、まんつ」という一言でもって危うく成立している作品にちがいない。そして、笑いというものは、人間が最もかなしいときにする最も崇高な感情表現のひとつにちがいない。
「ごん狐」「ベロ出しチョンマ」「八郎」はかなしいまでの笑いを、ぼくらのまえで語ってくれている。この笑いを、ぼくらは今、どう読むのか。
宮川健郎なら、もっと「叙事」の方へと言うのだろう。宮川は、「ベロ出しチョンマ」のラストについて次のように語っている。

「ベロ出しチョンマ」の刑場の場面がきらいだ。

ぼくたちはもう、長松の「やさしさ」「けなげさ」に感動してはならない。

ぼくたちは、「ベロ出しチョンマ」の刑場の場面にある、せつないまでの「抒情」を「叙事」の方へと切りかえしていかなければならないのではないか。（「叙事」の方へ」、『日本児童文学』一九七九年二月号所収）

しかし、「叙事」とは何なのか。

ぼくはいま、唐突に考える。単純な「抒情」への傾斜が前の時代の戦争をもたらしたとするならば、今度は、単純な「叙事」の方への傾きが、いま、ぼくらの世界を核戦争の危機に立たせているのではないか、と。

だから、もう一度、誤解をおそれずにいえば、九〇年代のいま、ギャグ抜きに語れる真実はない。

15

ウルトラマンの変身の小道具にペンシル型のライトのようなものがあった。名前をフラッシュ・ビームという。ポケットからそれを取り出し、右手に持って高々とかかげると、ピカッと閃光を放ち、ウルトラマンがあらわれるという仕掛けだ。あの小道具はいったい何だったのだろうか。

あるときのことだ。ウルトラマンが変身しようとして、フラッシュ・ビームを高々とかかげた。でも、変身できなかった。あわてて、もう一度やってみた。が、やっぱり変身できなかった。よく見ると、それは、カレーライスを食べていたスプーンで、つまり小道具をまちがえていた。そのあとで、ちゃんとした小道具を出して変身に成功したウルトラマンが、どんな怪獣をやっつけたかについての記憶は、まるで残っていない。なかなか変身できずに、あわてていたハヤタ隊員の姿だけが印象に残っている。「笑い」の名場面は、ぼくらの記憶を鮮やかによみがえらせるものなのだろう。（これは、あとで中国児童文学とウルトラマンの権威、河野孝之氏に聞いたはなしだが、そのときの脚本は佐々木守、監督は実相寺昭雄で、ハヤタ隊員がカレーライスを食べていて、席をたつときにはちゃんとスプーンをおいていって、変身のために屋上へ行ったときは、またスプーンを持っていて、あの「まちがい」を演じるのだそうである。つまり、場面としてはよく考えるとつながっていない。実相寺監督が、屋上での変身を撮るときに思い付いて、やらせたギャグだという。「それをした監督は、ウルトラマンは真面目な番組なんだから、そんなことはやっちゃいけないって、おこられたんだよ」と教えてくれたのは、うちの息子である。）

ふと、思う。『水戸黄門』のドラマで、「無礼者、ここにおわすお方をどなたと心得る。頭が高い。控えおろう」と、ふところから件の印籠を取り出したが、だれも控えない。おかしいと思って、よく見たら、それは水戸の納豆だった、なんて話はないものだろうか。よく耳にするものでは、水戸黄門が印籠を出そうと思ったが、出す前に殺されちゃって、ハイおしまいというのがある。ごん、長松、八郎、そして水戸黄門のギャグ。SETの二つの芝居のラストも。笑いとは、いつも死と紙一重のところにあるのかも知れない。

16

北村想は、『ケンジ』（角川書店　一九九〇年五月）の中で、幼い日におぼえた二つの童謡の奇妙さについて語っている。西条八十の「肩たたき」と加藤まさをの「月の砂漠」について、北村想は次のように言っている。

少女が母親の肩をたたいている。そうすると縁側が火事になってしまう。『お縁側には火がいっぱい』だ。その炎の中で逃げようともせず母と娘は肩をたたき続けている。

その光景の恐ろしさに、夜その縁側を通ってトイレへ一人で行くことが出来なかった。『月の砂漠』は謎にあふれた歌だ。まず、月に砂漠があるというのが冷たくて美しい。そこを駱駝にのった王子と王女が行く。『金と銀との蔵』を置いていくくらいだから、この駱駝の大きさたるやいかほどのものだろう。その上、『金の蔵には銀の亀』が結わえられている。そして最後に『二人はどこへいくのでしょ』という問題が提出されるのである。こんな不思議な歌は聞いたことがなかった。

北村想の幼い日の読み違いは、『雪をわたって』の芝居の中にもかげを落としている。これは、宮澤賢治の「雪わたり」を脚色したものだが、その中で、狐たちの学芸会に招かれたシロウとカン子は「セロひきのゴーシュ」の劇中劇をする。一九八八年三月に本多劇場で上演された舞台では、佳梯かこ演じるシロウのゴーシュは確かにずっとゴーシュ役をやっているのだが、田中ちさが演じているカン子の動物の側がどこかおかしい。ふと、田中がワイルドの『幸福の王子』のつばめ役をやっていることに気づかされる。「王子さま」というカン子のつばめ。しかたなく「なんだよ」と答える四郎のゴーシュ。そのズレは、確かにズレと言ってしまえばそれまでなのだが、やはり新しいひとつの世界をぼくらの前に見せてくれていて、おもしろいものだ。

考えてみれば、「注文の多い料理店」という作品も誤読の世界を生きている。次々に出されていく注文を、ふたりの紳士はずっと読み違えて進んでいく。その結果、恐怖で紙のようにくしゃくしゃになった顔を手に入れることになるのだ。しつこく誤解をおそれずにいえば、九〇年代のいま、読み違えとギャグこそが物語をすすめていく原動力なのだ。

17

笑いの元祖といえば、『不思議の国のアリス』にちがいない。物語の冒頭近くで、アリスがうさぎの穴から落下するシーンがある。落ちていく穴のまわりには棚があって、アリスはそこからオレンジマーマレードのつぼをとりだし、それがからだと知ってがっかりする。アリスはこれを投げ捨てて、もし下にいるだれかに当たって死んだら大変だと考えて、また棚にもどす。もちろん、落ち続けながら、もっと下の棚にもどすことになる。

このつぼを得た落下の描写が、ルイス・キャロルをナンセンス・ファンタジーの元祖にしているのだ。姿が消えても笑いだけが残るアリスのチェシャ猫の笑いは感染するものらしい。今江祥智は『わらいねこ』（理論社　一九六四年一月）というタイトルの時代ものナンセンス・ショートを書いているし、宮崎駿の『となりのトトロ』のトトロやねこバスも、やはりチェシャ猫のように笑う。藤子A不二雄の『笑うセールスマン』が、他人を不幸のどん底に落とし入れたときにする笑いも、チェシャ猫の笑いにちがいない。「笑いのない猫は見慣れているけど、猫のない笑いは見たことない」とアリスに言わしめたチェシャ猫の歯をむき出した笑いは世界中に感染する価値と強さを十分に持っている。

ぼくらも、アリスが聞いたようにぼくらの行き先をチェシャ猫に聞いてみようか。ぼくらは、ここから一体どっちへ行ったらいいのか、と。チェシャ猫はきっとこう答えるだろう。「どこへ行きたいかだって。それは、あんたの行きたいところ次第さ。どこまでも、どこまでも行きさえすれば、必ずどこかに出るからさ」

チェシャ猫がアリスにこう答えたとき、ルイス・キャロルの頭の中に、繁栄と核の現代は果たして予感されていたのだろうか。

きのこ雲の向こうで、笑いだけになったチェシャ猫が歯をむき出して、やっぱり笑っているのかもしれない。ぼくらの笑いは、いつも死の予感と共にある。

18

アリスが世界の笑いの元祖なら、日本の児童文学の笑いの元祖は、やはり厳谷小波だろう。小波お伽噺の中の一番のおすすめ品は「蛙の腹綿」(『少年世界』第二巻第七、八号　一八九六年四月)だ。あらすじをいうと、まず世間が春めいてきて、散歩に出かけた蛙が巻煙草を拾って、吸って、毒気にあてられる。はらわたを洗濯して干している所へ、木菟《みみずく》がやってくる。急に乾くものじゃないから見張っていてあげるというので、寝て眼をさますと、木菟もいないし、はらわたもない。蛙仲間が山へ木菟を探しに行くと、腹が膨れて飛べないでこまっている木菟がいる。蛙たちは木菟の腹から蛙のはらわたをひっぱり出して、もとの蛙に戻してやる。二匹とも無事でめでたし、めでたしという話である。

あらすじを言ったあとで、この話のどこがおもしろいかと問われると、じつは少しこまってしまう。小波得意の駄洒落は、はらわたが戻ったときに、蛙が「ヤレ〳〵、有難い。これがほんとのいきかえるといふものだ」という一つしかない。それもたいしておもしろいものではない。登場人物におもしろい名前を付けるのが好きな小波もこの作品では、ただの蛙と木菟だけで、おもしろくもなんともない。ぼくがおもしろいと思っているのは、毒気にあてられた蛙が、はらわたをひっぱり出してジャブジャブと洗濯したり、物干しに干したり、木菟が来て「見張ってやろうか」といったり、木菟の腹の中から、まるで運動会のつなひきでもするように楽しそうにはらわたをひっぱり出したり、それをまた蕎麦かうどんでも食べるみたいにつるつると腹の中にしまいこんでしまう、そういったひとつひとつの仕種がただ可笑しくて好きなのだ。

前期小波お伽噺は地口的おかしみは多用されているが、作品そのものは教訓的寓意の中で窒息している。後期小波お伽噺はストーリー性を獲得し長編化の道を歩みはするがそこには動かざること山のごときニッポンイデオロギーが内在している。過渡期としての「蛙の腹綿」のおかしみが、ぼくは好きだ。

19

長松がベロを出したまま笑っている。八郎がふり向いて笑っている。ごんは目を閉じたまま笑っている。きのこ雲の向こうでチェシャ猫も笑っている。赤ずきんを食べたオオカミも笑っている。笑うセールスマンも笑っている。

20

ある日、ぼくらは笑いの渦の中をひた走る。

（『日本児童文学』一九九二年四月号）

なぜ遠山の金さんは桜吹雪を見せるのか

*桜吹雪と葵の印籠

もし、遠山の金さんが桜吹雪を見せもしないで事件を解決してしまったら、みんな、どう思うだろうか。もし、水戸の黄門さまがいつもの葵の印籠を取り出すまえに切られて死んでしまったら、みんな、どう思うのだろうか。

ふとおかしな疑問が浮かんだ。ぼくは実際に、このへんな質問を、近場にいた何人かの友人にやってみた。返ってきた答えは、ニュアンスに多少の違いはあっても、みな同じようなものだった。「何を馬鹿なことを言っているんだ。そうしなければ話が終わらないじゃないか。つまらないことを聞くやつだな。」といったものだ。

まったくのところ、ぼくらは、日頃このような疑問を持つこともなく、金さんの桜吹雪に喝采を送る。葵の印籠の出現に溜飲を下げる。桜吹雪や葵の印籠という象徴的な約束事がなければ、確かにドラマは終わらないのだ。

実際には、テレビドラマの『水戸黄門』には、印籠を出さないで、事件を解決してしまったケースもあるし、こそこそと隅に行ってひとりにだけこっそりとみせたのもあったりする。その実例をわざわざあげつらねている「おたく本」なんかもあったりする。

世間には、「黄門さまが印籠を出そうとしたけれども、そのまえに切られてしまってハイおしまい」とか「金さんが諸肌を脱いで桜吹雪をみせようとしたけれども、脱いでいるのに時間をとられて、切られてしまってハイおしまい」というギャグが流布していたりもする。しかし、これらは、むしろ葵の印籠と桜吹雪の入れ墨の効用を高めこそすれ、決しておとしめるものにはなっていない。

言い換えるなら、それらの典型的な約束事があったからこそ、遠山の金さんや水戸の黄門さまの物語は、連綿と語り続けられてきたといっていい。そして、テレビ番組としても、長寿番組とよばれるほどのものになった。

そのとき、ぼくらは、この遠山の金さんや水戸の黄門さまに、いったい何を期待して物語をたのしんできたのだろうか。

＊期待ってなんだろう?

ぼくらは、物語というものを味わうとき、無意識のうちに登場人物たちに、ある種の期待感を持っているものだ。無意識のうちに、自分自身の物語を予感し、紡ぎ出している。この期待と予感の正体って、いったいなんだろう?

ぼくは、期待には二つの地平があると考えている。〈作者が期待するもの〉と〈読者が期待するもの〉の二つが、それだ。

作者は、ある期待感と伝達意思を込めながら、物語を紡いでいく。読者は、作者の思惑とは別に自分自身の期待と予感をもってその紡がれた物語を享受し、再び紡ぎなおしていく。この二つの期待が、あるときは反目し合い、あるときは共鳴しあう。プラスの意味でも、マイナスの意味でも、そうしたせめぎあい、そこから生まれる相乗効果によって進んでいくのが、読書という行為だと、ぼくは考えている。この〈作者が期待するもの〉と〈読者が期待するもの〉の二つを、物語の中で具体的に体現し、代弁していくものが、登場人物とりわけ主人公とよばれる存在になる。

読み手は、主人公の行動、その失敗や成功に、あるときは腹を立てる。またあるときは手に汗をにぎって声援を送る。主人公たちは、いくつもの期待を、まるで重い荷物のように背負い込まされながら、物語という道筋を進むのだ。ときには、くじけることもあるだろう。が、最終的には、期待という名の声援に後押しをされ、難事件を解決する。極悪人をやっつける。運がよければ、宝物まで手に入れたりもする。

遠山の金さんが見せる桜吹雪と、水戸黄門が取り出す葵の印籠は、そのような物語への期待値がひとつの象徴＝約束事にまで高まった好例だと、ぼくは思っている。だから、桜吹雪と葵の印籠がなければ、物語は決して終わらないのだ。

＊主人公のイメージ（ゾンビごっこ）

話は、少し余談に走る。むかし、ぼくが担任をしていた小学六年生の子どもたちが「ゾンビごっこ」という遊びをしていたことがある。

中身は単なるつかみ鬼の変形だ。つかまえたときに、ゾンビらしく、少し噛むまねをする。その、ほんの少しだけルールを変えたところが、子どもたちの工夫だった。

つかまった子どもたちは、当然のことながら、ゾンビになる。ゾンビは、最初の一人をつかまえるのには、多少苦労をするが、つかまった子がみなゾンビになっておそいかかってきはじめるのだから、少ない時間でもけっこう楽しめる。十五分ほどしかない学校での休み時間に、ぴったりの鬼ごっこだった。鬼であるゾンビはどんどんと増えていく。鬼になった子たちは、追いかけながら、それぞれがゾンビらしい奇声を出したり、両腕をあげて五指の爪をたてたりと演じながら、うれしそうに追いかける。遊びに興じている子どもたちは、おもしろがってやっているのだが、それを見ているぼくの方は、六年生も卒業近くになって、なんて幼稚なことをやっている子どもたちなんだ、と半ばあきれていた。それが正直な気持ちだった。それを、ぼくがおもしろいと思ったのは、みんながつかまり、「最後のひとり」になったときのことだった。

子どもたちは、「最後のひとり」のことを〈主人公〉と名づけていた。

自分以外の全員がつかまって鬼＝ゾンビになって、自分が最後のひとりになったとき、その子は「わあ、最後のひとりだ。おれは〈主人公〉だぞぉ」とさけぶ。もう逃げない。あとに残されたのは儀式だけだ。

〈主人公〉が自ら宣言する。と同時に、ゾンビになった子らが、全員でその子におそいかかる。みんなが〈主人公〉にひとかみする。〈主人公〉が「わあーっ」とさけぶ。そこで、「ゾンビごっこ」の一サイクルは、おしまいになる。

〈主人公〉が最後にゾンビにやられてしまうというアンハッピーな結末と、みんなにかまれながらも、さいごまで残ったうれしさを隠しきれないでいる〈主人公〉の顔を、ぼくはけっこう気に入っていた。

成績も優秀で、リレーの選手でもあった、背の高い男の子が「おれ、まだ一度も〈主人公〉になったことがないんだ。一度なりたいな。」といいながら、それでもうれしそうに逃げまわっていた顔が、今でも心に残っていて、忘れられない。最後まで生き残るためには、学力、走力、体格といった目に見える力以外の何かが必要なのかも知れないと、ふと、思った。

子どもたちにとって、〈主人公〉は、やはり他のものとはくらべようもなく、異彩を放つ存在だったにちがいない。

＊主人公の二面性（その権力性と庶民性）

話を、桜吹雪と葵の印籠に戻そう。ぼくらは、桜吹雪と葵の印籠に、何を期待しているのか。その拠り所はいったい何なのか。

長田弘は『感受性の領分』（岩波書店　一九九三年七月）の中で、水戸黄門と遠山の金さんについて、次のようにいっている。

水戸黄門は、隠居した身だ。隠居した老人が象徴するのは、落語のご隠居とおなじく、「常識」の人ということだ。ひとは水戸黄門のでくわすあの手この手の面倒だらけの旅の話に、「常識」の人のドラマをみている。

奉行のなすべきことは、ただ一つだけ。この世に真実のようにまかりとおっている既成の事実を、道理によって可能なかぎりひっくりかえすこと。たとえとことんひっくりかえすことができなくとも、あるいはひっくりかえせるかもしれないという最後の期待を抱かせるのが、ご存じの名奉行なのだ。

長田は、水戸黄門と遠山の金さんに〈常識〉と〈道理〉をみる。それが、まかりとおっている既成の事実をひっくり返すという。ひらたくいえば、悪代官や悪徳商人たちのやっている悪事をあばき、懲らしめるということになる。その意味で、〈常識〉や〈道理〉は〈社会の自浄力〉でもあるのだ。

時代劇の主人公たちは、どうしようもないこの世の悪に対して、自ら〈自浄力〉を発揮できる人間でなければならない。水戸黄門や遠山の金さんが〈常識〉や〈道理〉をもって、この世の悪をこらしめるのだが、長田が指摘していて、興味深いのは、かれら主人公たちが、かならず《一人二役》を演じているということだ。

水戸黄門は、越後のちりめん問屋の隠居を演じる。遠山の金さんは、遊び人の金さんを演じる。暴れん坊将軍の八代将軍徳川吉宗は、旗本の三男坊で町火消しめ組に居候している徳田新之助を演じている。長田の指摘する《常識や道理で社会を浄化するにあたっての一人二役》という構図は、ぼくにとって、期待される主人公像の二面性（権力性と庶民性）を見事に語っていて、興味深い。

ぼくらが、桜吹雪や葵の印籠の登場に、やんやの喝采をおくるのは、かれらが「弱きを助け、強きをくじく正義の味方」として機能しているからだ。現実にはなかなかやっつけることのできない権力者や金持ちの横暴を、物語の世界だけではあるが、一応やっつけてくれるからだ。既成の悪政をただし、ときには現実には望みようもない平和な社会を到来させてくれることもある。

しかし、その切り札である葵の印籠が、じつはさらに大きな権力をもっているということを、ぼくらはわすれてはならない。

水戸黄門が活躍するドラマでは、必ず最終的な悪役は武士が背負うことになる。悪徳商人や地回りのヤクザも登場するが、自らも支配階級の一員である水戸黄門は、同じ武士階級にあって堕落し、悪をなしている代官や家老を平伏させなければならない。そんな、危うい存在なのだ。

黄門さまと金さんは、ともに副将軍と町奉行という、自らも権力者の側にいるという汚名を背負わされかねない位置にいる。かなりきわどいところで立ち回りをしていることになる。だから、かれらは、自らの権力性をひた隠し、庶民性を際立たせるために《一人二役》を演じきらなければならないのだ。

そんな事情で、越後のちりめん問屋の光右衛門、遊び人の金さん、め組居候の徳田新之助は、きょうも、のんびりと庶民の中での生活を楽しむことになる。

庶民性を演じているときのかれらは自由人だ。自由人のかれらは、そのままでもなかなかの能力をもっている。小さな困難などは、特別な力を借りることもなく乗り越え、物語を進めていく。しかし、必ず訪れる《土壇場》では、かれらは切り札である桜吹雪を見せ、葵の印籠を見せる。庶民性と権力性の危うい綱渡りの末に、ヒーローたちの物語は、大団円をむかえることになる。

登場人物たちの中でも、とりわけヒーローと呼びうる主人公たちにとって、《土壇場》は必要不可欠なものだ。すべてのヒーローは《土壇場》を乗り越えることによってのみ、初めて真のヒーローとなることができるのだ。見方を変えるならば、その土壇場を「何」をもって乗り越えるかによって、おのおののヒーローの拠り所がみえてくることになる。

＊小波お伽噺をみてみよう

ここで、話を、葵の印籠と桜吹雪の江戸時代から、ひとつだけ進めて、明治時代の児童文学の代表格、「小波お伽噺」をみてみよう。

「小波お伽噺」といっても、今ではピンと来ない人の方が多いと思う。少し説明すると、明治時代に、初めて子どものための文学を、意識的に創作した巖谷小波の作品群を、総称して「小波お伽噺」と呼ぶ。巖谷小波は、初めて、読者である子どもを意識して、作品を創作していった作家だといっていい。おもしろみ、読みやすさを重視したその作風は、子ども向けの創作としては、明治という時代の中で、他を寄せ付けない唯一無二の位置を占めていた。

ひるがえって現在、小波の作品はまったくといっていいほど読まれていない。その名さえも、ほとんど忘れ去られている。つねに読み手を意識し、そのために多数の読者を獲得した巖谷小波という作家が、「明治」という時代への拘泥から、大正、昭和、平成という時代を経て、いま子どもたちに読まれることはない。古い衣の装いを、多少現代風にアレンジし、コーディネイトしさえすれば、すぐにでも子どもたちに手渡すことができるであろう、小波お伽噺の不思議な末路だといっていい。

さて、そんな「小波お伽噺」を、ちょっとみてみようと思うのだ。

桜吹雪と葵の印籠に続いて、チョコッとは近づいたが、それでも百年以上も前のものを、なんでまな板の上にのっけるのかというと、「小波お伽噺」には、読み手と書き手のせめぎあいという観点から見て、おもしろい変化があるからだ。

結論めいた言い方を先にしてしまうと、「小波お伽噺」には、登場人物たちの《失敗譚から成功譚への変容過程》がある。そして、その登場人物たちの失敗から成功へのプロセスをみることは、そのまま、作者と読者との《期待の構図》をみているようで、おもしろい。

＊失敗譚（「カバン旅行」と「瓢箪船」の場合）

最初に、失敗譚からみていこう。

一八九一年一月、博文館は『幼年雑誌』という雑誌を創刊している。低年齢層の子どもたちを対象に月二回発行されたこの雑誌に、小波は毎号短い作品を載せる。創刊から三年目の一八九三年の『幼年雑誌』では、「一流幻燈会」というタイトルをつけたコーナーで、短編の連載をおこなっている。翻案、翻訳、小話風なものから、ようやく小波独自の作風といえる「創作お伽噺」の体裁になってきた、はじめのころの作品群といえる。

その中に「カバン旅行」「瓢簞船」という短編作品がある。（月二回発行なので『幼年雑誌』一八九三年四月前、四月後、前者は第三巻第七号、後者は第三巻第八号所収になる）。どちらの作品も、主人公の少年が、冒険を試みるが失敗に終わるという筋立ての滑稽譚になっている。

「カバン旅行」のプロットをいうと、シベリア横断をした福島中佐のまねをして、安太郎という少年が、カバンにのってシベリア旅行にいくという話だ。カバンは不思議なことに四隅から足がニウとはえ、前からは耳が二本、後ろからは尾が下がり、まるで馬のようになる。そのカバンに馬乗りになってシベリアまで行くと、福島中佐が行くのがみえる。安太郎は、中佐を抜こうとして、カバンの馬にムチをあてる。カバンはたちまち尻がやぶれ、安太郎は真っ逆さまにズデンドウ！　気がついたら夢だったという話だ。

「瓢簞船」の方は、千島探検をした郡司大尉のまねをして、瓢簞を船にして、千島まで出かけようとする話だ。わんぱくものの頑次は、ただまねをしてもつまらないと、瓢簞を足につけて、隅田川を品川沖へと出発する。吾妻橋までくると、橋の上から見物人がはやしたてる。調子にのって浮かれ出した頑次は、体の安定を失って、真っ逆さま、ブクブクブク！　という失敗譚だ。

「カバン旅行」も「瓢箪船」も、主人公の少年が、身の程知らずに人まねをして、失敗する話になっている。安太郎少年は〈商人の児に似合わぬ活発者〉とよばれている。頑次少年は〈頑次と申す頑童〉で〈学校でも評判の餓鬼大将〉といわれている。そのわんぱくな少年たちが失敗して、身の程知らずの大たわけとよばれているのだから、小波がのちに標榜することになる「わんぱく主義」とは正反対のものだということが、よくわかる。

ただ、郡司成忠大尉らが千島探検に出かけたのが、一八九三年三月二十日で、翌四月後半号には、もうこの題材をとっている。小波お伽噺の特徴の一つに、時局的な題材の扱いの巧みさをあげることができるのだが、この作品などはその好例で、まさに小波の面目躍如といったところにちがいない。

＊「カバン旅行」「瓢箪船」への批判と小波の答え（消極的諷誡）

さて、二人の少年たちの失敗譚を、ことさらにとりあげたのは、この二つの失敗譚が、登場人物への期待の地平という観点から見て、じつにおもしろい反響を呼んだからだ。

二つの作品が載せられた翌五月、『幼年雑誌』（第三巻第十号　一八九三年五月後）の投書欄「稚児のはな」に、淵上高茂「謹んで漣山人巖谷先生に一言呈す」という一文が載せられる。

投書の内容は、「カバン旅行」「瓢箪船」への批判と小波への要望だが、読み手の期待を裏切られたおもいが、これでもかというぐらいに語られていて、おもしろいので、それぞれ作品に対する批判の部分を、長くなるがあげてみよう。

第七号に於て先生の物せられたる「カバン旅行」と題する記事あり。不取敢拝読するに福島屋安太郎君の壮図にてありき、余は之に於て安太郎君の希望及目的に敬服し、徹頭徹尾目的を貫徹せられ、今日騎馬旅行にて世界に雷名を轟しつゝある福島中佐より、尚且偉大なる名誉の地位に達せらるゝものならんと喜びつゝ、益佳境に読み入りしに、何ぞ図らん、乗る処の「カバン」遂に斃れ、騎者は西比利亜の高原に空しく彷徨するが如き不幸を見るに至らんとは、実に野生は之を読んで大いに失望せずんばあらざるなり。

又先生は第八号に於て瓢箪船と題し頑次君の物語を掲げられたり、野生は実に頑次君の勇壮活潑なる首尾能く千島に着し、大いに我国の名誉を掲げ且我国少年をして大いに海国志想を養成せしむるならんと、深く信じて以て止まらざりし、然るに其終に至ては吾妻橋下に於て喝采を受けし甲斐もなく、一寸の辺より遂に溺れて空しく水中に沈没し終り、素志の万一をだに未だ達し得ずして止みしを思へば、吾人は大いに落胆せずんばあらざるなり

安太郎と頑次という主人公の少年たちに、自らを同化して読み進めようとして、期待をはぐらかされた読者の、これは痛烈な批判だといっていい。

これに対して、小波は「臆病木兎」(『幼年雑誌』第三巻第十三号　一八九三年七月前)の末尾で、すぐに投書に答えている。読者に即座に答えていく小波の、反応の素早さと素直さに、ぼくは、巖谷小波という作家が天性から読み手のニーズを第一義においていた作家だったという思いを強くする。

小波の答えをみてみよう。

君は安太郎と頑次とを大層御贔屓で、之に失敗させた作者をお責めなさいますが。よく考へても

御覧なさい！根がカバンと瓢簞、なんぼ冒険が流行ると云って、まさか実地にあんな馬鹿な真似をする奴もありますまい。ですから之に失敗させたは当然の話で、もし之を成功した様に書いたならば、それこそ馬鹿切った話だとのお小言は、四方八方から出て来ましやう。お説の通り忍耐清廉奮発勉強、千折屈せず萬座挫まざるの気象を養成するのは、元より少年に必要な事で、私も同意でありますが。それも事と品に依ります。況してやあの二篇は、寧ろ消極的諷誡の意を含ませたもので、積極的奨励の意を寓したものとは、自ら別でありますものを。願くは其辺を御諒察下さい。——云わずもがなの事ですが、為念に一寸一言

投稿した淵上少年は、登場人物へ同化した形の読みをして、彼らが失敗したことに落胆したと批判する。それに対して、小波は、自分の作品を〈消極的諷誡〉の位置に置くかたちで、説明する。淵上少年の投書と、それに対する巖谷小波の回答は、いま読み直してみても、おもしろい。登場人物への期待の仕方から派生して、物語に同化する読み方と、それに対する異化の考え方を想起させる。また、物語の完結性や、事実とフィクションの関係など、いろいろと考えさせてくれる。

小波は、このあともしばらくは、主人公が失敗して、身のほど知らずの大たわけで終わる〈消極的諷誡〉の作品を書き続けることになる。

小波お伽噺の位置を確かなものにしたのは、一八九五年一月に創刊された雑誌『少年世界』に、その創刊号から十三号まで毎号連載された日清戦争をモチーフにした作品群だが、これらはみな、日本が勝つというより、清国を暗喩した登場人物たちが、おもしろおかしく失敗する滑稽譚のかたちをとっている。〈日清戦争のさなかにその連載をはじめるあたり、小波お伽噺の時局性はなかなかのものだと、感

心したりする。)

しかし、登場人物たちの失敗は、読み手にも書き手にも、手枷足枷になってくる。小波も、その主人公たちを成功と冒険のストーリーへと旅立たせることになる。小波お伽噺の登場人物が失敗し続ける姿をみるのは、それはそれで、なかなかおもしろいのだが、そろそろ成功=冒険の方へ、眼をむけようと思う。

＊成功譚（小波お伽噺の長編化）

小波お伽噺が、主人公の失敗譚という桎梏から完全に解放され、ストーリー重視の冒険物語のスタイルをとりはじめた最初は、「附木舟紀行」（『少年世界』第三巻第十二号〜十六号　一八九七年六月前〜八月前）だと、ぼくは考えている。

これは、附木舟で遊んでいた「僕」のところに、トンボのような翼をつけた「飛ん坊」という子がやってきて、いっしょに池の中を旅するという話だ。いままで遊んでいた小さな附木舟が、両手を広げてもとどかないほどに大きな本物の舟になる。池はどこにも陸が見えないほどに大きな海になる。主人公の「僕」は、水馬洋でアメンボウの競馬を見たり、蛙が淵で蛙の相撲を見たり、甲良嶋で亀の背に乗ったりする。いろいろと旅をするのだが、この作品の中の「僕」は、「飛ん坊」に連れられていくだけで、まだたよりない。附木舟がこわれたときも、ただ泣くだけだ。

主人公が、自らの力で冒険する話の最初は、その後に書かれた、「入道雲」（『少年世界』第三巻十九号〜二十五号　一八九七年九月前〜一二月前）になる。

これは、風船玉を入道雲にとられてしまった太郎という少年が、残った風船玉たちを連れて、入道雲退治にでかけるという筋立てのものだ。とちゅう、雲男、雨龍、雷、雨師、風の神などに出会いながら、最後に、入道雲をやっつけて凱旋するという冒険物語の体裁をとっている。

この作品でおもしろいのは、太郎が出会った異形のものたちが、みな「日本の太郎」の威光をおそれて、道をゆずったり、手助けをしてしまっているところにある。失敗譚では前面に出ていた《寓意》が、冒険譚では、影を潜める。が、なくなったのではない。むしろ内在化して、ニッポンイデオロギーと呼ぶべきバックボーンになって、登場人物たちを動かしている。

それぞれの異形のものたちとの出会いの場面で、太郎がいったことばをみてみよう。

「ナニ雲男だ、そいつは面白い！　乃公様こそ何を隠そう、大日本の太郎様だ。」

「やァ小癪な雨龍奴、この大日本の太郎様が、入道雲を征伐に行く、その途中に出しやばつて、邪魔立てするとは奇怪千万。」

「さてはお前が雷公か。乃公は大日本の太郎様だぞ。今度風船玉の行方を探しに、わざ〴〵天へ昇つて来たんだが、序でに入道雲の所在を見付けて、退治てやらうと思ふんだ。」

「僕は今度日本国から、わざ〴〵わざ入道雲を退治に来た、玉好きの太郎と云ふ者だ。」

最後の、雨師に対することばだけは、ふつうのあいさつに近いが、雲男、雨龍、雷へのことばには、まるで枕詞のように「大日本の……」という形容詞句がつけられている。そして、それぞれの異形のものたちは、みな一様に、「大日本」ということばをきいただけで、たたかうこともなく、太郎にたじろぎ、へりくだり、協力的になってしまうのだ。

大きな雲男は、グウともスウとも声を出さずに姿を消す。雨龍は日向に出されたミミズのように小さくなってしまう。雷は太鼓をひとつ太郎にあげる。雨師は、太郎を頭の上にのせて、道案内をする。太郎の冒険は、大日本の威光をうけることで、順風満帆だ。そして、めでたく入道雲を退治する。お日様とお月様に、宝の玉までもらって帰途につく。小波お伽噺の主人公たちは、〈消極的諷誡〉の《寓意》による失敗から自由になり、冒険物語というスタイルを獲得する。冒険するためには、物語にそれなりの長さが必要になる。「附木舟紀行」も「入道雲」も何回かの連載のかたちをとっている。小波お伽噺の長編化がはじまる。その長編の物語を推し進めるエネルギー源として、「大日本の……」という内在化されたニッポンイデオロギーがあったことを、ぼくらは、こころにとめておく必要がある。

登場人物への期待という観点からこれをみると、作品が長編化し、主人公たちが冒険的行動をとりはじめてからの、作者の視座は、登場人物たちのそれと一体化していることがわかる。〈消極的諷誡〉で失敗させていたときには、作者の視座は、登場人物たちより高みにあった。その失敗を、上から、おもしろおかしくながめていた。

しかし、作者の寓意が、登場人物の内部に取り込まれて、内在化したとき、かれらはむしろ作者の思惑を代弁し、喧伝するものとして、明快な行動をとりはじめる。作者の視座と登場人物の視座とのずれは、期待値の高まりと同時に解消されていく。読者の方も、主人公たちの冒険的行動に共感し、同化して、物語を味わい始める。

しかし、小波お伽噺の成功譚＝冒険物語の中で、作者、読者、登場人物の同化という三位一体の《期待の構図》を支えているバックボーンは、ニッポンイデオロギーという無遠慮な権力性であった。

ぼくは、ここで、水戸黄門の葵の印籠と、遠山の金さんの桜吹雪を思い出す。時代劇の中で、拍手喝采を受ける桜吹雪と葵の印籠も、一皮むけば、これ以上ない権力のうちにある。かれらは、きわどい綱渡りをしながら《正義の味方》を演じているのだ。

長田弘は、この綱渡りのようなきわどさを、〈社会の自浄力〉と〈一人二役〉ということばをつかって説明したが、これを、小波お伽噺のニッポンイデオロギーにスライドさせていうと、どうなるのか。〈一人二役〉という二重性が、隠れ蓑であると同時に、自らを映す鏡としての自浄力＝フィードバック機能をもつものであるとしたなら、小波のニッポンイデオロギーとそれをバックボーンに据えた主人公たちを、ぼくは、自浄力という名のフィードバック機能を喪失した《正義の味方》であるととらえている。

そして、小波のあとに続く多くの《正義の味方》たちが、やはりフィードバック機能をもつことなく、冒険の旅に出る。

山中峯太郎『亜細亜の曙』(『少年倶楽部』一九三一年一月〜一九三二年七月)に登場する大東の鉄人、日東の剣侠児、わが本郷義昭も、その背中にフィードバック機能のついていない大きなニッポンイデオロギーという思想を背負っている。

本郷義昭が、危機を乗り越える場面をひとつだけみてみよう。砂漠のような大平原、今しも豪雨ふりしきり、さすがの本郷義昭も立ちすくむというところだ。

　飢えに飢えてつかれたれども、報国の情熱に猛然と身ぶるいしたわが剣侠児、両腕をふって胸から腹へ両足へともみにもみ、全身をゆり動かして強く足ぶみし、気力を取りかえすと、そのままはての知れない原野の中へ堂々と進んでいった。

時局冒険ものの一部分だけをとりあげると、ここまで続いてきた緊張の糸がぶち切れてしまったようになって、味気ない。が、承知の上で、これをみると、本郷義昭は〈報国の熱情に猛然と見ぶるいしたわが剣侠児は……〉という形容詞句で、立ち直る。これは、「入道雲」の太郎が、「大日本の……」という枕詞をおくことで、出くわした雲男、雨龍、雷など、すべての困難を乗り越えていったプロセスと酷似している。

＊こまったことです

さて、ここまできて、ぼくがこまってしまうのは、ぼくらの生んだヒーローたちが、ニッポンイデオロギーという名の、フィードバック機能を備えていない思想を、バックボーンに据えてしまったからにちがいない。

寓意から解き放たれた、期待値の高い登場人物たちは、自浄力をもっていない。あからさまな権力性の正体が、すでにあばかれている。一方で、期待値の低い登場人物たちは、寓意の中で、〈消極的諷誡〉の中で、失敗を余儀なくされ、窒息させられている。

ぼくらの主人公たちは、これから先、物語の中を、どう生きていけばいいのだろうか。

＊考えてみたら……

考えてみたら、もうとっくに人気もなくなり、廃れてしまい、朝の四時台に、かろうじて再放送をやっているだけの時代劇の話を枕にして語りはじめ、百年以上も前の、小波お伽噺のことを、ずーっとしゃべりつづけてきてしまった。

ぼくは、何を語りたかったのか。

水戸黄門や遠山の金さんや暴れん坊将軍といった時代劇が好きだ。必殺シリーズも好きだ。どちらかというと型にはまった時代劇が好きだ。これらは、割り切ってたのしむことができる。それがなぜかを知りたかった。

長田弘が指摘していた〈社会の自浄力〉と〈一人二役〉というのもおもしろかった。それを含めて、巌谷小波の作品の、変わり方をみてみたかった。

〈消極的諷誡〉の名の下に、作者の寓意の中で、失敗していく登場人物たちが、かわいそうだった。自由になってほしかった。そして、かれらは自由になった。自由になったかれらは、しかし、寓意を捨ててはいなかった。むしろ、内在化させて強固なニッポンイデオロギーとして、冒険のバックボーンになっていた。登場人物たちは、生き生きと冒険し、作品世界も大きく広がりを見せた。が、そのエネルギー源は、フィードバック機能のついていない危うい日本主義だった。そして、それは、小波を始祖として、その後の、主に大衆的と呼ばれる児童文学のおもしろさを支えるもととなった。登場人物たちが自由な冒険に旅立つほど、そのバックボーンの思想の方は、危うくなるという二律背反を、ぼくらは、かかえたことになる。

＊

百年のときを経て、いま、ぼくらのかかえている事情は、そう変わってはいない。

寓意に閉じ込められているのは、きらいだ。しかし、窮屈な寓意はきらわれ、あからさまには機能しない時代になっている。

あからさまに機能しないということと、なくなったということは別になる。むしろ狡猾に内在化し、まるで「常識」か「道理」のように、自然体でせまってくる。そのとき、ぼくらは、どうすればいいのか。

*寓意を裏切るという試み（もっとギャグの方へ）

しつこく、小波お伽噺になぞらえて、この答えを考えるなら、《小波お伽噺の現在的なとらえ直しは、じつに、作中の登場人物自身が、かれらを失敗に導いた寓意に対して、敢然と公然と謀反を起こすところからはじまる》ということではないのか。

寓意を内在化させるのではなく、寓意を裏切るというあり方をさぐるべきなのだ。

たとえば、安太郎も頑次も、身の程知らずの冒険の旅に出て、なぜか、それを成功させてしまえばいいのだ。ニッポンイデオロギーというバックボーンをまだ持ち合わせていない二人の少年が、ことを成し遂げるためには、実際にはあり得ない幸運や奇っ怪な成り行きが必要になってくるにちがいない。それを書けばいい。《寓意を裏切り、もっとギャグの方へ》、これがいま、ぼくが言える精一杯期待値の高いことばになる。

*アルマジロはだんごむしか

「アルマジロはだんごむしか」と女房はいった。「だって、アルマジロって足がごちょごちょいっぱいあるんでしょ、だんごむしみたいに」

「あら、ちがったかしら。じゃあ、スカンクみたいなのかしら」

あきれながら、ぼくは考えた。そういえば、もう七十年になる人生の中で、ぼくは、アルマジロの足の数を数えたことがなかった。アルマジロのおならが、どのくらいくさいものか、嗅いだこともない。もちろん、スカンクの屁もテレビで見たことはあるが、嗅いだことは一度もない。

考えてみたら、屁はテレビじゃ見えないのだ。「あら、あんたはテレビでスカンクの屁が見れるの」といって、また女房はケタケタ笑った。

劇団青い鳥の『ボッコリの遠足』を青山円形劇場で見たとき、ボッコリたちが、うんこ型のドーナツとドーナツ型のうんことどちらが好きかと言い合っていた。それよりは、まだ屁でとまっているから、ましかもしれない。

話をスカンクの屁に戻せば、アルマジロやスカンクだけじゃない。ぼくは、キリンの屁も、ぶたの屁も、牛の屁も、知らないのだ。

ぼくが知っているのは、せいぜいが人間の屁、それも家族の屁ぐらいだ。

＊

サモトラケのニケや、ミロのヴィーナスに首や両方の腕がきちんとついていたら、はたして美しいとほめそやされるようになっただろうか。

いま、サモトラケのニケに首をつけたり、ミロのヴィーナスに腕をつけたりしたら、みんな美しいといってほめそやしてくれるだろうか。おかしいといって、笑ってくれるだろうか。不真面目だといって、おこってくれるだろうか。不謹慎だといって、無視してくれるだろうか。無視を無私に願うぼくは、虫がいいと蒸し焼きにでもされるだろうか。

このごろ、語ることばがなくて、とみに饒舌になる。

さねとうあきら『おれはなにわのライオンだ』（文溪堂　一九九五年七月）が好きだ。中身は、土家由岐雄『かわいそうなぞう』の大阪版みたいなものだ。戦争中の大阪の動物園で、動物を殺す話だ。

＊

戦争が始まるまでは、肉をたらふく食べることができたライオンが、戦争が始まってからは、腐った肉や鶏の頭のようなものばかりを食べさせられる。

飼育係に文句を言ったら、いま日本は非常時だからおまえもがまんせいといわれる。ライオンは、「にほんのてきをかたっぱしからくいころしたるわい！」といきまく。が、ライオンは、久しぶりに出された大きな牛肉にかぶりつき、毒殺されていく。ライオンの「らお、らお、らお」という叫び声が消えたとき、動物園には一匹の動物もいなくなったというラストだ。

戦後的な感覚でもって、「戦争をやめろ、戦争をやめろ」とさけぶ、『かわいそうなぞう』の飼育員よりも、「いま日本は非常時だから、おまえもがまんせい」とライオンを説得する『おれはなにわのライオンだ』の飼育員の方が、ぼくは、安心して読むことができる。それならば、おれが、日本の敵をみんな食い殺してやるといきまきながら、敵ではなく、味方の日本人に殺されていくライオンの方に、むしろ安心感みたいなものを覚える。

ことばが紡ぎ出す「事実」と「うそ」を見分けることのできる目をもちたいものだ。

価値が多様化しているだけではなく、「常識」も「道理」も、考えるための軸も、微妙にゆらぎ、動いている。そのゆらぎを、見定めることなんて、はたしてできるのだろうか。

＊

我が家のことば遊びには、動物がよく出てくる。「つかれまんもす」「こまってしまうま」「いただきまんもす」「ただいまんもす」。どうも、我が家ではマンモスの評判がいいようだ。動物ではないが「めしあがれんこん」「おかわりんご」「おかえりなさやいんげん」なんていうのもある。

ほかに「ありがぶたさん」というのもある。これは「ありがとうさん、ぶたがかあさん」というのをちぢめたもので、お礼のことばのわりには心がこもっていない。というよりも、かあさんの虫の居所が悪いと、とんでもない反撃を食らうことになる。だから、最近は、ほとんど使われていない。死語に近い。

もうずいぶんむかしになるが、六年生を教えていたときに、ある女の子に「ありがとうさん、ぶたがかあさん」といったことがある。そのとき、女の子はちょっと首をかしげてから、「ぶたがかあさんよりも、うしがかあさんの方がいいんじゃないかなぁ」といった。

女の子の父親は、幻聴症で、夜中に刃物をふりまわして暴れることが、日常であった。その生活に耐えかねた母親は家を出て、戻ってこなかった。福祉の人と相談をし、父親を施設に入れることに成功した。家出した母親の行方をさがしだし、戻ってくるように説得したが、帰ってこなかった。父親が施設に入った翌日、その子は、休み時間にぼくのところにきて「きのうは、ひさしぶりによくねむれた」といった。いなくなったその子の母親も、きっと疲れ切って、牛のように眠っていたことが多かったにちがいないと、ぼくは思った。

＊

時代劇が流行らなくなったのは、時代劇を撮る場所がなくなってきたからかもしれない。時代劇をやれる役者、とくに上手な切られ役が減ったからかも知れない。ＮＨＫの大河ドラマの時代劇も、いまでは台詞まわしがまるで現代劇みたいだし、時代劇という物語の中身だけじゃなくて、いろいろな要素がいっぱい重なりあって、今の状況があるんだと思う。

そう考えると、いったい何を考えたらいいのか、ますますわからなくなって、とりとめもなく、おもしろい。

＊

ごめんなさやいんげん、さよならっきょ。

（『童話ノート』復刊五号　二〇一六年一〇月）

なぜ人は山のむこうに幸せを求めたがるのか

――「なぜ遠山の金さんは桜吹雪を見せるのか」の補遺・戦後編――

＊山のあなた

山のあなたの空遠く
「幸《さいはひ》」住むと人のいふ。
噫《ああ》、われひとゝ尋めゆきて、
涙さしぐみ、かへりきぬ。
山のあなたになほ遠く
「幸《さいはひ》」住むと人のいふ。

カール・ブッセの「山のあなた」という詩を、初めてみたのは、たしか中学一年生の教科書だったように記憶している。上田敏訳『海潮音』（一九〇三年）所収のものだ。

そのころのぼくは、山の向こうに幸せを求めるというよりは、山や林の中を走り回って、蝶を追いかける虫取り少年をやっていた。山のあなたへの興味や期待はさらさらなく、ただただ飛ぶ蝶の姿を見ては、「あれはモンシロチョウでなくツマキチョウにちがいない」と、捕虫網をふりまわしている毎日をおくっていた。

＊海のあなたの

同じ『海潮音』に、テオドール・オーバネル「海のあなたの」という詩があることを知ったのは、ずいぶんとあとのことだった。

海のあなたの遙けき国へ
いつも夢路の波枕、
波の枕のなくなくぞ、
こがれ憧れわたるかな、
海のあなたの遙けき国へ。

山のあなたを超えて行くと海があり、海のあなたには遙かな国があるという連続で、この二つの詩を読むと、浦島太郎の竜宮城みたいな、幸せいっぱいのユートピアが浮かんでくるようで、たのしい。『海潮音』には、「海のあなたの」のまえにもうひとつ、「故国」というオーバネルの詩がのせられている。

小鳥でさへも巣は恋し、

まして青空、わが国よ、
うまれの里の波羅葦増雲《パライソウ》。

『海潮音』に書かれている、上田敏自身の説明によれば「「故国」の訳に波羅葦増雲《パライソウ》とあるは、文禄慶長年間、葡萄牙《ポルトガル》語より転じて一時、わが日本語化したる基督教法に所謂《いわゆる》天国の意なり。」とある。キリスト者ではないぼくには、一気に宗教くさくなって（なんだ、つまらない）となるところだが、きっと、オーバネルにとって、海のあなたにあるのは《幸せの神の国》だったにちがいない。

そういえば、石坂洋次郎原作の映画『青い山脈』の主題歌「青い山脈」も、発表されたのは戦後間もない一九四九年だったが、七〇年近くたった今でもけっこう歌われている。「青い山脈……空のはて、今日もわれらの　夢を呼ぶ」とか「父も夢見た、母も見た、旅路のはての、その涯の……」なんてあたり、山の向こうへの期待にみちている。

人はなぜ山の向こうに幸せを求めたがるのだろうか。

＊山のむこうは青い海だった

今江祥智『山のむこうは青い海だった』（理論社　一九六〇年一〇月）は、カール・ブッセ「山のあなた」とテオドール・オーバネル「海のあなたの」と二つをあわせたようなタイトルの本だ。「岐阜日日新聞」に一九五九年一二月から一九六〇年三月まで連載され、そののち単行本化された。

主人公の山根次郎は、男の子なのに「ピンクちゃん」なんてあだ名をもらっている気の弱い少年だ。ちょっとしたことでも顔をまっ赤にしてうつむいてしまう。

そんな次郎が、中学入学の日に、担任の井山先生が話した高杉晋作の逸話に心を動かされ、夏休みに、一人旅の冒険に出る。

次郎は、母親に「高杉晋作にならってタンレンいたしてまいります。父さんのいるところへまいります」と置き手紙を書く。それから「そこ」を天国とまちがえられるとこまるので「鶴は南へ飛ぶ」と書き直し、家を出る。南には、四年前に死んだ父親の墓がある。母親の生まれ故郷で、次郎自身三年ほど暮らしたことのある「鷲本」という町がある。

お母さんあての手紙、五日分の勉強……ええとそれから……。いや、まあ、まて……と次郎は思った。

もう出発してしまったのだ。すぎたことをいまさら考えたってしかたなし。さあ、前進！

今日は小さな冒険を期待して、次郎のほっぺたに血がのぼった。そんなピンクちゃんをのせて電車は南へ走っていた。

ピンクちゃんこと山根次郎少年の《期待》は、これからこの物語を読み進める読者の期待でもある。敗戦という大きな出来事が、日本という国の事情を大きく変えていた。巌谷小波や山中峯太郎が描いた主人公たちが持っていたニッポンイデオロギーというバックボーンは、すでに失われていた。次郎少年は、タンレン＝「自分をきたえること」、もっとひらたくいえば、「ピンクちゃん」という男の子らしからぬあだ名を払拭したいというきわめて個人的な事情のために、冒険の旅に出る。

もはや、冒険は、国家の思わくから自由なのだ。というか、そんな自由さを期待して、主人公の少年と読者は、ともに冒険へと出発することになる。山の向こうへの期待は、膨らむばかりである。

結論から先にいうと、少年と読者の期待は、見事に達成されることになる。

次郎の「鷲本」での冒険は、幼なじみの安部昭代との再会、その友人たちとの出会いなどなどを通して、さわやかな海の色のように成就される。セメント泥棒のチンピラたちをつかまえるというおまけまでついて、物語は大団円をむかえる。

「ほら、あの山のむこうにも海があるんだ」と、井山先生はいう。

みんな、青空を眺めた。海のように深い明るい色だった。次郎は思いっきり深呼吸をした。それから、昭代の方をちらりと眺めた。

昭代ちゃんの大きなまっくろい瞳に青空がうつってキラキラしている。

昭代ちゃん、とってもきれいやなあ、と思った。そしてちょっと赤くなったが、顔は夏の色に染まっていたので、もうピンクちゃんにはならなかった！

「もうピンクちゃんにはならなかった！」という言葉でもってしめくくられるこの物語は、一人の少年の〈成長〉の物語として、さわやかに完結する。ピンクちゃんから非ピンクちゃんへの成長は、主人公と読者とがいっしょになって、そこに作者も後押しして達成された戦後民主主義の《期待の構図》だったといってもいいだろう。

ぼくが、「おや？」とうれしく思ったのは、チンピラセメント泥棒をつかまえる作戦会議のとちゅうで、ちょこっとだけ、水戸の黄門様が顔を出したことだ。

一同は橋にむかった。もうすっかり夜である。橋の上には昨日と同じように白いユカタの花がいくつもいくつも咲いている。その中を梶川老人は、助さん格さんをつれた水戸黄門みたいに先頭をきって歩いていた。

――まずは地形を見て作戦をたてる。

老人は左右をふりかえって説明している。お化け屋敷の屋根がみえた。

梶川老人というのは、次郎が電車の中で知り合いになった花火師の老人で、むかしは軍人だった。いっしょに花火の打ち上げをしている若者二人は元の部下で、老人のうしろを歩く。その姿が、まるで水戸黄門と助さん格さんのようだと、説明される。白いユカタの花は、町のお祭りを楽しむ人たちで、花火師たちもそのために町に来ている。屋根しか見えないお化け屋敷には、お化けになってはたらいているチンピラたちがいる。セメント泥棒は、お祭りが終わり、正業のお化け仕事が終わってからのことになる。

さて、セメント泥棒のチンピラたちは、葵の印籠を出すこともなく、一人のけが人を出すこともなく、全員が現行犯逮捕される。めでたしめでたしで終わるのだが、ここで、井山先生は、大きな声で詩の暗誦をはじめる。

むこうの山にのぼったら
山のむこうは村だった
田んぼのつづく村だった

つづく田んぼのその先は
ひろいひろい海だった
青い青い海だった
小さい白帆が二つ三つ
青い海にういていた
遠くのほうにういていた

ここまで来て、ぼくたちは『山のむこうは青い海だった』というタイトルが、カール・ブッセでもテオドール・オーバネルでもないことに気づく。

＊「山の上」

この「山の上」というタイトルの詩は、『小學国語読本』巻二（一九三三年〜一九四〇年）と『ヨミカタ』二（一九四一年〜一九四五年）に載せられていたものだ。『小學国語読本』は国定教科書の第四期改訂、『ヨミカタ』は第五期改訂のもので、第四期改訂から表紙、挿絵がカラーになっている。

第三期では、「ハナ　ハト　マメ　マス　ミノ　カサ　カラカサ　カラスガヰマス　スズメガヰマス」と単語からはじまっていた教科書が、第四期改訂からは「サイタ　サイタ　サクラ　ガ　サイタ」と文章ではじまる。今までのものよりも文学的教材の比率が高い改訂になっていた。文章からはじまるやり方は第五期でも踏襲され「アカイ　アカイ　アサヒ　アサヒ」ではじまる。

文学的教材がふえているということは、教科書をつくった人たちも、「心豊かな人間になってもらいたい」と考えていたからにちがいない。「山の上」という詩も、そうした「やさしさ」の中から載せられた詩にちがいないと、ぼくは思う。

しかし、この四期、五期の改訂の時期は、日本が太平洋戦争に突入する前夜から敗戦までのときと一致している。教科書の内容も、四期、五期と軍事色が強くなっていることはまちがいのないところだ。

サイタ　サイタ　サクラ　ガ　サイタ
コイ　コイ　シロ　コイ
ススメ　ススメ　ヘイタイ　ススメ
オヒサマ　アカイ　アサヒ　ガ　アカイ
ヒノマル　ノ　ハタ　バンザイ　バンザイ

読本の最初が単語ではなく文章ではじまっているのは、おそらく画期的なことだったのにちがいない。しかし、サクラとイヌのシロとヘイタイの間に、何か関係があるわけではない。想像されるイメージは一文ずつで断絶している。

断絶しているからこそ、咲いた桜を愛でながら、イヌの白をよび、兵隊さんの行進を見て「すすめ、すすめ」といえるのだと、ぼくは思う。期待されているものは、桜の花の美しさをわかる「やさしさ」であり、飼っている動物をかわいがる「やさしさ」であり、同時に、兵隊さんの行進にエールを送る「愛国心」である。

さて、「山の上」に戻ろう。

「山の上」という詩が載せられた時期を考えに入れたら、むこうの山にのぼったら……青い青い海で……海のむこうには、大日本帝国がつくろうとしていた大東亜共栄圏がひろがっていたはずだ。これは「山の上」という詩が残酷で海外侵略的な詩だということではない。山のむこうにある海の青さに心を動かされる感性＝やさしさをもった人たちが、海のむこうに行って、戦争をし、人を殺し、殺されたということだ。

サクラの美しさを愛でた人たちが、ヘイタイさんにススメ、ススメとエールをおくる。山のむこうの海の青さに感動した人たちが、大陸や太平洋の島々に行って、戦争をした。大事なことは、やさしさのひとかけらもない人でなしが戦争をしたのではないということだ。桜の花を愛し、海の青さを愛するやさしい人、ふつうの人たちが戦争をしたのだという事実を、ぼくらは肝に銘じておく必要がある。バックボーンとしてのニッポンイデオロギーは、一九四五年八月十五日の敗戦の日まで、ぼくらの《期待の構図》を支えていたのだ。

＊『山のむこうは青い海だった』の中の「山の上」

さて、今度は『山のむこうは青い海だった』の中の「山の上」という詩にもどろう。

「むこうの山にのぼったら……青い青い海だった」という井山先生。そのことばにうながされて、海のように深くて明るい青空をながめる子どもたち。

山のむこうに青い海をみている彼らには、もはやバックボーンとしてのニッポンイデオロギーは存在しない。あるのは、ただピンクちゃんから非ピンクちゃんへの全く個人的な都合の成長の物語だけだ。作者、今江祥智は、あまりにもさわやかに、そのことだけを語りきっている。

だから、まわりの大人たちがどんなに少し前まで自分の身に降りかかってきた戦争のにおいをただよわせても、そんなことはおかまいなしに、小さな冒険の旅を貫徹させるのだ。国家から個人へと《期待の構図》は、完全にとってかわる。

これは、今江祥智という作家、個人の問題ではない。佐藤さとるは『だれも知らない小さな国』（講談社　一九五九年）の中で、《峠の向こうへの期待》を語り、コロボックルという小人の発見に成功する。寺村輝夫は「ぞうのたまごのたまごやき」の中で、幼児たちを「かわいい」のもう一つ先まで連れて行く。ぞうのたまごという一見ムダなものをさがす冒険は、まるで俳句のようにスタティックな「かわいさ」の中にいた幼児たちを新しい期待の地平に引っぱり出した。

戦後も一九六〇年あたりになって、ようやく、日本の児童文学は、ニッポンイデオロギーに変わる、新しい《期待》の軸を獲得するのだ。

＊山のむこうへの幻滅

しかし、この戦後理念も、不滅なものではなかった。山のむこうは確かに青い海だが、海のむこうには、やはりここと同じような国があるだけで、〝幸せ〟などは存在しなかったのだ。

明るい希望にみちた戦後理念は『山のむこうは青い海だった』というさわやかな作品をうみだしたが、現実の社会の動きは、戦後理念からどんどんと遠のいていった。人々は閉塞した状況へと眼を向けることになる。『山のむこうは青い海だった』から十三年後、今江祥智は『ぼんぼん』（理論社　一九七三年）の中で、恵津ちゃんと父親との会話を次のように書いている。

恵津ちゃんは小さいころから、この裏山を、ただ眺めて暮すだけですごした。一度だけ、とうさんといっしょに山を眺めていたとき、

――……山のむこうに何があるのン

とたずねたことがあった。

――……海や、広い青い海や。

とうさんは真顔で答えた。

ある日、戦争に行った父親の戦死通報の葉書が届く。それを見た母親は、「恵津ちゃん、お山にのぼってみいひんか。」という。神社の裏の山は立ち入り禁止で、恵津ちゃんは、のぼったことがない。そんな裏山に、恵津ちゃんは母親とのぼる。山の頂上で、力の抜けた母親のからだをささえながら、恵津ちゃんはいう。

――とうさんって、うそつき。

恵津ちゃんはおかしそうに言った。

山のむこうは青い海や、なんて言うてはったけど――ほら、見渡す限り、草っ原と畑や。波のしぶきのかわりに、ほら、白いチョウチョが飛んではるだけや……。

山の裏は、恵津ちゃんの言うように、ただひろびろと草っ原と、手入れの不充分だとひと目でわかる畑が続いているばかり……。

恵津ちゃんは、そのあと（あの葉書は嘘やったでェ言うて帰ってきはったら、嬉しいのにな……）と思うが、涙がこぼれそうで言えない。ただ「うそつきやったけど、大好きやった」と、つぶやくだけだ。山のむこうに、大東亜共栄圏という天国を建設するために行った父親は、「英霊」になって帰ってくる。山のむこうは青い海ではなかった。幸せもなかったと、今江は書く。山のむこうへの期待は見事にうらぎられる。

『山のむこうは青い海だった』が、戦後理念を基調としたロマン主義的な期待の構図を描いたものだとしたら、『ぼんぼん』には、そういった意味での明確な理念は見られない。むしろ理念は「うそつき」とよばれて、もはやもどることもゆるされていない。

山の向こうに青い海がないと知った少女は、それでもなお、嘘だと言って帰ってきてほしい、うそつきだけど大好きだったと、父親のことを思う。今江が、喪失した戦後理念のあとに期待したものは、おそらくそんなつじつまの合わない矛盾したような感情への撞着だったのではないか。それはまた、ちがった《期待の様相》をみせてくるのだろうが、今日はそこまでは語るまい。

あくまでも、「山のむこう」の幸せにこだわることにしよう。

＊「やさしい」とは何か

上野瞭『ちょんまげ手まり歌』（理論社　一九六八年一一月）の話をしよう。

ちょんちょよ、ちょんまげ
まげ、ちょんちょ

おなさけぶかい殿さまは
ころりころころ、首きれぬ
首が五十じゃ、むりじゃいな
それじゃ二十じゃ、どうじゃいな

二十、ころころ、首きれば
おまけ四十の首も泣く

二十、ころころ、首きれば
三十、のこり首、笑う首

人のいのちは一度でござる
役にたつ首、ころりときらぬ
役にたたぬは、ころりときろう
それじゃどこからどうじゃいな

「手まり歌」は、まだまだつづくが、きりがない。赤い手まりをつくのだが、まるで、ちょんちょときられて、ころころところがった首をついているような錯覚におちいる。そんなおどろおどろしい物語のはじまりだ。

上野は『山のむこうは青い海だった』について、『戦後児童文学論』(理論社　一九六七年二月)の中で「山根次郎の世界は、肯定すべき人間関係を描くことによって、戦後理念を喪失した現実主義に対峙する。」と書いた。今江が、山の向こうに青い海＝幸せへの期待を描いていたとき、すでに現実は、戦後理念の喪失へと向かっていた、だからこそ、その現実と対峙するために、今江は意識的にさわやかな成長物語を書いたのだというのが、上野のとらえ方になる。

今江が、さわやかな理想主義を描くことで、現実と対峙したのだとすれば、上野は、おどろおどろしい現実を描くことで、山のむこうに、幸せなどないことを示したのだといえる。

主人公の少女、おみよが住む「やさしい藩」は、山また山にかこまれた小さな小さな国だ。そこに住む人たちは、六歳になると、男なら「やさしいさむらい」、女なら「やさしいむすめ」になる。みながなれるわけではない。「やさしい○○」になれないものたちは「お花畑に入る」ことになる。

藩は、ユメミ草の実を育てている。それを藩の外からやってくる商人に売ることで、生計をたてている。山には、人を食らう山んばがいる。近づくこともできない。六歳の儀式「やさしい○○になる」とは、山んばの住むおそろしい山に近づかないよう「足を切断してしまう」ことだ。だから、この物語の登場人物たちは、みな、ずるずると足を引きずってうごく。ぎっちら、ぎっちら、ぎくん、ぎくんとひどいびっこをひいて歩く。「お花畑に入る」とは、間引きされ、ユメミ草の花畑の肥やしになることだ。おみよの姉二人は、お花畑に入った。どうやら、間引かれる数の方が多い貧しい国のようだ。

上野は、血塗られた小さな国に「やさしい藩」と名づける。物語は、おみよが六歳になったところからはじまる。いつもにこりにこりと笑っている家老の玄蕃さまが、おみよの父親の池之助に「おなさけぶかい殿に申しあげて、やさしいむすめにしてやろうな」という。池之助は大急ぎで家に帰り、母親のゆりに、この「ありがたいお話」をつたえる。ゆりは、板敷きの部屋をずるずるとすみっこまではっていく。大きな石の前にロウソクをともして、ご先祖さまにおいのりをする。

「ありがたいことでございます。みんな、みんな、おなさけぶかい殿さまのおかげでございます。おさきも、おいちも、ふたりとも、やさしいむすめになれず、お花畑にはいってしまいましたが、おみよは、ちがいます。やさしい藩の、やさしいむすめになることにきまりました。どうぞ、ご先祖さま。おみよが、わたくし以上に、りっぱなやさしい藩の女になりますように……」

物語の冒頭から、おかしな雰囲気をかもしだしてはいるが、読み手はまだ、ゆりがなぜずるずると移動するのか、知らない。「やさしいむすめ」になることが「両足を切断してしまう」ことだとは、ゆめゆめ思わない。しかし、おみよが六歳になったところから物語が始まっている以上、儀式はすみやかにおこなわなければならない。おみよは孫兵衛の背におぶさって、玄蕃さまにみちびかれ、「山うんば大明神」のほこらにむかう。

「おまえは、もう子どもじゃない。やさしいむすめじゃ。うろうろ、うろうろして、山うんばに、くわれるような、ばかなことは、したくあるまい。さ、しあわせにしてやろうぞ。ええな、おみよ。」

おみよは、こっくり、こっくり、うなずいた。

「孫兵衛」

玄番さまが、やさしい声でそう言ったとき、おみよは、いきなり、両足に、するどいいたみを感じた。つぎのしゅんかん、それは、まっかにもえる火か、にえたぎる湯のように、おみよのからだの中をあつくかけまわった。おみよを空たかくほうりあげると、つぎには、はてしない地の底に、おみよを、ひきずりこんでいった。

＊

孫兵衛は、かたなの血をぬぐうと、ゆっくり、さやにもどした。ぷうんと、ユメミ草の花のにおいが、あたりにたちこめていた。

「おわりました、玄蕃さま」

玄蕃はやさしい声で「しあわせにしてやろう」という。おみよは、うなずく。孫兵衛は、おみよの両足を切断する。

ぼくは思う。「やさしい」って何だろうか。「しあわせ」って何だろうか。

カール・ブッセは「山のあなた」に幸せを求め、たずねあるき、見つからずにかえってくるとうたった。メーテルリンクは「青い鳥」はすぐ足下にいるといった。しかし、幸せは足元にあるのだといわれても、おみよにはその足がない。山んばに食われないように、足を切ってやるのが「やさしさ」なのか、切ってもらうのが「しあわせ」なのか。

ここまでくると、もう、登場人物への期待など、どうでもいい気分になる。山のむこうに、幸せがあろうがなかろうが、それもどうでもいい気分になる。

『ちょんまげ手まり歌』という作品は、読者が、登場人物に何かを期待して、同化して読むことを拒否した作品だといっていい。意識的に、そう書いている。

むかし、明治の児童文学者、巌谷小波は、主人公が失敗する話を書いて、読者から「せっかく主人公の成功を期待して読んだのに、失敗するとはがっかりだ。もっと、主人公がのびのびと冒険する話を書け」というお叱りの投書をもらった。このとき、小波は、この話は「消極的諷誡」を目的としたものだと返答をしている。主人公が失敗する話は「イソップ」を例にあげるまでもなく、むかしからある。その登場人物に期待して、同化して読むということは、はなから考えていない。

同じように、「こわい話」の系譜は、登場人物が「こわいめ」に出くわす話なので、これも、読み手は最初から登場人物に同化などはしない。登場人物が出くわす「こわいめ」に期待しているのだ。この場合、読み手の視座は、隙間からのぞき見をしているこっちがわにあって、「こわいめ」は隙間の向こう側なので、その身は安泰だ。しかし、隙間からはいってくる冷気までは拒めない。そのスリルをあじわうことになる。

『ちょんまげ手まり歌』は、「こわい話」の系譜にはいるものだ。だから、小波の「消極的諷誡」とは別の意味で、読み手の期待と同化を拒否しているのは、むしろ、当たり前のことだといえる。読み手は、よほどの物好きでない限り、自分の両足が切断されたり、登場人物達がずるずるとうごきまわり、ときに殺されてしまったりもするこの話に《同化》するとは思えない。

さて、物語もどんどんと進み、多くの人が殺されて姿を消していく中、おみよは、幼なじみの脊一郎をさがしているさなかに、不思議な老人に出会う。老人は「おみよ、お山をこえて、ひろいところを見にいくのじゃ」という。おみよは「お山には、山んばがおろうに……」といぶかる。

老人は、自分が山んばだという。人を食う山んばなどいないという。それは「つくり話」だという。ならばなぜ、やさしい藩のものたちは足を切ってびっこになるのかと問いかけるおみよに、老人は次のように語りかける。

「ええか、おみよ。どうしてか、話してやってもええが、それを聞いたら、年をとるぞ、いや、これから、どんどん、お山をこえていっても、年をとるぞ。それでもかまわんなら、おしえてやろう。お山のむこうも、見せてやろう。しかしのう。おまえが歯のぬけたおばばになるのは、いやじゃ。いまのままの子どもでいたい——というのなら、ここから、ひっかえしてもいいんじゃぞ。わしは、なにも言わんつもりじゃ。」

「どうじゃ。おみよ。あの里にもどるか。それとも、このまま、わしと、お山をこえるか。お山をこえるなら、みんな、おまえに話してやろうぞ。しかしのう、おみよ。なにもかも、知るということは、ふしあわせなことかもしれんぞ。それでもええなら、わしは、言うてやるがのう。」

自分が山んばだと名のる老人は、幼なじみの瘠一郎を生き返らせることはできないが、その「ぬくもり」ならば伝えられるという。老人がさし出した手をにぎると、そこには「すべすべしたあったかい、瘠一郎の手の感じ」がある。老人は「死んだ人間の命を、そっくり、いきた人間の手につたえていく」という。

おみよは、瘠一郎の「ぬくもり」を胸におさめて、自分が変わっていくのを感じる。（じぶんは、じ

ぶんではないぞ。いままでのおみよではないぞ。）と感じる。そして、おみよは、老人にいう

「お山をこえるど、おじいどの。わしは、お山をこえるど」

決心したおみよに、老人は、殿さまのほんとうの姿を見せる。それは、片目の真っ白な髪をたらした老婆だった。山んばではなくやさしい藩のやさしい殿さまこそが人の生き血をすすっていきている張本人だった。

山頂に立ったおみよは、山のむこうも、そのまたむこうにも、国があることを知る。そして、どこの国に行っても、またもどっても、牢屋に入れられるか、殺されるかだと聞かされる。何も知らない方がしあわせなのかも知れないとも、老人はいう。

別の国の存在を知ってしまったおみよは、二つの国のどちらに行くかをせまられることになる。進むも地獄、退くも地獄といったところだ。老人は忽然と姿を消し、おみよは一つの決断をする。

おかあどのは、なにも知らずに死んでしもうた。おじいどのは、それも、しあわせじゃと言うたが、はたして、そうじゃろうか。いつまでも、なにも知らんけりゃ、やさしい藩のものは、いつまでも、お殿さまのおそろしさ、玄蕃さまのおそろしさを知らずに、いきていくことになる。いや、かってなときに、お殿さま、玄蕃さまのつごうで、ころされることになるんじゃ。わしは、ほおっておくわけにはいかん。なにもかも、知ってしまったいじょう、ほおっておくわけにはいかん。そうじゃ。わしは、ひとりでもいい。わしの見たこと、知ったことを、つたえねばならんのじゃ。わしは、国

にもどるぞ。

国に戻ったおみよの姿は、もはや六歳の幼子でも、若いむすめでもなく、白髪交じりの母親でもなく、しわだらけの老婆になっている。老婆になったおみよは「みなの衆、山んばなど、お山にはおらんのじゃ。」というが、目をつかれ、からだをずたずたにひきさかれて、山に去って行く。これで、この物語はおしまいになる。

ぼくは、この物語を、ただの「こわい話」だとは思わない。それから、たんに登場人物への同化を拒否した、何の期待もない話だとも思わない。

ぼくは、この物語の終わり近くになって、おみよがする《ふたつの選択》が好きだ。一つは、山を越えるという選択。もう一つは、国に戻るという選択。物語全体は重苦しい閉塞状況の中にありながら、この二つの選択の、なんと前向きなことか。ぼくは、この前向きさに、半ばあきれてさえいる。と同時に、死んでもなお人と人とのぬくもりの伝わりを信じていこうとする、上野の熱い思いを感じてしまう。上野は、今江とはまたちがう形で、戦後理念からどんどんと遠ざかっていく現実と対峙しようとしていたのではないか。ぼくには、そう読める。

上野も今江も、いまはもういない。ぼくらは、ぼくらの山のむこうに、あたらしい幸せを夢みて、旅立つのみである。

（『童話ノート』復刊五号　二〇一六年一〇月）

Ⅱ

ぼくらは、どこへ
――『宿題ひきうけ株式会社』論ノート――

1　プロットI

サクラ市サクラ小学校五年三組のタケシ、アキコ、サブロー、ミツエ、ヨシヒロの五人は、テルちゃんが一千万円の契約金でプロ野球にはいったニュースにショックをうける。そして、勉強への疑問と金もうけのために「宿題ひきうけ株式会社」を設立する。会社のセールスマンたちは、友達の様々な反応にとまどいながらも、ヨシダ君たちをお客にして案外うまくいく。ところが、グリーンランド発見に端を発する地球儀事件のために、会社は先生にバレて解散する。

六年になって、旧宿題ひきうけ株式会社の社員たちは、三組の石川学級（ミツエ、サブロー）と一組の三宮学級（タケシ、ヨシヒロ、アキコ）に分れてしまう。しかし、三宮先生の「春をつげる鳥」の授業、ヤマト電機の争議、電々公社の合理化など、まわりの社会状況にもまれながら、自らは新聞部にはいって、ボス・コウヘイ追放運動をやりぬく。タケシの頭の中には、日本中の子どもたちがどくろの海ぞく旗を立てて、入試反対！　通信ぼ反対！　宿題反対！　とさけびながら行進していく〈ひとつの情景〉がうかぶ。

それから数ヶ月後、タケシたちは「試験・宿題なくそう組合」をつくって、ふんとう中である。

2 プロットⅡ

プロットⅠをみてわかるように、古田足日がこの作品で描こうとしたものは、子どもたち〈群像としての子ども集団〉が現実の社会状況の矛盾に気づき、直面し、対決し、克服していくまでの運動論的構図である。

プロットⅠをその構図によって語りなおせば、「けいやく金一千万円」に対する各自の反応は、状況の矛盾に対する最初の感覚的な反撥である。それは、また「宿題ひきうけ株式会社」設立のモチーフでもある。小さなセールスマンたちに対する友達の反応は、状況の諸相の典型的な反映である。その状況は、地球儀事件、「春をつげる鳥」の授業、ボス・コウヘイの追放運動へと推移しながら、架空リアリズムとでも呼ぶべき「試験・宿題なくそう組合」でおわる。

古田足日は、「ぼく」ではなく「ぼくら」を描いてきた作家である。山中恒の『ぼくがぼくであること』（実業之日本社　一九六九年一二月）になぞらえていえば、「ぼくらがぼくらであること」の意味を執拗に問いつづけてきた。

古田足日の「ぼくら」は、典型的な「ぼく」あるいは「わたし」の集合体としての「ぼくら」である。だから、「ぼく」あるいは「わたし」が、「ぼくら」として機能する際の各々の「ぼく」たちの発想の諸相とその拠点を明らかにすることが、このノートの第一の目的である。

もちろん、その総体としての「ぼくら」とはどのようなものだったのかも、当然問われてくるだろう。一九六四年、古田足日は〈宿題〉というものに社会状況の矛盾を象徴化させ、この作品をかいた。しかし、会社そのものは、鬼のような教師の圧力でもってつぶされる。失業した「ぼくら」は、それでも〈どくろの海ぞく旗〉をひるがえして進んだ。

そして、一九八一年。確かに「宿題」もまだなくなってはいない。が、それ以上に、子どもの自殺、非行が社会問題化してきている。月並みないい方だが、旧宿題ひきうけ株式会社の社員たちにとっても、現在の状況は決して住みやすいところではないだろう。

＊

ふりかえってみると、六四年に古田足日の「ぼくら」が〈どくろの海ぞく旗〉をひるがえして進んでから、もう一七年もたっている。それから、七〇年には山下明生が『かいぞくオネション』(偕成社)の中で「おねしょのどくろ旗」をひるがえしている。しかし、この主体は「ぼくら」ではなく「ぼく」である。そして、七九年に、古田足日は『ダンプえんちょうやっつけた』(童心社)の中で、もう一度旗をひるがえそうとする。古田は、野原を海にかえる。二重の風景の中で「ぼくら」は海ぞくになる。八〇年、那須正幹の『ぼくらは海へ』(偕成社)の誠史と邦俊は、旗をひるがえすこともなく、海へ出る……。

『宿題ひきうけ株式会社』の中の子どもたちを追いながらも、もう一方で、これらの作品たちの〈ぼくら〉が、八一年という〈現在〉にとって、どのような意味をもち、位置を占めてくるのだろうかという思いが、常にぼくの中にある。このノートの表題が「ぼくらは、どこへ」となっているのは、そのためである。それらのことを考える第一歩として、ぼくは、まず『宿題ひきうけ株式会社』にあらわれた「ぼくら」の像を追いたいと思う。

3 「まえがき」考

もし、きみがニンジンがきらいだとしても、ニンジンはたべなければならぬ。でも、もし宿題がきらいだとしたら、考えなければならぬ。

古田足日は「まえがき」で、こういう。しかし、なぜ〈ニンジン〉は食べねばならぬのか。〈宿題〉については考えねばならぬのか。疑問が残る。古田は、自然の産物としての〈ニンジン〉と社会的産物としての〈宿題〉とを、ここで峻別したかったにちがいない。その意図は明瞭だ。が、もうひとつ深いところで分けると、こうはうまくは分けられないように思う。

上野瞭と瀬名恵子の〈ニンジン〉をめぐる論争をみてみよう。上野瞭は、せな・けいこの『にんじん』（福音館書店　一九六九年一一月）をとりあげて、〈これはつまるところ「にんじん」を食べる子は「いい子」という絵本です。〉（「やぶにらみ絵本論」、『児童文学一九七二―1』一九七二年六月所収、後に『ネバーランドの発想』すばる書房　一九七四年七月収録）と断じた。これに対して、瀬名恵子の兎は〈その雰囲気の中で子供がニンジンを食べたくなれば悪くないと云うだけのことさ〉（「兎とオバケの対話」、『児童文学一九七三―2』通巻四号　一九七三年一二月所収）と反論している。佐々木宏子も『日本の絵本100選』（日本児童文学別冊、ほるぷ　一九七七年七月）の中で絵本『にんじん』を次のように擁護する。

私は、絵本というものは、もちろん作者のネライがあるというものの、読み手の雰囲気のつくり方でかなり子どもたちに伝わるものが変ってくると考えます。

ひとつひとつの場面を、それらの動物の描かれた雰囲気にあわせて、明るい調子で丁寧に話しかけていきますと、子どもは「にんじんを食べさせるための本」といった単純な大人のような受けとめ方などしないものです。（傍点原文）

上野は、ここで『にんじん』をダシにして「いい子」という型にはまった子ども観を批判したかったにちがいない。その批判の仕方がやはり型にはまっていたことも否めないが、ぼくは、ここでは上野の指摘を支持したい。そして、瀬名と佐々木のいう〈雰囲気〉という言葉に注目したい。つまり、〈雰囲気の中で子どもが食べたくなれば……〉あるいは〈雰囲気にあわせて……〉という二人の語り口は〈雰囲気〉そのものの中にアプリオリな「いい子」指向があることに気づいていないのである。

〈雰囲気〉によってつくられる子どもたちの共通の感覚は、おそらく「いい子」という言葉でもって代表されるような「生活世界の論理」にちがいない。そして、『にんじん』に限らず、本をよんで子どもがよろこぶのは、その本が「生活世界の論理」を打破しているからではなく、その〈雰囲気〉の中で楽しくすごせるからだという理由も大きな部分を占めているにちがいない。それを考えずに、「子どもがよろこぶ」ということを第一義にもってくるのは誤りである。中村雄二郎は「制度としての〈子供〉」（「毎日新聞」夕刊　一九八一年四月二十四〜二十五日）の中で「いい子」のイメージを批判して次のようにいう。

必要なことは、《子供》の存在そのものをわかりきったものとせず、それ自体が一つの《制度》

あるいは制度化された観念でなかったかどうか、疑ってみることである。

ここで、再び『宿題ひきうけ株式会社』の「まえがき」に戻る。古田は「ニンジン的自然」と「宿題的社会」とを峻別した。その差異を際立たせることによって「制度としての宿題」について考えようとした。しかし、ニンジンについては考える対象からはずされる。比喩的にいわせてもらえば『宿題ひきうけ株式会社』に登場してくる子どもたちは、だれひとりとして「ニンジン的自然」をもちあわせていない（あるいは、これも重要なことなのだが、アプリオリに獲得してしまっているかのどちらかだ）。だから、ここに描かれる子どもたちは、このようにある子どもではなく、ありうべき子ども群像なのである。「ぼくら」のイメージは、「ぼくら」に仮託された「宿題的社会」の中の典型的ないくつかの役割とその論理として息づいてくるのである。

4　「作品冒頭」考

話はまず宿題ひきうけ株式会社のことからはじまる。
この会社は名前どおり、宿題を本人のかわりにやってくれる会社だ。

この物語は、まず宿題ひきうけ株式会社についての説明文的（あるいは批評家的）文体から始まる。そして、この説明文の視点（つまり説明主体）は作者＝古田足日そのひとにある。読者はまず、批評家であり作者である古田足日の後ろからついていって、会社の説明をきくのである。ここで思い出すのは、この作品が一九六七年度日本児童文学者協会賞をとったときの選者、関英雄の言葉である。

「宿題ひきうけ」は、子ども集団の主人公たちのイメージのゴタゴタになる拙さや第一章の面白さが尻つぼみになる弱さの失敗作だが、二度読返して、作品の形をとった評論としてみれば、シリアスな熱っぽい問題意識は個性的で、いわば、作品のイメージよりも作品を書いている最中の作者の姿勢が鮮かに浮かぶという魅力である。(「文学賞審査評」、『日本児童文学』一九六七年七月)

〈作品の形をとった評論〉という関の指摘は、この作品の視点が作者に置かれていることを端的に示している。作者はいう。――〈その社長のところにインタビューにいってみよう。〉と。

作者は、それぞれの登場人物たちに「マイク」をむける。それぞれの人物説明は「マイク」にむかった自己紹介という形ですすんでいく。ほんとうに、登場人物たちが、作者のこちら側にいる読者にむかって、自己紹介してしまうのだから、おもしろい。――〈ぼく村山フミオです。見ならい社員です〉と。

作者がインタビューアーになって、登場人物たちがその「マイク」を通して読者に語りかけてくるという手法は、終章の「試験・宿題なくそう組合」のところでもとられている。それ以外の場面でも、登場人物たちは、まるで「マイク」にむかうように話す。これは視点の問題でもある。例えば、〈みんなが百点とるにはどうすればいいかっていう大問題〉について考えるとき、ヨシヒロは〈反対のがわ〉にまわる。これなどは明らかに視点の相対化の目論見だ。子どもたちは「マイク」にむかう。読者も、一定の距離をもって、その「マイク」の言葉に共鳴し、批判し、考える。読者は、今、『宿題ひきうけ株式会社』というパネルディスカッションの聴衆である。

「問題はふたつある」

と、タケシはしかつめらしくいった。

「ひとつはみんながちゃんと勉強できるかということで、もうひとつは通信ぼで5になる人が何人かにきまっているということだ。それで――」

みんながタケシの顔を見た。

「このふたつのことを考えていくんだけど、だれかひとり、反対のがわにまわってくれないかな」

「反対のがわにまわるって?」

「みんながこうすりゃいいといったら、さんせいしないで、そうできないわけがあるといって反対理由を出すんだ。さんせい討論ばっかりじゃ、おもしろくない」

「なるほどね、じゃ、ぼくが反対がわにまわろう」

と、ヨシヒロがいった。

『宿題ひきうけ株式会社』の子どもたちは「マイク」にむかって、しゃべる。自然発生的、あるいは生理的な意味あいでの人物像は、ここにはない。あるものは、ひとつの意図的につくられた集団性としての子ども像である。したがって、子どもの描かれ方も、①「論理」としての子ども像、②「行動」としての子ども像の二つの属性以外は何もない。夾雑物は全て捨て去られ、あり得べき論理の、いくつかの形態が「マイク」を通して語られるのである。子どもは「心理」としてではなく、「論理」として描かれる。それぞれの人物たちがもっている考えの発表＝ロジックがそのまま人物の描写であり、説明でもある。

アキコの、忍術の練習に対する思いについて考えてみよう。アキコは〈タケシたちのにんじゅつ第一歩につきあっていることが、母や兄たちに悪いような気がする〉と思う。しかし、それと同時に〈学校の図書室に、もっと本があったらよかったんだわ。そしたら、こんなところでぐずぐずしていないのに。〉とも思う。

負い目という言葉をつかっていえば、母や兄たちへの負い目と同時に、図書室の本の足りなさを指摘できるアキコは、ひとつの距離をもって「対象」に対している。これに対して、砂田弘の『さらばハイウェイ』（偕成社　一九七〇年一一月）はどうか。竹内運転手は、ひとりの少年をはねてしまう。刑事は〈きみには罪はなかったのだし〉というが、〈それでは、ぼくの気がすみません。〉といって、欠陥車の問題を追求しようとする。しかし、竹内運転手は「対象」と距離をとって対峙しようとはしない。彼の行動の契機は負い目とそれが転化した怨みにちがいない。ただ怨むべき対象との距離をちぢめ、至近距離から一撃を加えることこそが目的だったにちがいない。


おれは、あんたのようなやつをゆるすわけにはいかない。よろしい。あんたに、ただしい人間のありかたをおしえてやろう。自動車より人間がたいせつだという、ほんとうの意味をおしえてやろう。不敵な笑みが、竹内青年のくちびるにうかんだ。

「ゆ、う、かい。」

そして、うなるようなつぶやきが、竹内青年の口からもれた。

竹内青年は、対象との距離をなくし〈誘拐〉という犯罪的行動で敵を撃つ。それに対して、アキコは対象との間の距離を保って、ものを考える。行動の契機もうらみ・つらみといった負荷のエネルギーではない。彼女は、いたって健康である。健康ゆえにおこる疑問が彼女の行動の契機なのである。

学校の図書室に、もっと本があったらよかったんだわ。そしたら、こんなところでぐずぐずしていないのに。

ぼくは、アキコの健康さに一抹の不安をおぼえる。それは、もし図書室に本があったら、アキコは〈こんなところ〉にはいなかったにちがいないということだ。もちろん、現に本がないから、アキコは〈こんなところ〉にいるより仕方がない。しかし、『宿題ひきうけ株式会社』が初めて世に出てから一七年もたつ現在＝一九八一年、ぼくらは、まだ「本がない」といえるのだろうか。ぼくは今、この「本がない」という言葉を状況の象徴的な意味あいで使っているのだけれど、もし今「本がある」としたら、アキコは〈こんなところ〉にはいない。アキコにはそういった健康さがある。そして今、状況的にいえば「本はある」と考えた方が、むしろ自然なのではないか。ぼくの不安は、ここにある。砂田弘は「激動する社会と児童文学者」（『日本児童文学』一九六九年五月）の中で次のようにいう。

ぼくらに敵を見失わせたものは、より具体的にいえば、経済的基盤の変容に集約されよう。（中略）この十年の児童文学の繁栄は、いわゆる高度成長下における相対的繁栄の側面を強く持っていた。その過程で、児童文学がその出版量に比例して消費品としての性格を濃厚にしてきたことは、学校図書館向けのセット販売が常識化し、デパートの書籍売場で「○○色の童話集」として異なった出版社の書籍がセットで売られるといった事実を見れば、明らかであろう。

5 「けいやく金一千万円」考

「ニュースだ、ニュースだ、ニュースだ。できたてほやほやのニュースだぞ」

ドアの外で、いきをはあはあさせながらそういったのは、ちびレーダーだった。四階までの階段を、ひといきにかけあがってきたらしい。

ダイニングキッチンにはいるなり、サブローはさけんだ。

「テルちゃんがとうとう、プロ野球のスネークスにはいったよ。けいやく金一千万円だって」

「一千万円！」

タケシもヨシヒロもアキコも目をまるくした。しばらく口もきけない。

テルちゃんはサクラ小学校の卒業生だ。小学校のときから野球ばっかりして少しも勉強しなかった。それなのに「けいやく金一千万円」でスネークスにはいった。このサブローのニュースに対する各々の子どもたちの反応は見事に子どもの論理性とその諸パターンを示している。その会話は、ひとりだけの独白でなく、必ず子ども集団の中のいくつかのパターンの、その中のひとつの相としてあらわされている点で際立っている。これは、古田足日の子ども集団が実は典型的にあらわされた個々の相の集合体であることの左証でもある。

ヨシヒロは、〈おれたちも野球をやって、一千万円もうけるか〉という。興奮して、立ちあがって、投球モーションまでおこしてみせる。これはニュースに対する直接的な反応＝あこがれである。このヨシヒロの発言は、これひとつだけではどうという意味もない。むしろ軽薄でさえある。しかし、作者は、このヨシヒロの言葉の上に、すぐミツエの現実的な言葉を重ねる。また、その上にアキコの「疑問」を重ね、タケシの〈忍者〉へのあこがれとつみ重ねていく。そのとき、ヨシヒロの発言も、単なる軽薄なあこがれではなく、「あこがれ」という典型的な反応をうけもつパートとしての位置を占めるのである。

ヨシヒロに対して、ミツエはいう。——〈だめだめ。だれでもが一千万円の野球選手になれるわけじゃないわ。テルちゃんにはそれだけの素質があったのよ、それより、宿題、宿題〉と。

ミツエの発言は、ニュースに対する現実的な反応というパートを受けもっている。野球選手になろうかというヨシヒロには〈素質〉をいい、忍者になりたいというタケシには〈お気のどーく。いまは、戦国時代じゃないわ。宿題やらないの。〉という。いつも〈宿題〉という現実にひきもどすのだ。「あきらめ」といった方がいいのかもしれない。しかし、このミツエの言葉も、この上にアキコの「疑問」が重ねあわされると、単なるあきらめではなく「あきらめ」の論理としての位置を占めるのである。

ミツエにつづけて、アキコはぼそりという。——〈わたし、なんだか宿題やる気しないわ。いっしょうけんめい勉強して二万五千円。野球ばっかりやっていて一千万円。勉強するのが、まるで馬鹿みたいだわ〉と。

アキコは、いつも健康であり、正当である。この疑問も、まだあまりに直接的であるが、状況そのものに対する「疑問」の提出と考えていいだろう。勉強も一番よくできる。４がひとつあるだけで、あとは全部5だ。優等生である。会社設立に際しては〈先生にしかられるというより、良心の問題だ。〉といい、地球儀事件のときには「地球儀をこわしたサブロー君たちも悪かったけど、これからこんなことがおこらないように、校長先生のところへ地球儀をたくさん買ってくださいとたのみにいったら」という。アキコの意見は常に健康な優等生を代表している。しかし、このアキコの発言が単なる優等生的発言として終ってしまわないのは、これがいくつかの子どもの論理の中のひとつの相としてあり、お互いにせめぎ合い、補完しあっているからに他ならない。

タケシはいう。――〈あああ、戦国時代に生まれたかったなあ。そしたら、忍者になって、敵の大将やっつけて、ひともうけできたんだがなあ〉

ヨシヒロが直接的なあこがれという部分を受けもっているとするならば、タケシは「普遍的あこがれ」といった部分を受けもっている。普遍性とは、子どもは本来あこがれをもっているものだという考え方に照応するもので、ここでは〈忍者〉に対するあこがれがひとつの「普遍性」と等価になっている。作者は、意識的にタケシというキャラクターに「子どもが本来もっていると思われる欲望」をもたせている。一千万円に対して「忍者になりたい」というのもそうだし、「春を告げる鳥」の章の最後で〈ちぇっ、子どもには遊ぶ権利があるんだぞう〉というのもそうだ。他の子どもたちの反応とくらべると、きわだって非現実的に直截である。

古田足日は、いくつかの論理のパターンを呈示しながら、全体として「群」としての子ども像をつくっていく。そして、それぞれの会話がそれぞれの論理のパターンを端的に代表しているだけに、パネルディスカッションの聴衆である読者たちは、その諸パターンの中に自らの発想をもまじえ、思考していくようになるのである。その会話は、それぞれが「ある発想＝おそらくあるだろうという類のいくつかの発想」を典型的に代表して発言している点において、また、それらが全体としてひとつの子ども群像となり次の「行動」を想起させる点において、確かに見事なまでのアクチュアリティをもっている。

変な言い方だが、これらはリアルと呼ぶよりは確かにアクチュアルと呼ぶ方がふさわしい。なぜなら、ここでかわされている会話からは明らかに「まえがき」でいうところのニンジン的部分は捨象されているし、これらは「マイク」にむかっての発言にちがいないからだ。（「マイク」にむかって、堂々と自分の意見を対象化できる子どもはすばらしい。聴衆である読者も比べよみができるわけである。しかし、そこから抜けおちるものの重大さについても考える必要がある。）

古田足日の描く子どもの成長が別の何かを失っていくことに気づいていないと批判したのは、皿海達哉であった。皿海は『大きい1年生と小さな2年生』（偕成社　一九七〇年三月）のまさやの成長の仕方に関して次のように異議を唱えた。

この作者は、臆病であること即ち弱いこと、弱いこと即ち悪いことと簡単に規定し、臆病でなくなること即ち成長と簡単にとらえて、主人公の一年生がわずか一、二か月の間にその成長を果たすよう、懸命にし向けているのである。（中略）しかし、実際は、四十になっても五十になっても臆病だという人は、いくらでもいるだろう。よし、一、二か月のうちに臆病でなくなった子どもが現実にいたとしても、彼はその代償として、別の何かを失っているかもしれないのである。一つの成長は、しばしばそうした犠牲の上にもたらされるものだから。（「児童文学で真に深い感動を！」、『日本児童文学』一九七五年八月所収、傍点原文）

皿海のいう〈別の何かを失っている〉ということと、ぼくがここでいっている人間の中の「ニンジン的部分」の捨象あるいは損失とは、ある面ではダブってくるかもしれないが同義ではないだろう。大切なことは「わかりきった存在」としての子どもを疑うことだ。古田足日は、皿海の批判に対して、日本児童文学者協会主催「第九回幼児教育と幼年文学夏季講座・熱海」（一九七五年八月十六日〜十八日）の基調講演「新しい児童文学の創造を」の中で、次のような趣旨の発言をしている。

「日本児童文学」八月号で、皿海達哉が『大きい1年生と小さな2年生』について、①臆病＝弱いこと＝悪いことという作者の考え方は問題だ、②一、二ヶ月のうちに臆病でなくなるとしたら、その代償に何かを失なったはずだという批判をかいた。①の受け取り方は違うと思う。②はもっと考えていい。ぼくは、子どもの成長にはおりめがあって、そのプロセスには何かこわさを越えていくものがあると思って『大きい――』をかいた。神沢利子のウーフは、毎日卵をわっていたけど、ある日卵の中からビー玉が出てこないとわかり、感動する。このウーフの成長にはおりめがあった。

（『あたみ』速報No.４のB　一九七五年八月十六日、傍点原文）

これは、古田足日の講演の要旨を「速報」という形で、夏季講座の参加者に配布したものからの引用だ。だから、発言そのものではない。しかし、趣旨はそこねていないはずである。このときの要旨は、ぼくがまとめ、ぼくがガリ切りをした。だから、ぼくの気に入ったまとめ方になっているかもしれない。が、それはそれで仕方のないことだ。要は、子ども像の模索にある。ぼくらは、既知の子ども像を打破し、新しい知のわく組みの中で「子ども」をとらえなおしていく必要がある。

『くまの子ウーフ』（ポプラ社　一九六九年六月）の成長には〈おりめ〉があると、古田はいう。これについて思い出すのは、中川正文のウーフ論だ。中川は〈二層の読者をめずらしく満足させてくれる数少ない童話の一つ〉（『日本児童文学100選』、『日本児童文学』別冊、偕成社　一九七九年一月）と、この作品を評価する。二層とは大人と子どもの二層である。古田足日のウーフ論をもう少しきいてみよう。

『くまの子ウーフ』では、幼児なりの認識というものがただずらっと並べてあるのではなくて、それが最終的な結果、《人間である》という自覚にまでもってきているわけです。パターン化された作品が多くなってきている中で、これは、これからあとの道筋のひとつの突破口になるのではないかという気持ちがしています。（「幼い子のための創作児童文学」、『子どもの本の学校』講談社　一九七〇年一二月所収）

中川正文は『くまの子ウーフ』の中に〈二層の読者〉をみ、古田足日は〈突破口〉をみた。ぼく自身にひきつけていえば、ここに「子ども」とらえなおしの可能性＝イメージの広がりを感じる。『ちいさいモモちゃん』（講談社　一九六四年七月）や『いやいやえん』（福音館書店　一九六二年一二月）が、近代に成立し今日まで連綿と続いている既知の「子ども」の領域の中で、安穏とくらしているのに対して、『くまの子ウーフ』は読者の二重のよみを可能にしている。ぼくが新しい「子ども」のイメージについて考えていく際に、『モモちゃん』より『ウーフ』により強く惹かれる根拠はここにある。

『宿題ひきうけ株式会社』の場合はどうか。この作品は、すでに述べてきたように、いくつかの典型的な論理の集合体になっている。だから、読者の読み方に関していえば、単純に作品にのめりこむことはない。いくつかの論理に、あるときはうなずき、あるときはかぶりをふるだろう。読者の読みも、無意識のうちに相対化をせまられるわけだ。そこで問題になるのは、これら相対化されたキャラクターたちの「論理」と「行動」が果して新しい「子ども」の発見にまでつながったかどうかということである。『宿題ひきうけ株式会社』の設立は、果して〈突破口〉たりえたか。話を先へ進めよう。

6　「宿題ひきうけ株式会社」考Ｉ
——設立のモチーフについて——

するとタケシが、

「そうだっ」

と、さけんで、目をかがやかせた。

「一千万円ほどじゃないけど、五百円ぐらいなら確実にもうかる方法があるよ」

〈忍者〉になりたいといっていたタケシが「宿題ひきうけ株式会社」という方法を思いつく。発想と方法との関わりという観点からこれをみると、最も非現実的な発想でもって「けいやく金一千万円」のニュースをとらえたタケシが、最も現実的な〈株式会社〉という方法を考えつく。非アクチュアルな欲望がアクチュアルな方法を産む。〈忍者〉から〈株式会社〉へ、ここに古田作品のひとつの基本的構図がある。

方法としてのアクチュアルさ〈具体的には、お金をとって宿題をしようというアイデア、株式会社という形態、民主的な話し合いのプロセス等々がこれにあたる）とその力動の契機の非アクチュアルさ（これは、忍者へのあこがれ、先生にみつからないようにすればいいという発想、子どもは元気に遊びまわるものだという把え方で、子どもが本来的にもっているとされる欲望、あるいはエネルギーがこれにあたる）という二重の要因でもって古田作品は構成されている。古田作品における子どもの行動は極めて「時局的」であるが、その行動をおこす契機は本来的にもっているエネルギーという「非時局的」な発想にある。古田足日は「危機とエネルギー」（『教育科学』一九五八年八月／『現代児童文学論』一九五九年九月所収）の最後をこうむすんでいる。

近代・合理精神・科学精神――こうしたものとは無縁と見える土着のエネルギー、危機に即したエネルギーの形態のなかに、人間のもっとも根元的なものがかくされているのではなかろうか。

〈忍者〉にあこがれるタケシは、子どもが根元的にもっている欲求＝エネルギーを代弁するようにふるまい、「宿題ひきうけ株式会社」という方法を提起する。そして、タケシの提案に対する諸意見の交換は、再びパネルディスカッションを思わせる。タケシの提案に、アキコはすぐに〈そんなことしたら、先生にしかられるわ〉といい、あとで〈しかられるというより、良心の問題だ。〉と自問する。アキコは常に健康な正論を代表する。これに対して、ミツエは〈たのむという子がかならず出てくるわ〉と現実的に対応し、ヨシヒロは〈ぼくなら、十円でたのんじゃう〉と自らに照らして賛意を示す。それぞれの子どもが受けもつ論理は「けいやく金一千万円」のときの反応と同じパターンだ。タケシは〈先生にみつからないようにすりゃいいんだ〉という。子どもは教師に逆らうものだというい方が（一般的に！）許されるとするならば、タケシはここでも〈子ども〉の普遍的欲望を代表している。
ここで、連想されるのは、同じく古田の『海賊島探検株式会社』（毎日新聞社　一九七〇年九月）に出てくるアキモト・タモツだ。アキモト・タモツも、子どもの普遍的な〈欲望〉を代表する。

健康な少年なら、だれでも一度は、友だちといっしょに海か山かへ泊まりがけで遊びにいって、思いっきりはねまわりたい、という欲望に取りつかれるものだ。
ある日、この欲望がサクラ町サクラ中学校一年一組のアキモト・タモツに取りついた。

物語は、このように始まる。そのとき、タモツは木の上＝〈ターザン住宅〉にいる。タモツはいう。――〈おい、島へ行こうじゃないか。〉と。木の上から、島がみえる。むかし海賊がすんでいたという滝島で、今は無人島だ。マリコもマサキもアキも賛成する。マリコはいう。――〈わたし、小学校のときから行ってみたいなあと、思っていたわ。魚を釣ったり、泳いだり、ロビンソン・クルーソーみたいにして暮らすのよ。〉と。
古田自身は「さよなら未明――日本近代童話の本質――」（『現代児童文学論』前掲所収）の中でロビンソン・クルーソーを評して〈人間の基本的行動そのものがテーマになっている〉という。

行動はエネルギーの発現の主要な形態であり、原型にはそのエネルギーが結集されている。ロビンソンが自分の生命を維持し、さらにより快適な生活を営むためにつぎこむエネルギーの量のおびただしさ――これにぼくたちは驚くのだが、原始の人びとはロビンソンと同様に常に緊張していたにちがいない。そして、子どもたちが現実と切り結ぶ際、たとえば小学校一年生になってはじめて教室にすわり、この教室を支配しようとする時、彼が消費するエネルギーの量はばくだいなものである。

古田はつづけて、〈子どもは一般的にエネルギーにあふれた存在〉であるといっている。その点からも、タモツの島へ行きたいという〈欲望〉やタケシの忍者になりたいという〈欲望〉が別にアクチュアルなものでも何でもないことがよくわかる。古田足日について語るときに、まるで枕ことばのようにつきまとっていた「社会状況」という要因が、ここには全くみられない。逆に、この〈エネルギー〉を武器にして、古田は状況の〈変革〉を試みるのだ。古田はいう。――〈呪文では変革は行なえない。変革にやくだつものはエネルギーであり、行動である。〉(「さよなら未明」前掲)と。

こうして、方法としてのアクチュアリティが姿をあらわす。「島へ行きたい」という四人にむかって、ユキオはいう。――〈おれも行きたい方だ。タモツ君も知ってるけど、おれは舟がこげるからね。でも、舟を借りるには金がいる。ほかの準備にだって金がいる。その金をどうするんだ。〉と。〝海賊島探検株式会社〟は、このような形で設立する。しつこくいうが、方法としてのアクチュアリティとその力動の契機としての非アクチュアリティという二重の要因によって、会社ができ、作品が成立してくるのである。そして、この構図は『宿題ひきうけ株式会社』でも全く同じである。

『宿題ひきうけ株式会社』の中の子どもたちのもつ〈エネルギー〉に最初にスポットをあてたのは、上野瞭である。上野は、この作品に〈チマチマと枠の中で生活する少年少女たちの方向を失ったエネルギーに一定の活路を与え、また、それが同時に、新しい児童文学のフィールドをきり開くこと〉(「旗手の文学／古田足日に関する覚書」、『戦後児童文学論』理論社　一九六七年二月所収）を期待した。しかし、上野の期待も空しく「宿題ひきうけ株式会社」は作品の前半（第一章だけ）で解散になる。〈宿題〉に象徴される現在の教育体制に対して、その〈宿題〉をひきうけるというパラドクシカルな形で行なわれた反逆は、実にあっさりとつぶされてしまう。子どもたちのエネルギーも（どうひいきめにみても）不完全燃焼のまま終る。上野は、古田の〈エネルギーは存在しているが、その形態はあきらかにされていない。〉（「人間解体、未来のプログラム」、『日本児童文学』一九五九年十一月所収）という言葉をとりあげて、次のようにいう。

このエネルギーの形態を明らかにする一つの手がかりが、タケシたちの「宿題ひきうけ株式会社」の発想の中にあったのではないか。

それは、作者によって、その意味を問いつめられ、日常的な次元をつき破る反日常的な世界の開示としてとらえられることによって、一つの形態を与え得られたと思うのだ。（「旗手の文学」前掲）

この上野の〈反日常的な世界の開示〉という指摘を、ぼくの問題意識になおしていうと、『宿題ひきうけ株式会社』におけるＳＦ的可能性とその喪失ということになる。「宿題ひきうけ株式会社」設立のモチーフには「事実への反逆」という側面があると、ぼくは考えている。だから、事実をこえて進むことも可能だったはずである。会社は解散せずに、どんどんと利益をあげてつき進んでしまうのだ。大きくなりすぎるほどに肥大化し、終には「宿題的社会」そのものと対峙する。巨大化した「宿題ひきうけ株式会社」は、もしかしたら、ゴジラやラドンのような怪獣かもしれない。ゴジラが東京を潰滅状態におとしいれたように、この会社は「宿題的社会」をうちこわすかもしれない。上野瞭の〈人間が、もし、核兵器の開発を行なわければ、このような超破壊力を持ち放射能を帯びた怪獣は発生しなかっただろうし、また、大都会も潰滅の危機に見舞われなかっただろう〉（「部分的『怪獣大戦争』論／ゴジラの変貌について」、『戦後児童文学論』前傾所収）という言い方になぞらえていえば、人間がもし〈宿題〉の開発を行なわなければ、このような超破壊力をもち子どものエネルギーにみちた「宿題ひきうけ株式会社」という怪獣は発生しなかっただろうし、「宿題的社会」も潰滅の危機に見舞われなかっただろうということになる。しかし、残念ながら、現実の「宿題ひきうけ株式会社」はゴジラほどの破壊力もエネルギーも獲得してはいない。現実の『宿題ひきうけ株式会社』はSF的道すじをとっていない。だから、ぼくは、ぼく自身のための気ままな空想はとりあえず、横において、話を先にすすめよう。

設立した『宿題ひきうけ株式会社』に対して、友人たちはどのような反応を示したか。これは、諸状況の最初の呈示でもある。

7 「宿題ひきうけ株式会社」考Ⅱ

――友人たちの反応について――

「いや、宿題は――」

ヒデオはとたんになさけなさそうな顔をした。せっかくわすれていたのを思い出させられたということらしい。

「――夜、やるんだ。いまは『少年ジャーナル』の付録のハヤブサ戦闘機をつくっているんだ」

ヒデオは、「宿題ひきうけ株式会社」にとって、最も典型的な「客」である。〈宿題は?〉と問われて、おしそうに十円玉を出す。古田は、ここで「状況」のひとつの典型として、ヒデオをかいている。こうした客の存在が、「宿題ひきうけ株式会社」を成り立たせるのである。ヒデオは、『少年ジャーナル』の付録のハヤブサ戦闘機をつくるために、十円を出す。ヒデオは、ただ夢中で十円の支出に値する模型をつくろうとするにちがいない。しかし、かつての皇国少年、古田足日の脳裏には、もしかしたら「加藤隼戦闘隊の歌」のメロディが鮮やかによみがえり、流れていたのかもしれない。灰田勝彦は、戦後「野球小僧」の歌をうたったときと同じように、これをうたい、少年たちの心を紺碧の大空へとはばたかせたのだろうか。

エンジンの音　轟々と
隼は征く　雲の果て……

『宿題ひきうけ株式会社』は、もともと「進め!　ぼくらの海ぞく旗」というタイトルで、雑誌『教育研究』に一九六四年一月号から六五年二月号まで一三回(六五年一月号をのぞく)にわたって連載されたものである。このとき、古田足日の頭の中には、四年後の六八年におこる〈『あかつき戦闘隊』大懸賞問題〉への予感は、どれほどまであったのだろうか。

一九六八年三月二四日号の少年週刊誌『少年サンデー』の中で、小学館は『あかつき戦闘隊』の大懸賞募集を行なう。賞品は、一等が日本の海軍兵学校正装一式、二・三等がアメリカ軍コレクションA・

Bで星条旗、US従軍章、ピストルなど、四・五等がドイツ軍コレクションでナチスの軍旗、鉄かぶと、鉄十字章など、以下九等まで。

古田足日は、「〈『あかつき戦闘隊』大懸賞〉問題」（『日本児童文学』一九六八年六月と八月、『児童文学の旗』理論社　一九七〇年六月所収）の中で次のようにいう。

ぼくは一度少年小説「神風特攻隊」を書いてみたいと思っている。その発端はほぼわかっている。「ぼく」がある日、古本屋で買った本、「神風特別攻撃隊」の巻末に組まれた死者の名簿を、深夜ひとりで見ているとき、その行間から一体の白骨が立ち上がり、飛行服をつけるのである。その白骨のイメージが思いがけなく、『あかつき戦闘隊』懸賞賞品のむこうに立ちあらわれた。ひとりがいった。

「小学館に抗議しよう。ハガキ一枚、電話一本でもいいんだ。」

〈ハガキ一枚、電話一本〉のつもりの行動は意外なほどの反応をよぶ。三〇におよぶ団体、有志が連名で声明を出し、小学館に〈懸賞の撤回〉を求めるに至る。「賞品撤回要請運動」がはじまったのである。この運動の過程で、鳥越信は、この「懸賞賞品」を〈微量の毒〉と呼んでいる。

これは微量の毒であり、微量ではあっても毒であることにはかわりない。積み重ねて致死量に至る過程のひとつとして、われわれはこれを問題にする（「〈『あかつき戦闘隊』大懸賞〉問題」前掲に出てくる鳥越発言から）

『あかつき戦闘隊』の懸賞賞品が〈微量の毒〉であるならば、『少年ジャーナル』の付録のハヤブサ戦闘機をつくるヒデオは、その四年も前から〈毒〉におかされていたことになる。そして、十円もらって、ヒデオが〈毒〉をのむのを助けていた「宿題ひきうけ株式会社」の社員たちは、逆に「微量の罪」をくりかえしつづけてきたことになりはしまいか。宿題も〈毒〉であり、子どもたちの遊びもまた〈毒〉におかされつつあるとき、「宿題ひきうけ株式会社」は、〝毒をくらわば皿まで〟と宿題にくらいつき、逆に「微量の罪」をおかすことによってのみ存在し得たのではないか。「宿題ひきうけ株式会社」の仕事・役割もまた問われなければならないだろう。吉本隆明は、「ぼくが罪を忘れないうちに」(『吉本隆明詩集』書肆ユリイカ　一九五八年一月所収)の中で、こういう。

ぼくはかきとめておこう　世界が
毒をのんで苦もんしている季節に
ぼくが犯した罪のことを　ふつうよりも
すこしやさしく　きみが
ぼくを非難できるような　言葉で

「宿題ひきうけ株式会社」の「罪」を最初に指摘したのは、モリカワ君だった。〈二十円出せば宿題やってやるよ〉というサブローに対して、モリカワ君はいう。――〈いやだよ。先生にわかったらたいへんだよ。ぼくはそんな悪いことしたくない〉と。

ヒデオが典型的な「客」であるなら、モリカワ君もまた典型的な「非客」である。おしそうに十円玉を出し戦闘機の模型をつくるヒデオが世間にふつうにありそうな子どもであるなら、モリカワ君が「悪いことだ、先生におこられる」というのも、「宿題的社会」の中では最も一般的な反応であろう。セールスマンのサブローでさえ〈せなかがぞくぞくっとする〉ぐらいに「制度化された宿題」のイメージは、ぼくらの五感を支配しているにちがいない。モリカワ君は、ひとつの最もありそうな善悪判断の基準でもって、サブローにせまる。サブローは、かろうじて〈先生は悪いというにきまってるさ。だけど、先生のいうことが何もかも正しいとはきまってないんだ。先生が死ねといったら、きみは死ぬかい〉といって踏みとどまる。そして、サブローのこの反論のカゲにはまちがいなく作者、古田足日がいる。〈先生が死ねといったら、きみは死ぬか〉と、サブローは問いかける。また、だれが正しいかどうかを決めるんだというモリカワ君に対して、〈自分だよ〉と答える。この言葉は、いったサブロー自身にとっても〈思いがけない〉ことばであり、自分のことばにおどろくぐらいに、かっての皇国少年、古田足日の〈ことば〉になりきっている。教師が子どもに「死ね」と教えた歴史を、ぼくらは現実にもっている。山中恒は『ボクラ少国民』（辺境社　一九七四年一一月）の中で次のようにいう。

〈ボクラ少国民〉は敵の前に非戦闘員として両手を挙げて出て行くようなことは絶対に許されなかった。喩え、子どもであっても、最後まで、素手であっても敵にたち向うことを義務としてたたきこまれた。もちろん、それさえも、ぼくらの子ども期に始まったことではないが、ぼくら以前には「兵隊になったとき」という、ある将来のこととしてであった。しかし、ぼくらの場合には、無条件に、即刻そうなるための教育がなされたのである。それは待ったなしに、〈死〉との直結である。

そして、現在。場所はサクラ市サクラがおかの一角。「宿題ひきうけ株式会社」のセールスマンたちは、街に出る。街の中で、ヒデオは『少年ジャーナル』の付録のハヤブサ戦闘機をつくる。『鉄腕ジミイ』のテレビをみる。モリカワ君は「先生にわかったら大変だ」という。それから買物かごを下げた奥さんにほうれんそうとながねぎを売る。モリカワ君の家は八百善という八百屋だ。街は「死」の片鱗もみせることなく、トンちゃんがやっていることとは全然ちがう〉ようなタテマエ的発言で宿題ひきうけ株式会社をさいにトンちゃんがやっていることと〈しゃべっていることと、じっ「平和」に息づいている。そして、トンちゃんの場合も〈しゃべっていることと、じっさいにトンちゃんがやっていることとは全然ちがう〉ようなタテマエ的発言で宿題ひきうけ株式会社を否定する。トンちゃんとそのにいさんの展開する論理は、その「実体」が失われているだけに、ヒデオやモリカワ君よりも、より「状況」的なのかもしれない。トンちゃんは、タテマエ的状況を代表して、しゃべる。――〈先生はみんなに勉強させるつもりで宿題出すんだろ。きみみたいなことやってたら、だれも宿題しなくなる。きみはその集まりからぬける方がいいよ。お金を出して人に宿題やってもらうより、ぼくは宿題やらないで先生にしかられる方がまだましだと思うよ〉と。

トンちゃんとそのにいさんは、受験体制下の子どもの典型として描かれる。受験体制とは、いうまでもなく子どもたちの人生選択を入試の得点で選択し配置していく教育の構造のことである。スネークスに入団したテルちゃんについて、トンちゃんのにいさんは、こういう。――〈あいつは特殊な才能があったというわけだ。おれたちはそうじゃない。勉強して、いい学校にはいるよりほか、手はないんだ〉と。

〈特殊な才能〉という言い方は、実は、ミツエの〈素質〉という把え方と同じものだ。どちらも極めて現実的な見方である。しかし、ミツエの論理が集団の中のひとつの相として提出され、他の論理とつながり、うちけしあいながら、異質な（より高次な）ものへとうつっていくのと比べると、トンちゃんのにいさんの論理はそれだけである。他者との交わりもなく、三〇〇人中の二三番を悲観しながら、進学塾へ通うのである。「にいさんはね」と、トンちゃんはじまんするようにいう。――〈一流の高校にはいって、一流の大学を出て、大会社に就職して、ルームクーラーつきの家に住むつもりでいるんだ〉と。

再び『吉本隆明詩集』(前掲)から、「少年期」の一節が頭に浮ぶ。

みえない関係が
みえはじめたとき
かれらは深く訣別している

8 「宿題ひきうけ株式会社」考Ⅲ
――ヨシダ君について――

日あたりのよい壁にもたれてミツエはいった。
「ね、ヨシダ君。宿題やった?」
「宿題なんかやるもんか。ソロバンの方が大切さ」

ヨシダ君の場合も、「宿題ひきうけ株式会社」に対する友達の反応という点では、第七章に含まれるべきものである。しかし、ヨシダ君は最もよい「客」であった。それだけでなく、「宿題ひきうけ株式会社」の子どもたちにとって、自分たちに欠けているもの（それはおおむね金や物におきかえられる生活力）の体現者でもあった。だから、単に会社に対する反応ということだけでなく、「ヨシダ語録」的にヨシダ君の全体像を、ここで追ってみようと思う。

まず、「宿題ひきうけ株式会社」に対する反応。ヨシダ君は、はじめは全くとりあわない。しかし、ミツエが〈一人前二十円よ〉というと、逆に〈金をとるなら信用できるな。いっちょうたのむよ〉ということになる。自分の将来まで考えて、ひとつの信念をもって生活しているという点で、ヨシダ君の位置は『海賊島探検株式会社』のにせカストロとよく似ている。学校のクラブの説明で、卓球台が六十人について一台しかないという話が出たとき、にせカストロはいう。――〈日本の総理大臣は何しとる。カストロなら十人に一台の卓球台を用意するぞ〉と。

にせカストロはカストロを信奉して常に政治的な発言をしていく。ヨシダ君は手に職をつけることこそが大切で、常に金のありがたみを基準に発言する。内容的には全くちがう。しかし、そのアクの強さ=信念と、子ども集団の中で欠けがちな部分を常に補完し、補強していく役割を担っているという点で共通なものをもっている。

「ヨシダ語録」を追ってみよう。

例えば、グリーンランドに興味をもったヨシヒロがショウウインドの中の地球ぎをのぞいている場面。ヨシヒロは、もっとうまく見る方法はないかと思案する。そのとき、ヨシダ君は少しも疑わず〈なかから出せばいいよ〉という。〈お買いあげですか？〉ときく店員に、ヨシダ君はいばっていう。――〈見てからきめるんだよ〉と。赤くなったヨシヒロにとって、ヨシダ君は自分にない生活力とたくましさをもった存在としてうつったにちがいない。

また、もうひとつ。地球ぎ事件のとき、ヨシダ君は、苦もなく、こういってのける。——〈地球ぎがいっぱいありゃ、よかったんだよ。四十六人にたった一つじゃ、足りないんだよ〉と。

この言葉に、アキコは、はっとする。なぜなら、ヨシダ君の論理は〈もっと本があったら……〉というアキコの論理と符合してくるからだ。ちがう点は、ヨシダ君のそれが生活じみているのに対して、アキコのそれはひとつの方向性をもつ意見として語られる点だ。だから、アキコは、校長先生のところまで行って、地球ぎをたくさん買ってくださいとたのむところまで、論がすすむ。「論理」が「行動」をよぶ。これに対して、ヨシダ君の場合、いいっぱなしだが重い。これは、自分の生活の領域から一歩も出ない腰の重さでもあり、自らの場からの発言としての迫力ある重さでもある。

これは「春をつげる鳥」授業風景でもいえる。死んだ子を、ミツムラ君は〈ばか〉だといい、アキコは〈かわいそう〉という。ヨシヒロは〈笛しか吹けない子どもにも生きる権利があります〉という。これに対して、ヨシダ君はこういう。——〈そりゃヨシヒロ君のいうとおり、笛しか吹けない子どもにだって、生きる権利はあるけども、いまだって学校出るとか、手にしょくがあるとかじゃなくちゃ、生きていけないんだ。ミツムラ君のいうように、酋長の子も弓矢をちゃんと使えるようになってなけりゃ、死ぬのがあたりまえさ〉と。

「宿題よりはソロバンさ」という最初の発言から、ヨシダ君の論理は一貫している。ヨシダ君は、宿題というつかみどころのないものよりは、ソロバンというより具体的な「もの」を獲得しようとする。地球ぎが足りないという指摘も具体的な「もの」の不足をついたものだし、「春をつげる鳥」の死んだ子も、生きていくのに必要な「もの」を獲得するのを怠ったから、死んだのである。「もの」を獲得することと自体が困難だった時代の、これはひとつの正当な主張であった。

しかし、六〇年代から七〇年代の初めにかけてつづいた経済の高度成長は、（実質として貧困を克服し得たかどうかは別にして）商品としての「もの」を世間に氾濫させた。インベーダー・ゲームにおしげもなく百円玉をつぎこむこの世情に、ヨシダ君の論理は果して切りむすぶべきすべをもっているのだろうか。ヨシダ君が地球ぎの不足を指摘したとき、アキコは〈お金、お金、どこへいってもお金が足りないわ〉と考えるが、現在、授業の中で一人が一個の地球ぎをつくることも可能になった。プラスチック製のおわんを二つ合わせると地球になる。あとは多円錐図法で印刷された世界地図のシールをはりつけていくだけで出来上りだ。出来の良し悪しを問わなければ、「ポストの数ほど保育所を！」ではないが、子どもの数ほどの地球ぎが氾濫していることだけは確かだ。こんな「現実」をまえにしたとき、ヨシダ君の論理は全くの時代おくれとして切り捨てられていくのか。それとも、より本質的な部分で切りむすび、重なり合うものをもってくるのか。

西田良子は、『日本児童文学100選』（『日本児童文学』別冊、偕成社　一九七九年一月）の中で『宿題ひきうけ株式会社』を評して、〈そこには、民衆の団結力を信じ、未来の変革を信じる古田の明るいオプチミズムが感じられる。〉と、いっている。西田は、このオプチミズムを〈一九六五年以前の日本児童文学が共通してもっていた〈明るさ〉であり〈甘さ〉である〉という。いいかえれば、タケシたち「宿題ひきうけ株式会社」のメンバーはその〈甘さ〉の中で生きていたということになる。その中で、西田は、ヨシダ君にだけは特別な位置を与えている。

そのような〈甘さ〉の中で、ただひとつきびしく描かれているのが、ヨシダである。多くの登場人物の中で、ヨシダの言動が最も強く印象にのこる。

ヨシダは、古田が理想とした〈エネルギーあふれる子ども〉である。

確かにそうだとも思う。が、もう一方でほんとかなという感じが、ぼくの頭の中にはある。ヨシダ君の論理は「もの」の論理である。機械的にいえば、これは敗戦直後から一九五五年の神武景気ごろまで（あるいは、せいぜい六〇年ごろまで）の「もの」が絶対的に不足していた時期の論理である。この作品がかかれたころは、すでに生活の一定程度の安定が、大人を「マイホーム主義」の中に、子どもを「現代っ子」とよばれる風俗の中に収束させようとしていた時期でもある。

阿部進は『新版現代子ども気質』（三一書房　一九六二年八月）の中で、石井桃子の〈子どもの本質はかわらない〉という「現代っ子」批判に答えて次のようにいっている。

> 人間はたえず異質のものを生みだし、みずからも質的変化を生じつつあるのだととらえることが大切で、「本質」というものははじめからそれこそないのだと思います。

「現代っ子」という子ども観は、子ども存在の可変性と時局性を、はっきりと示すものであった。石井桃子に対する阿部の反論は、そのことを（そして、それだけを）端的に語っている。そして、ぼくは、その一点だけで、「現代っ子」という子ども観を相当高く評価しているのだ。しかし、阿部がつづけて、次のように「状況」をとらえるとき、ぼくは、やはり、この状況を是認している阿部の状況論を是認できない。むしろ、「現代っ子」が「人間」としてとらえられることなく風俗の上をすべっていってしまった根拠を、ここにみる。

「週刊誌が読みすてにされるこまった時代」とはとらえず、五〇〇余年かかって営々ときずきあげてきた印刷文化の財産がようやく読みすてられるところまで一般化したと見るべきでしょう。

印刷文化の財産が五〇〇年かかって築きあげられてきたとして、それがもし〈読みすてられるところ〉まできているとしたら、それは、やはり「堕落」だろう。ぼくは、そう考える。そして、「もの」の表層面での氾濫が、阿部進のこのパラドクシカルな状況論を可能にしているのだ。〈表層面での氾濫とかいたのは、ほんとうにそんなに氾濫しているかどうか疑問だからだ。情報メディアは、確かにテレビ、マンガ等の普及で多くの「豊かさ」が眼の前にあらわれているが、これがはたして、「モノの氾濫」という言い方で表現できるかについては、もう少し考えたい。〉

さて、〈ソロバン〉に自らの論理の拠点をおくヨシダ君に対して、作品そのものが大きな攻撃をかけるときがくる。〈ソロバン〉に対する〈電子計算機〉の登場が、これだ。アキコの兄に〈やめろ。ソロバンなんかやったって、やくにたたないぞ〉といわれたヨシダ君は全くこまってしまう。——〈手にしょくをつけりゃ平気だと思ってたが、これじゃ散髪屋になっても、そのうちロボットを使う散髪屋ができるかもしれないしなあ〉

ヨシダ君は、こまっても深刻なそぶりをみせない。そこが、古田足日のキャラクターらしい。彼は、自分の位置と自分の状況との関わりを的確に論評したにすぎないのだ。そして、ボス・コウヘイ追放運動の中でも、ヨシダ君は独自な位置を獲得している。コウヘイは、マドちゃんたちのスクラムにむかって「優等生にもあやまらせろ」といった。そのコウヘイに対して、ヨシダ君は、いう。——〈きみはできる子と、できない子のことしか考えなかったな。おれやシバタ君のことをかんじょうに入れなかったな〉〈そうだ。はじめから高校になんか行けないと、きまっている連中のことだ。金のない連中のことだよ〉と。

ヨシダ君は、受験競争の中で、初めからそのスタート・ラインにならぶこともできない「絶対的貧困」について語る。コウヘイは、ヨシダ君の言葉に、顔をあげることもできない。コウヘイは〈目の前がひろくなったような気〉がして、〈わかった、ヨシダ君〉というのである。

ヨシダ君の言葉でもって、あれほどのボス・コウヘイが典型的な反省のパターンをとることについては、実際かなり疑問が残る。しかし、初めから古田にはコウヘイの「心理」的葛藤を描くつもりはなかったと考えたら、どうだろう。そこにあるのは、優等生、劣等生、その行列にもならべない子という三層からなる「状況認識の構図」だけである。ヨシダ君は、この「構図」をコウヘイに示し、コウヘイはそれに納得したから、〈わかった〉という。この場合、〈わかった〉とは文字通り「新しい認識による新しい世界の獲得」にほかならない。

ヨシダ君についての最後の報告は、もうかなりにせカストロになっている。〈ヨシダ君は？〉ときく作者にむかって、タケシたちは、こういっている。――〈新聞配達つづけてるよ。中学校出たら、はたらきながら定時制の高校に行くんだって。労働組合を強くして、大学出にまけないくらい給料をもらうんだとはりきっているよ〉と。

＊

こうやって、ヨシダ君という人間だけ追ってみると、一見きわだってみえていたヨシダ君の像も、実は古田足日の配置した「ありそうな子ども」のひとつの相なのだということがわかってくる。西田良子は、ヨシダ君を評して〈〈甘さ〉の中で、ただひとつきびしく描かれている〉といったが、ぼくはむしろ、ヨシダ君の中にこそ六〇年以前のオプチミズムの典型をみる。ヨシダ君は決して新しい「子ども」ではない。それがきわだってみえるのは結局のところ、①読者の問題（読み手自身が六〇年以前のオプチミズムを拠点とした典型的な子どものイメージに対して無意識のうちに共感している）、②作品の問題（「宿題ひきうけ株式会社」のメンバーたちは新しい子どものイメージをめざすものであったが、それが未消化、中途半端なものにおわった。そのため、狂言まわしとしてのヨシダ君の存在がきわだってきた）という二つの要因によっているのだろう。

そのことは、「宿題ひきうけ株式会社」という存在にとって、ヨシダ君とは一体何だったのかということを考えるとき、もっとはっきりとあらわれてくる。ひとことでいえば、「宿題ひきうけ株式会社」は遊びである。それに対して、ヨシダ君は徹底してマジメである。その「マジメ」が「遊び」を駆逐してしまった。『宿題ひきうけ株式会社』という作品がもっていたSF的可能性の喪失を、ぼくはここでも発見してしまう。

9　「宿題ひきうけ株式会社」考Ⅳ
――地球ぎ事件について――

「ぼくが一番だ」
「ぼくが先に見る」

サブローとトンちゃんが一度に地球ぎにとびついたのだ。サブローの方がちょっとはやく地球ぎのえをつかみ、トンちゃんは地球ぎのささえの北極のあたりをにぎってひっぱった。サブローとトンちゃんのとりあいで、地球ぎはガラスをやぶって、外へおちる。二階の窓からコンクリートにたたきつけられ、割れる。これが「地球ぎ事件」である。これは、タケシとシバタ君のけんかを誘発し、最後には「宿題ひきうけ株式会社」の解散にまでつきすすんでしまう。この事件のプロセスにおける子どもたち各々の役割とその論理をみていこうと思う。

まず、ヨシヒロにとって、地球ぎ事件とはどんな意味をもち、どんな位置を占めているのか。わかっていることは、ヨシヒロのグリーンランド発見が事件の発端をつくったということである。しかも、ヨシヒロは「宿題ひきうけ株式会社」の仕事中にそれを「発見」する。地図の上はしにあるグリーンランドは、南アメリカほどの大きさだが、実はその三分の一もない。ヨシヒロにとっては、地図上で巨大なグリーンランドを発見したときと、それが実はさほどの大きさではないことを地球ぎで確かめたときの方が、はるかに大きな事件だったのではないか。ここには、新しい事実（＝知識）に気づき、それを獲得していくまでのひとつのプロセスが描かれている。地球ぎ事件の発端としてのグリーンランド発見には、その栄誉がある。「宿題ひきうけ株式会社」の活動をその虚実という観点から考えるとすれば、ヨシヒロのグリーンランド発見は「実」の見本だ。

サブローとトンちゃんの場合はどうか。この二人は地球ぎをとりあって、こわしてしまった「当事者」である。その点では、同じ役割をになっている。しかし、ここで大事なことは、「宿題ひきうけ株式会社」のセールスに行ったときのサブローとトンちゃんの関係も含めて考えることだろう。あのとき、トンちゃんは、いっていることとやっていることが全然ちがうタテマエ論をいって、サブローをあきれさせた。そして今度も、トンちゃんは〈めいわくをかけてすみません。これから気をつけます〉といって、頭をさげる。たいくつな反省である。

それに対して、サブローは「本音」を代表する。先生が〈自分のほんとうの気持をいうんだよ。そうでなければ、ほんとうの反省にならないから〉といったのを受けて、サブローは〈ぼく、ほんとうのことをいうと、すこしでもはやく見たかったんです。順番待ってたら日が暮れちゃう〉という。みんなはどっと笑い、先生は顔色をかえる。

石川先生はほんとうのことをいえという。いったらば顔色をかえる。この教師の外面描写も、もうひとつしっくりとこない。が、別に「悪人」としてかいてあるわけではない。古田は、現体制の矛盾そのものは、はっきりと克服するべきものとしてとらえる。あるいは打破するべきものとして「反対！」を叫ぶ。しかし、個々のキャラクターたちは、あくまでもその発言を通して相対的なものとしてのみ立ちあらわれる。その論理は、会話の中で、文字通り弁証法的な解決をめざすのである。

サブローとトンちゃんの場合、「たてまえ」と「本音」という構図がある。トンちゃんがいう〈めいわくをかけてすみません。これから気をつけます〉という言葉には、状況への迎合の論理がある。そして、「迎合」はそれ自体状況と対するときの典型的な相のひとつである。あり得べき相のひとつとして、古田は描き、トンちゃんはその属性をもってしゃべる。

これに対して、サブローの「本音」はどうか。話を短絡させていえば、これはもう古田のいう〈子どものエネルギー〉と、ほとんど等価なのではあるまいか。「本音」は、ある場面で「制度化した状況」との関係を断ちきったところに成り立つ論理である。〈子どものエネルギー〉も本来的にまわりの状況をこえて自分の欲求にしたがって動こうとする願望そのものではあるまいか。

そして、「宿題ひきうけ株式会社」のメンバーの中で、最も「子どもそのもの」を代表するタケシは、子どもは本来かくあるべきという正義観のために、シバタ君とけんかをしてしまうのである。タケシをみてみよう。


タケシは、顔をまっかにしていったのだ。「しらない、しらないってなんだい。シバタ君」

「ぼくじゃないから、そういったのが悪いのかい」

シバタ君はむっとしたように答えた。


タケシとシバタ君は、地球ぎをこわす方には関与していない。それなのに、とっくみあい、けんかをする。事件をもうひとつ、新しくつくってしまうのである。タケシは〈レーダーとトンちゃんがこまっているのに自分のことだけいうことないじゃないか〉という。自らに付与された子ども性一般の論理でもって、シバタ君をせめる。これに対して、シバタ君は、こういう。――〈いくらりくついったって、こわしたのはぼくじゃない。みんなが悪いからといって、みんながべんしょうするなんてごめんだよ〉と。

シバタ君の論理は、この場での是非は別にして、納得がいくものだと、ぼくは思う。つまり、よくある考えだ。現実にこわしたという行為とそれをべんしょうするか否かを関連させて考えるのはごく自然な発想といっていい。むしろ、このシバタ君の言葉をきいて、〈ぽかんとした顔〉になったタケシの反応の方が不自然だ。タケシは〈べんしょう〉のことから〈貧乏〉という結論を導きだす。――〈シバタ君のうちもヨシダ君やアキコのうちのように貧乏なのか。いままでそうとは知らなかった。〉と。

しかし、このタケシの論理は明らかに短絡している。タケシに付与された子ども性一般の論理をどのように駆使しても、シバタ君が〈貧乏〉だという根拠はみつからない。なぜ、このようなズレが生じたのか。理由はふたつある。ひとつは、作中で今までシバタ君の「生活」が描かれていないこと。もうひとつは、シバタ君があらかじめ貧乏を代表する論理として位置づけられていたためである。古田足日の子どもたちは発言し、行動する（あるいは、しない）。それぞれの子どもたちの性格も生活もその発言（と論理）の表出によってのみ描かれる。シバタ君も「地球ぎ事件」というパネルディスカッションの中で貧乏という属性を代表して、けんかをし、意見をいうのである。しかも、彼が貧乏であるかどうかは、ただ彼の発言によってのみ保証されるのである。川北亮司は、「共同討議・古田足日作品」（『日本児童文学』一九七九年一一月）の中で、藤田のぼるの〈（『宿題ひきうけ株式会社』は――引用者注）一種のディスカッションドラマとして受けとめれば、相当子ども読者ときり結ぶものを含んでいる〉という提起を受けて、こういっている。

子どもたちの日常的な疑問を登場人物たちの討論で答えていくような形はおもしろいけど、その討論内容にはちょっと疑問があった。
学校のこととか、日常生活の疑問のやりとりに、人間が生きるといった視点からの掘り下げた感じはない。もっと処世術的な視点というか。

〈処世術的な視点〉といわれると、ぼく自身、かって個人誌『どうわＮＯＴＥ』第九号（一九七三年二月）の中で『海賊島探検株式会社』のことを〈問題解決のための方法が《状況》に立ち向うものというより、むしろ、問題解決学的な《アイデア》みたいに思えてしまう〉といったのを思い出す。ともかくも、川北は、古田の子ども群像には〈人間が生きるといった視点〉がないという。そのパネルディスカッション風の抽象化、類型化させる書き方そのものについては〈一つの人間の書き方〉として認めつつも、その〈処世術的な視点〉に対しては疑問をなげかける。しかし、川北のいう〈人間が生きる〉という感じも、また漠としてむずかしい。

これを〈外部への働きかけ〉と〈内面を見つめる目〉という二つのファクターに分けて論じるのは、松田司郎だ。『現代児童文学の世界』（毎日新聞社　一九八一年六月）の中で、松田はいう。

> 一日でも早く大きくなりたいと思って歩み続ける小さな戦士たちは、大きな戦士（大人）の中に、連帯感を見い出すことができるだろうか。この作品が、問題提起をしながら、今ひとつリアリティに乏しいのは、外部への働きかけに比べて、内面を見つめる目が希薄だったためではなかろうか。

確かに、『宿題ひきうけ株式会社』の子どもたち＝パネラーたちが、どのような生活をし、どのような考えをもっているか、これらは「学級会」（あるいは、それに代わる場）で意見が発表されるまでは全くわからないのである。松田は、続けていう。

> 環境や社会の事象に向けての「何故？」という問いは、究極「人間とは何か？」「己とは何か？」という問いに引き継がれるだろう。そのとき、子供たちは、自己の内部世界にあるもうひとつの《現実》の重みを知るだろう。

松田は〈もうひとつの《現実》の重み〉という。川北は〈人間が生きるといった視点〉という。どちらも、この作品にはないという。西田良子的にいえば、〈甘さ〉の中で唯一ヨシダ君だけが厳しく生きていたということになるのかもしれない。が、このヨシダ君の存在感は、むしろ徹底した〈処世術〉的な論理によってもたらされたものだ。例えば、ショウウインドから地球ぎをとる。先生に地球ぎを見たいという。地球ぎをもってくる。〈これが、とりあいでこわされるわけだ〉。学級会でも〈地球ぎがいっぱいありゃ、よかったんだよ。四十六人にたったひとつじゃ、足りないんだよ〉という。これらは、見事なまでに〈処世術的な視点〉からの発言であり、行動である。

ヨシダ君の発言は、アキコの方針を産む。アキコは常に前向きで優等生だ。そして、その方針は、やはり「外」へ向けられる。アキコはいう。――〈校長先生のところに行けばよいと思います。サブロー君たちも、悪かったけど、これからはこんなことのおこらないように、地球ぎをたくさん買ってくださいと、たのみにいったら〉と。

こうして、「地球ぎ事件」は、アキコの〈優等賞〉とひきかえに〈地球ぎ〉を獲得する。しかし、肝心の「宿題ひきうけ株式会社」の方は、ミツムラ君の暴露発言で、あっけなく解散させられてしまうのである。ミツムラ君はいう。――〈この組には口でりっぱなことをいっても、ひとの宿題をやってやってお金をもらっているひとがいます。これでは正直にやっている者がそんをします〉と。

ミツムラ君は「受験戦争」下での非人間性の典型として描かれる。「地球ぎ事件」のときも、最初は無関心だ。帳面に落書きをしている。ただ「宿題ひきうけ株式会社」の暴露発言だけをする。「春をつげる鳥」の授業のときも〈死んだ子はばかだ〉といい、試験勉強を是とする。その論理は明快でさえある。ミツムラ君はいう。――〈そのころのアイヌのことを考えてみると、戦争よりも狩りです。アイヌは米や麦をつくっていたわけじゃなく、狩りをしてクマやイノシシをとって生活していたので、酋長の子どもはいやでもなんでも弓矢や刀を使うことをおぼえなければいけなかったのです。それをしないで笛ばかり吹いていたのはよくないんです。もし自分がちゃんと生きていくつもりなら、試験の前に体をきたえておくという計画ぐらい立てて実行するのがあたりまえです〉と。

ミツムラ君の語調はきつい。しかし、実のところ、いっている中身の方はたいしたことはない。制度化された受験のシステムの中では、ごく日常的な〈あたりまえ〉の考えである。それは、惰性化した日常の体制の中で屈服し、安穏とした人生をただおくろうというだけのたいくつな論理である。〈だからこそ、手にショクをつけさえすれば大丈夫だというヨシダ君も共感できるのだ。〉

ところで、この論理は、虚構としての「宿題ひきうけ株式会社」の対極にある。戸塚廉の〈いたずらしたサルが人間になった〉という把え方にてらしていえば、「宿題ひきうけ株式会社」といういたずらは人間としての可能性をもっているが、ミツムラ君の論理に人間への道はない。戸塚廉は、座談会「戦後の子ども・子ども像」(『日本児童文学』一九七三年五月)の中で〈いたずらっ子〉を説明して次のようにいう。

おとなたちが現状を保守しようとしている、その現状に鋭く、直観をもって立ち向かおうとすると、おとなたちから抵抗が起きてくるわけですね。いたずらしたサルが人間になったというのは、親の言うことを聞かないで地上に落ちても悪だくみをする。その中で勇気をもって新しい生活を開発し、クマの洞穴を自分の住居とし木の葉を衣として身に着けるといった過程が〝いまのいたずらっ子〟といわれる子どものやっていることと一致しているというか、人間になってくる過程で、つねにいま子どもが〝いたずら〟といわれることをやってきたから〝人間になれた〟と言えるんだと思うんです。

戸塚廉のこの発言は、ミツムラ君のいう〈あたりまえ〉の論理から抜けおちたものを端的に示している。そして、お互いに対極にあるという点から考えても、ミツムラ君が「宿題ひきうけ株式会社」の暴露発言をしたのは、意味があることだった。これに対して、「宿題ひきうけ株式会社」側からの抵抗の論理も当然おこるべきものだ。それはどのように展開され、また事件はどのようなドラマをうむのか。読者は正当な「期待権」をもって、これをよむ。しかし、この期待は、ものの見事にうらぎられる。読者＝例えば小沢正の〈せめて先生だけにでも、宿題ひきうけ株式会社員としての論理を展開し堂々と対決してくれたらよかったものを〉(「ぬすまれた町の少年たち」、『日本児童文学』一九六九年八月所収)という願いも空しく、会社は解散するのである。そして、解散式の席で、タケシ社長は、こうあいさつする。

べつによいことをしているとも思わなかったけど、むりやりに解散させられたようで、それだけが残念です。

タケシは、ここで〈よいこと〉という言葉をつかっている。そうなのだ。よいことと思わなかったから、ミツムラ君に暴露され、石川先生に解散しろといわれたときに、タケシは抵抗の論理を展開することができなかったのだ。しかし、この〈よいこと〉をメルクマールとする評価の仕方は、ぼくらの望みを失わせる。タケシたちは、〈よいこと〉へのパラドクシカルな反逆として「宿題ひきうけ株式会社」をつくったのではなかったか。そして、ぼくらは、その虚構に想像力の自由な飛翔を夢みたのではなかったか。

10　「みんなが、ちゃんとしてれば」考

いまになって考えてみると、宿題ひきうけ株式会社のしごとはけっしてよいことではなかった。だが、そのよくないことを、なぜタケシたちはずっとやってきたのだろうか。

心のどこかに、このくらいのことはしていいんだ、という気持があったからだ、とタケシは思う。

――みんなが、ちゃんとしてれば、ぼくたちだって宿題ひきうけ株式会社なんか、やらなかったさ。

タケシは心の中でそうつぶやいて、ああそうかと思った。話しわすれたのはそのことだった。だが、みんながちゃんとしているというのは、いったいどういうことなのだろうか?

このタケシの自問は「宿題ひきうけ株式会社」という組織のレクイエムにふさわしい。『宿題ひきうけ株式会社』という作品は二章、三章へと続くが、「宿題ひきうけ株式会社」はここで終る。そして、この終り方に、ぼくは不覚にも、岡本良雄「あすもおかしいか」（雑誌『銀河』一九四七年一一月）のラスト・シーンを連想してしまった。結論から先にいうと、ぼくは、タケシの自問と「あすもおかしいか」のラストは同質なものだと考えている。もう少し正確にいうと、かって古田は「近代童話の崩壊――その一例としての『あすもおかしいか』――」（『小さい仲間』五号　一九五四年九月、『現代児童文学論』くろしお出版　一九五九年九月所収）の中で、「あすもおかしいか」の〈おかしさ〉を〈実体をもたないことば〉

と批判した。その〈おかしさ〉と同じようにタケシの〈ちゃんとしてれば〉という言葉も、実体がない。まだ正体がわかっていないと、ぼくは考える。

岡本良雄は「あすもおかしいか」のラストを次のようにかいている。

「きょうもおかしいね。」といわねばならぬ。けれども、いまの世の中だって、人間のおじいさんより、せとものキツネをだいじにするのなら、キツネが人をばかすと考えていた、きのうというむかしは、たしかに「おかしかったね。」である。

「きのうはおかしかったね。」

「きょうもおかしいね。」

そしたら、あすは、いったい、どうなんだろう。

あすもおかしいか、おかしくなくするか。

ぼくたちは、いつも、おいなりさんのお堂の前を通りながら、こんなことを考えるのである。

この「あすもおかしいか」のラストについて、古田は〈表現は軽妙であるが、実は実体を持たないことばの連続にすぎない〉と断じた。しかし、ふりかえってタケシの自問について考えてみると、これもやはり〈実体〉のないことばという他はない。タケシは〈みんながちゃんとしていれば……〉といいながら、そのすぐあとで〈だが、みんながちゃんとしているというのは……〉と自らに問い返さざるを得ないのである。これは、タケシでなくても問い返さねばならぬ〈実体〉のない言葉の連続にすぎないからだ。

タケシは呪文のように自問する。かって、古田は「さよなら未明」（前掲）の中で〈日本の近代童話の主流〉を〈近代人の心によみがえった呪術・呪文とその堕落としての自己満足〉とよんだ。その〈呪文〉に、今、タケシの自問が縛られている。そして、『宿題ひきうけ株式会社』という作品が、近代童話の呪縛からのがれるためには〈ちゃんとしている〉という言葉の実体＝具体的な中身を獲得しなければならないのだ。こうして、この作品の二章、三章は、タケシの自問＝呪文にしばられてくる。

この作品は、第一章とそれにつづく第二、三章との間に大きな落差をもっている。作者自身が第七回日本児童文学者協会協会賞を受賞した際に〈ぼくはあの本のあとがきに書こうとした。「これは失敗作です。第二部になるとだめになり、第三部になるとがたっと落ちます」と。〉（「賞をもらって」、『日本児童文学』一九六七年七月）といっているくらい、この「落差」ははっきりしている。なぜこのような「落差」が生じたのか。理由はただひとつ、タケシの自問にある。

古田は〈「おかしさ」ということばに一括されるものの正体がわからないかぎり、未来の建設は望めない。〉と「近代童話の崩壊」（前掲）の中でいう。しかし、タケシにも他の「宿題ひきうけ株式会社」のメンバーにも、〈ちゃんとしている〉という言葉に一括されるものの正体がまだわかっていない。例えば、解散式のとき「宿題ひきうけ株式会社」の仕事について考える場面がある。ヨシヒロは地球ぎのおもしろさを発見し、アキコの活躍で地球ぎは手にはいることになるが、はたしてこれは〈会社のしごと〉なのか。ヨシヒロは考えこむ。ここにも、〈ちゃんとしている〉ということについて考えるひとりの少年がいると、ぼくは思う。

「そりゃ、やっぱり会社のしごとじゃないね。でも、いっそ、こんどはそんな会社つくったらどうだろう、旗もあるんだし」

と、ヨシヒロがいった。

「その会社もうかるのかい」

「いったい、どんなしごとをやるんだ」

サブローとタケシにそういわれて、ヨシヒロは頭をかいた。じっさいに何をやってよいのかわからないし、地球ぎ事件のようなことではすこしももうからないのだ。


ここには、終章の「試験・宿題なくそう組合」への予感がある。いいかえれば、タケシの〈ちゃんとしているというのは……〉という自問に対する「答え」の予感である。そういう意味では、タケシもヨシヒロも一箇所にとどまってはいない。「答え」を求めて、先へ先へとすすもうとする。古田足日自身の言葉をかりていえば〈事象――環境との相互作用において成長していく人間像〉(「近代童話の崩壊」前掲)が描かれようとしているわけだ。これは、岡本良雄の〈おかしさ〉が呈示した時点で終るのと比べて、際立った位相を示している。長編=散文への志向である。

そして、それでもなお、ぼくがタケシの自問と「あすもおかしいか」のラストが同質であると把えるのは、このタケシの自問が、①短編的発想からなされた象徴的な言葉(つまり呪文)であることと、②二章以後の作品の流れが結局のところタケシの自問に対する「答え」の追求という「わく」を破れなかったという二つの理由に基づいている。

理由の②は、第一章とそれにつづく二、三章の「落差」の大きさからもわかると思う。タケシの自問のために、二、三章は〈ちゃんとしている〉の中身を追求するために汲々としてしまう。変ないい方だが、みんながちゃんとしようとするのだ。「春をつげる鳥」の授業風景の中にも、ボス・コウヘイの追放キャンペーンの中にも、ぼくはタケシの自問のかげをみてしまう。子どもの「普遍的なあこがれ」を代表し、「春をつげる鳥」で〈ちぇっ、子どもには遊ぶ権利があるんだぞう〉といったタケシも、自らがしかけた「わな」にとらえられ、「状況」と直面し、話し合い、闘いあい、〈ちゃんとしている〉ということの中身を追求していかざるを得ないのである。小沢正の言葉をかりていえば、〈子どもたちときたら、またしてもロボット的な連帯ととりくみ、ボス退治などに精をだしているのです。〉（「ぬすまれた町の少年たち」前掲）ということになる。また、上野瞭は、タケシの自問について、こういっている。

タケシに、会社設立を反省させなければ、次へ展開しなかったのかもしれない。しかし、タケシに反省させることなく、この株式会社をもっと発展させることによって、常識的な次元から、ドラマはそれを破って大きく異質の世界を開示したかもしれないのだ。（『戦後児童文学論』、理論社一九六七年）

とにもかくにも、タケシの自問によって、物語はちゃんとするためにより現実的な方向へと進んでいくことになる。そのために「宿題ひきうけ株式会社」を設立した際にはみられた「事実への反逆」という姿勢は第二章以後みられなくなる。仮構性というものがなくなる。まえにもいったが、「宿題ひきうけ株式会社」がますます肥大し、ちゃんとしていない状況と対峙するというSF的構図はとり得ないものになっている。

タケシの自問が「短編的発想からなされた象徴的な言葉であること」について考えてみよう。『宿題ひきうけ株式会社』という作品が、もともと「進め！　ぼくらの海ぞく旗」というタイトルで、雑誌

『教育研究』に連載されていたことについては、すでにいった。が、実はこの作品には、それ以前に原型といえる短編が二つある。ひとつは「しゅくだいひきうけかぶしき会社」（『赤旗』日曜版　一九六三年一一月一〇日）で、もうひとつは「くたばれ！　しゅくだい」（同前　一九六四年一月一九日）である。

前者は『宿題ひきうけ株式会社』の第一章のダイジェスト版といえるぐらいによく似ている。四〇〇字詰原稿用紙にして十枚弱の中に、テルちゃんの「けいやく金一千万円」に驚いて会社をつくることから、学級会で暴露されて会社がダメになるところまで、きちんとかかれている。ただひとつ、ちがう点は、先生が会社を解散させるのではなく、学校全体が宿題を出さなくなって、会社が〈失業〉状態になって、つぶれるところだ。だから、子どもたちは石川先生のアパートに〈しつぎょう　はんたい！　しゅくだい　出せよ〉というプラカードをもっておしかけ、オニのような先生においはらわれる。

後者の「くたばれ！　しゅくだい」は、ＰＴＡのお母さんの圧力で学校は再び宿題を出すようになる。五人は〈しゅくだいひきうけ会社ばんざあい〉とよろこぶ。ところが、ひろった子犬の世話をしていて宿題を忘れる。それから一週間、アメリカの原子力潜水艦寄港反対のデモの中で、五人は〈しゅくだい　はんたあい！〉と叫ぶのである。

こうして原型二つを合わせてみると、『宿題ひきうけ株式会社』の子どもたちが全部で三回、三種類の旗（あるいはプラカード）をふっていたことがわかる。最初が〈しつぎょう　はんたい！　しゅくだい　出せよ〉、次が〈しゅくだい　はんたあい！　原子力潜水艦きこうはんたあい！〉、そして最後が〈どくろの海ぞく旗〉を立ててさけぶ〈入学試験反対！　通信ぼ反対！　宿題反対！〉である。

原型のうち、前者はパラドクシカルな設定で、後者は現実的である。だから、前者は「宿題を出せ」というプラカードをもたねばならない。これは、「宿題ひきうけ株式会社」という存在そのものの仮構性とその逆説的な意味あいを端的に示している。そして、この原型のラストもタケシの次のような自問でむすばれているが、これは見事にパラドクシカルな反問として、この短編をおさめているといってよい。

「でも、そのときからぼくたちはほんとうに失業しているんじゃないかという気がしはじめんだ。ぼくたち、ほんとうの勉強してるんだろうか。それとも――」

と、タケシはくびをひねっている。

〈そのとき〉というのは〈しつぎょう　はんたい！　しゅくだい　出せよ〉といって、石川先生のアパートにおしかけて、はんたいにおどかされたときのことである。このタケシの自問は、一見して『宿題ひきうけ株式会社』のタケシの自問と酷似している。しかし、原型の自問が逆説的な設定であり、パロディになっているのに対して、『宿題ひきうけ――』の自問は〈よいこと〉を基準にし、ただ方法だけ原型をなぞらえたのである。当然のことながら、子どもたちは〈よいこと〉の中身を獲得するために行動することになる。もはやパロディとしての意味あいを失ったタケシの自問は呪文となって、『宿題ひきうけ株式会社』の子どもたちの上にかかってきたのである。

＊

古田足日は「近代童話の崩壊」（前掲）の最後をこう結んでいる。

環境と共に人間を描くこと、人間と人間、人間と事件、事件と事件の相関性の中で、人間を描くこと――「典型的な情勢の中で、典型的な人間を描く」方法へと、ぼくたちは進んでいかなくてはならない。

『宿題ひきうけ株式会社』は典型的な情勢の中で典型的な人間を描いた作品である。ここに描かれた「ぼくら」は、それぞれの論理を駆使して、状況の矛盾に気づき、対決していく。その運動論的構図は明瞭である。にもかかわらず、〈みんなが、ちゃんとしてれば〉というタケシの自問のまえに、全ての登場人物たちが縛られてしまったのは、この「ぼくら」の像がとりおとしてしまったものが大きかったからであろう。

ここで、ぼくは再び「まえがき」に戻らなければならない。〈宿題〉と〈ニンジン〉とを峻別した古田の方法は果して正しかったのか。その点、子どもたちの論理が「マイク」を通してしかきけなかったのは残念至極という他はない。やはり、ニンジンをかじりながら〈あるいはニンジンいやだといいながら〉実際に生きている人間の「肉声」をこそ、ぼくらは求めねばなるまい。それはまた〈よいこと〉を評価の基準にするような「制度化された子ども像」からは絶対に生まれてこないものでもある。十七年前、『宿題ひきうけ株式会社』はその冒険をし、失敗した。その栄誉をたたえたいと思う。

補遺・ぼくはもう少しの間ニンジンにこだわりつづけて新しい「ぼくら」のイメージをさぐりたいと思う

この期に及んで、まだ補遺をかかねばならぬ自分をいささか無念にも思う。が、もう少しの間、古田足日の〈ニンジン〉に対するイメージにこだわってみたい。そうすることによって、『宿題ひきうけ株式会社』の中の「ぼくら」が描こうとしたもの、また取りおとしてしまったもののイメージをもっとはっきりとした形でつかみとりたい。

まず、くりかえしになるが、「まえがき」から〈ニンジン〉に関する部分をあげる。古田は〈もし、きみがニンジンがきらいだとしても、ニンジンはたべなければならぬ〉といっている。〈宿題〉については、〈でも、もし宿題がきらいだとしたら、考えなければならぬ〉といっている。

つまり、「自然の産物」としての〈ニンジン〉の方は認め、「社会的産物」としての〈宿題〉については疑問をなげかけたことになる。いうなれば、古田足日の子どもたちは《ニンジン的自然》とでもよぶべき一種の「人間的自然《ヒューマン・ネイチュア》」をもっている。その上で、生理的・心理的意味あいでの「自然」を捨象していく。

『宿題ひきうけ株式会社』の「ぼくら」は一様に「マイク」にむかってしゃべる。が、そのイメージは《ニンジン的自然》によって裏うちされ、個々の生理や心理を捨て去ったところに成立した典型的な「論理」としての子どもたちということになる。

これに対して、〈ニンジン〉がきらいだとわかったところから、人間としての「関係」が生まれ、物語の始まる作品がある。宮川ひろの『先生のつうしんぼ』（偕成社　一九七六年二月）がそうだ。二つの作品を比較しながら、「子どものイメージ」を追ってみることにする。まず、『先生のつうしんぼ』の冒頭は、こうなっている。

給食のおかずは、のこさず食べましょう――。
そうきめたのは、先週の学級会のときです。

こう始まると、何だか「ニンジンを食べるのはいい子です」という物語のように思えるが、実際のストーリー展開はその逆になっている。――吾郎は、先生が口をふくまねをして、ニンジンをちり紙の中に捨てるのをみてしまう。そうして、吾郎は先生に対して次のような手紙を出すのである。

先生、にんじんきらいなんでしょ。ぼく、きょう見ちゃったんだ。
だまっててやるから、みんなにわからないように、うまくやりなよ。

吾郎はノートのはしをやぶいて手紙を書く。それに答えて、古谷先生の方も次のような返事を書く。

吾郎の千里眼にはまいったな。
たのむから、このことだけは、みんなにだまっててくれ。たのむよ、ほんとにたのむからな。

『宿題ひきうけ――』の子どもたちが初めから〈ニンジン〉を眼中においていなかったのに対して、『先生のつうしんぼ』は〈にんじん〉について考えるところから始まる。『宿題ひきうけ――』の「ぼくら」が〈宿題〉に象徴される社会状況をみ、考え、その「論理」でもって他との関係をもったのに対して、『先生のつうしんぼ』の「ぼくら」は、先生が〈にんじん〉を食べのこす姿をみ、先生との関係をもつのである。吾郎は、そんな先生をみて〈すき〉になる。そして、〈先生のつうしんぼをつけてやろう……〉と思うのである。

にんじんが食べられないなんて、これは、《もうすこし》としかいいようがありません。でも、そういう先生だと知ってから、吾郎は先生がすきになりました。

このように、『先生のつうしんぼ』はニンジンぎらいから話がはじまる。が、そこには「制度としての〈ニンジン〉」のイメージを打ち破ろうというほどの意図はみられない。むしろ、全体としては〈にんじん〉を食べることはよいことだという日常世界の論理の中に身をおいている。その中のひとつの小さなエピソードとして吾郎の「目撃」をかいているといってよい。だから、『宿題ひきうけ――』が〈反対!〉を叫んだ〈つうしんぼ〉についてもこの作品では変えようなどという方向はでてこない。〈先生のつうしんぼ〉をつけて楽しむ吾郎の姿は「制度としての〈つうしんぼ〉」のイメージにとっぷりとつかってさえいる。

先生に点をつけてやるなんて、なんといい気持ちなんでしょう。
吾郎は、そのせいせき表を、じぶんのへやのつくえのなかへしまいました。よく気のあう田中伸一にも、幼稚園からいっしょの山上玲子にも、先生のつうしんぼのことは、いうまいとおもいました。

吾郎がここでとった行動は、その契機もプロセスも、『宿題ひきうけ――』の「ぼくら」と比較すると、はるかに離れている。〈にんじん〉を食べずに口をふくまねをして、ちり紙の中に捨ててしまう教師もさることながら、それに気づいてもひみつにし、そんな教師の〈つうしんぼ〉をつけて密かにたのしむ子どものイメージは、『宿題ひきうけ――』の状況を典型化するという人物像とは異質なものである。『先生のつうしんぼ』の人間たちは彼らの住む「日常生活の論理」の中に見事におさまっている。しかし、『宿題ひきうけ――』の会社設立が「遊び」であるなら、吾郎の先生への〈手紙〉も、そして〈つうしんぼ〉もまた「遊び」である。その《虚構性》にぼくは注目したい。

古田は〈ニンジン〉あるいは〈宿題〉を相対化する。いわば外部からの眼でみて、これを承認（あるいは批判）する。古田がそこで描こうとしたものは、典型化された状況の中で、その矛盾に気づき、立ち向かう、典型的な「運動論的構図」であった。これに対して、宮川ひろの場合、〈にんじん〉あるいは〈宿題〉を相対化しようという視点は出てこない。どちらかというとその眼の位置は「体験」という名の日常生活の論理の枠内におさまっている。しかし、その内部から、まず〈にんじん〉が手紙を通して「遊び」の範ちゅうにとりこまれる。次に〈つうしんぼ〉という名のひみつの「遊び」がつくり出される。古田の眼が外部にあり、事象を対象化することに第一義的な意味があったのに対して、宮川の眼は内部にある。まず既知の〈つうしんぼ〉観に完全につかりきり、次にそれを「遊び」の小道具と化してしまうのである。

宮川ひろに「しゅくだいグループ」（『日本児童文学』一九七〇年一一月）という短編がある。これは『先生のつうしんぼ』の〈つうしんぼ〉観がそうであったように、まず既知の〈しゅくだい〉観にどっぷりとつかりきったところからはじまる。古田が、初めから子どもたちに対する強圧としてとらえた〈宿題〉を、「しゅくだいグループ」の子どもたちは（先生にいわれもしないのに）自分たちで出しはじめるのである。


「ねえ、しゅくだいグループ、つくらない？」

ゆうこは、となりのせきの、けんいちにいってみました。

「それ、なにをすること。」

けんいちは、きょとんとしたかおをしています。

「じゅんばんにねえ、せんせいになるのよ。」

ゆうこのこえは、はずんでいます。


ゆうこたちの先生は、一年生も、もう二学期になったのに宿題を出さない。だから、ゆうこは〈しゅくだいというのを、やってみたかった〉と思い、グループをつくる。いわれもしないのに、自分たちでせっせと宿題をやる子どもたちの姿は、考えようによってはおぞましいほどに既知の〈しゅくだい〉観の枠内にある。しかし、宮川の子どもたちはその枠内にありながら、そこで窒息することはない。〈しゅくだいグループ〉もまた「遊び」である。〈せんせいはしゅくだいをやらなくっていいの？〉ときくけんいちに対するよしこの答は、そのことをはっきりと示している。よしこは、いう。――〈でもさ、まねっこのせんせいですもの、せんせいだって、やってきたほうがいいわ〉と。

こうして、まねっこの〈しゅくだい〉グループは動き出す。けんいちは、家に帰って画用紙で〈せいせきひょう〉をつくる。これも〈ずっと前に、三年生の教室へいったとき、みてきたもの〉のまねだ。

宮川ひろの子どもたちは何のてらいもなく〈しゅくだいグループ〉や〈せいせきひょう〉をつくる。同じ宿題をやるあつまりなのに「宿題ひきうけ株式会社」と〈しゅくだいグループ〉とでは、ちがいすぎる。そのちがいがおもしろい。『宿題ひきうけ——』の場合、会社設立の意味は《制度としての宿題》に対するパロディである。だから、会社のメンバーはもちろんだが、たとえガリ勉のミツムラ君や「たてまえ」論のトンちゃんであっても、自らすすんで〈せいせきひょう〉をつくったり、〈しゅくだいグループ〉をつくったりすることはないだろう。それに対して、宮川の〈しゅくだいグループ〉は、制度として今ある宿題に対してむしろ好意的でさえある。この子どもたちを制度的思考に犯されていると断じることはたやすいだろう。しかし問題の本質は、そんなところにはない。佐藤忠男の「子どもの想像力を分析する」（『児童心理』一九六七年一〇月、「資料・戦後児童文学論集」第三巻『日本児童文学』別冊、偕成社一九八〇年七月所収）になぞらえていえば、〈しゅくだいグループ〉の子どもたちはおとなたちのつくった宿題のイメージの中から自分の気に入ったものを選んだにすぎないのである。佐藤は〈子どもの想像力〉について、次のようにいう。

子どもの想像力というのは、結局のところ、その大部分がおとなの想像力の反映であろう。なぜなら、子どもがなにか空想の翼をひろげようとする場合、そのイメージを与えるのはおとなだからである。昔話にしろ童話にしろ、マンガにしろ、テレビにしろ、その作り手は原則としておとなであり、子どもはおとなのつくったイメージの中から、自分の気に入ったものを選ぶにすぎないからである。

ところで〝子どもの想像力が結局のところ大人の想像力の反映にすぎない〟としてもこのままで話が終ってしまったら、実際のところおもしろくも何ともない。「遊び」としての〈しゅくだいグループ〉のイギも問われるだろう。しかし、宮川ひろの子どもたちは枠内にありながらそこで自由である。ひとつきぐらい、あきもせずに〈しゅくだい〉をやりつづけたある日、先生になったへぼくんは、まじめなかおをして、こういうのである。

きょうはね、りんごをひとつ、まるごとかじってたべること。

およそ現実の学校であったらでるはずのない宿題(そして、子ども同士のごっこ遊びであったなら逆に当然おこってしかるべき宿題)をへぼくんは出す。このとき、ゆうことよしこは〈そんな、ふざけたしゅくだい、だめよ〉と、おこる。しかし、みな、〈せいせきひょう〉に×をつけられるのは嫌だから、りんごをまるごとかじってたべるのである。このとき、ぼくの頭の中には、ふくれっつらして、ぶつぶつと文句をいいながら、りんごをかじっている女の子の姿が、はっきりと浮んでくる。

ぼくは、考える。こうしてりんごをかじっている〈しゅくだいグループ〉の子どもたちと、宿題反対を叫ぶ『宿題ひきうけ――』の子どもたちとで、どちらが本当のイミで「宿題」から《自由》なのであろうかと。

これは単純にどちらが何という結論を出すべきものでもないだろう。ただ、古田が捨象してしまった人間の中のある部分を宮川作品が描いていることだけは確かだ。そして、宮川作品自体には「変革のプロセス」はみられないにしても、戸塚廉の〝いたずらしたサルが木からおちて、地上で立って歩きはじめて、人間になった〟という「人間化のプロセス」という観点にひきつけていえば、ぼくは『宿題ひきうけ――』よりも、むしろ『先生のつうしんぼ』や「しゅくだいグループ」の子どもたちの方に、より近いものを感じる。

宮川作品の子どもたちが、まだ既知の〈しゅくだい〉という領域の中にいることは確かだ。にもかかわらず、ぼくがこの子どもたちのイメージに執着するのは、そこにいながら窒息することもなくりんごをかじっている姿にぼくが未知の領域への予感を感じるからだ。

（『季刊児童文学批評』一、二号　一九八一年九月、一二月）

ふたたび、ぼくらは、どこへ
——問題の整理、あるいは舟のイメージについて——

1

ぼくは、「ぼくらは、どこへ」の中で、『宿題ひきうけ株式会社』（理論社 一九六六年二月）の子どもたちの行方を追ってきた。

この作品の中で、古田足日は、まず宿題という社会的問題をとり出し、それを軸にすえる。作者は、登場人物の個々の生活（あるいは心理）について描くことを意識的に捨てている。そこにあるのは、典型的な「論理」としての子ども像である。そのため、子どもたちは、あたかもパネルディスカッションのパネラーのように自らの意見を主張し、行動することになる。

ぼくの興味は、このパネラーとして立ちあらわれた子ども群像の行方にあった。個々の生活のありようを捨象したところに成立している論理としての子ども群像は、かつてどのような意味をもちえたのか。そして、八〇年代初頭という現在にとって、どのような意味と位置を占めてくるか。

ぼくは、まず全体の流れとして『宿題ひきうけ株式会社』の中の子どもたちのひとりひとりを、徹底的に分析し、解剖していくという方法をとった。また、もう一方で、その作業の過程で出てくる問題については、どんなささいなものであっても、気にしつづけ、立ちどまり、たとえそれが迷路であっても分け入ることにした。

現在のぼくが気になるならば、それは「現在」の問題にちがいない。迷路に分け入ることで、ぼくは一九六六年に出版されたこの作品と「現代」とをむすびつけ、そのタイム・スリップの中から、〈ぼくら〉の未来を予感したいと思っていた。

「ぼくらは、どこへ」の中で、ぼくは、こうかいている。

> 『宿題ひきうけ株式会社』の中の子どもたちを追いながらも、もう一方で、これらの作品たちの《ぼくら》が、八一年という《現在》にとって、どのような意味をもち、位置を占めてくるだろうかという思いが、常にぼくの中にある。このノートの表題が「ぼくらは、どこへ」となっているのは、そのためである。

ここでいう〈これらの作品たち〉とは、山下明生の『かいぞくオネション』(偕成社　一九七〇年三月)、古田足日の『ダンプえんちょうやっつけた』(童心社　一九七八年四月)、那須正幹の『ぼくらは海へ』(偕成社　一九八〇年二月)などである。特に、『ぼくらは海へ』は、『宿題ひきうけ株式会社』と同じく受験体制の中に生きる子ども群像を描いている点で、いつもぼくの頭の中にひっかかっていた。いわずもがなであるが「ぼくらはどこへ」というタイトルの由来もここにある。

しかし、ぼくのこの思いは、残念ながらあまり実をむすんだとは思えない。『宿題ひきうけ株式会社』という作品の分析、解剖の方は、それなりにすすんだが〝ぼくらは、どこへ行くのか〟という問題の方は行方不明のままにおわってしまった感が強い。

そこで、ぼくは、ふたたび「ぼくらは、どこへ」というテーマを追いつつ、問題の整理を試みることにする。今回は、古田足日が一九七二年にかいた〈ぼくら〉を直接に、那須正幹が一九八〇年にかいた〈ぼくらに〉ダブらせるという方法をとる。作品は『ぼくらは機関車太陽号』（新日本出版社　一九七二年一二月）と『ぼくらは海へ』のふたつである。このふたつの作品にでてくる〈ぼくら〉のひとりひとりが、どう生き、またどう死んでいったのか、それぞれの相違点を追いつつ、全体としての〈ぼくら〉がどこへ行ったのかを考えてみたい。

2

神《かみ》ノアに言《い》いたまいけるは諸《すべ》ての人の末期《おわり》わが前《まえ》に近《ちか》づけり其《そ》は彼等《かれら》のために暴虐世《ぼうぎゃくよ》にみつればなり　視《み》よ我彼等《われかれら》を世《よ》とともに剪滅《ほろぼ》さん　汝松木《なんじまつのき》をもて汝《なんじ》のために方舟《はこぶね》を造《つく》り方舟《はこぶね》の中《なか》に房《ま》を作《つく》り瀝青《やに》をもて其内外《そのうちそと》を塗《ぬ》るべし

『ぼくらは海へ』の「まえがき」として、那須正幹は『旧約聖書』の「創世記」からノアの方舟の章をひいている。まず、ここから考えてみよう。なぜ、那須は方舟をひいたのか。今の世が、かつてのノアの時代ほどに暴虐にみちているからか、末期に近づいているということなのか。

今の世がみだれているということについては多くを語るまい。問題は、その先にある。なぜ〈方舟〉なのか。〈方舟〉は選ばれたものたちだけがのれる舟である。外の世界がたとえ大洪水にみまわれていても、松やにのしっくいでもって、きっちりとすきまをうめこまれている舟の中は安全だ。それこそ一滴の水ももれ入ることのない隔絶した世界である。

しかし、実際のところ、松やにのべとべととあのむっとするにおいの中で、ちっ息したような生活をおくるのは、たとえ我が命を守るためとはいえ、ぞっとしないものだ。してみると、那須のつくった方舟とは、一体何だったのだろうか。だれが選ばれ、だれがのるのか。ぼくらは、やはり那須の方舟の乗り手について、もっと正確につかみとっていかねばなるまい。（具体的に名をつらねていわせてもらえば、なぜ誠史と邦俊だけがのれたのか。雅彰は自らおりたのか。なぜ嗣郎は死んでしまい、勇は転居し、康彦と茂男は突然あらわれ、また去っていったのか等々……。）

また、『ぼくらは海へ』というタイトルに拘泥するとき、誠史たちの船出していった海は、ノアの時代のような洪水のまっただ中だったのか、それとも一すじの希望の道をたどってアララテ山にむかったのか。

宮川健郎は「箱舟物語再説」（『季刊児童文学批評』創刊号　一九八一年九月）の中で〈『ぼくらは海へ』の邦俊や誠史は、「方舟」に立てこもり、その中で自滅してしまう〉といい切っている。この場合、船出は死と等価である。しかし、作者は、最後の場面にしつこく雅彰を登場させ、次のようにいわせている。

ちかごろ、雅彰は、もうふたりはうめ立て地にもどってこないかもしれないと思うようになっていた。どこか南の夢のような島に上陸して、ロビンソン＝クルーソーみたいに胸のわくわくするような冒険の日々を送っているのかもしれない。

そして、もしかしたら、自分だって、彼らとともに冒険の旅に出発できたのに、という小さな胸のうずきとともにかんがえるのだった。

全体として暗いトーンが支配している作品でありながら（また、誠史たちの船出があきらかに死への旅立ちでありながら）、このラストの雅彰の心象だけは、奇妙な明るさをもって、ぼくにせまってくる。〈夢のような〉〈胸のわくわくするような〉といった形容詞句が明るさを際立たせているのだろう。この明るさは、通過儀礼としての少年のロマンなのかもしれない。ともかくも、那須の方舟は〈胸のわくわくするような冒険〉と〈小さな胸のうずき〉という明暗両極のことばのうちに象徴されている。

3

古田足日も舟のすきな作家だ。古田は、その作中で、よく子どもたちに舟をつくらせる。『モグラ原っぱのなかまたち』（あかね書房　一九六八年一二月）では、ドーナツ池にドーナツ丸をうかべている。ロマンと呼ぶにはあまりにも小さい世界の中で、古田は舟をつくる。古田にとって、舟づくりは手づくりの遊びの復権でもある。ドーナツ丸をつくっているちびあきらに向って、最初は無関心だった六年生は、こういっている。――〈きみたちがいっしょうけんめいやっているのを見てると、ドーナツ丸をおうえんしなくっちゃはずかしい、という気持ちになったのさ〉と。

『ぼくらは機関車太陽号』の場合も、バス遠足に対する歩き遠足の復権という点では、手づくりの舟づくりの視点と同じである。また、実際に、この作品のラストも、舟づくりでおわっている。船の名まえは、ちょっとぞっとしないけれども〈チョコレート校長号〉という。

弘は想像した。木のえだがしげる下、よこっぱらに「チョコレート校長号」と名まえをかいた、ぶかっこうな舟がこのサクラ湖を一周していく――。

ぶかっこうでも、なんでも、それはみんな――校長先生から一年生たちまでのみんなが生みだした舟だった。

誠史たちのつくったシーホース号と比べると、〈木ばこに三角のへさきをつけたような船に、一年生たちが三、四人、ぎゅうづめになっているようす〉は、ちゃちなものだ。しかし、これは間違いなく〈みんな〉の舟だ。

みる角度をかえれば、那須正幹は〈みんな〉で生みだすという作業の困難さを描いたといえる。船をつくる場所も、立ち入り禁止のうめたて地だ。空間からしてすでに切り離されている。

エリートでない嗣郎は船づくりにエキスパートとして活躍しながら死んでしまう。最初の設計図をかいた勇も転居してしまう。そして、最終的に船をパーフェクトなものに仕上げた康彦にいたっては、初めからなかまであることのむずかしさを示すためになかまに入ってきただけのじゃま者であった。『ぼくらは海へ』には、最初から〈ぼくら〉と呼べるようななかまも群像も存在していない。

彼らは、それぞれがバラバラな状況を背負い、ただバラバラにうめたて地の小屋にあつまってくるにすぎないのだ。誠史は腕をふりまわし、歩きまわりながら、いいつづける。

なんか、おもしろいことないかなあ。

イサム、なんかおもしろいことないかなあ。

つまんないなあ。なんか、おもしろいことないかなあ。

遊ぶこと自体を喪失してしまった子どもの姿が、ここにある。

ぼくは今、東京の下町の小学校で教師をしている。ぼくの組の六年生に、この間、放課後の生活についてのアンケートをとってみた。その結果、予想どおりながら深刻な答がかえってきた。遊んでいる場所はどこかという問いに対する答は、一位が家の中、二位が家のまわり、この二つで九割以上を占めてしまい三位と呼べるものはない。また、友だちとよくする遊びは何かという問いに対しては、当然のことながら、ただ何となく話をしているという答が一番多かった。

子どもたちは、遊ぶ場所と時間だけでなく、遊びそのものを失っている。誠史たちも塾へ通うまでのつかのまの時間とうめたて地のほったて小屋という空間を共有しながら、そこでの遊びを喪失しているのだ。

子どもが遊びそのものを失っているという点では、那須も古田も、同じ現実認識に立っている。ただ、ここから先がちがう。古田は、子どもの本来あるべき力を信じて、舟をつくり、歩き遠足の道すじをみつけ出していく。つくることによって、行動することによって、彼らはより強い〈なかま〉として成長していく。

それに対して、那須の舟づくりは「はしか」のようなものだ。彼らも、やはり失ってしまった遊びを獲得するために舟をつくるのだが、それは彼らにとっては「病い」であり、社会にとっては「非行」であった。校長先生は、いいつづける。――〈きみたちのやっていたあぶないあそびが、ひとりの友だちのとうとい命をうばったのですよ。〉〈だいたいあのうめ立て地は、部外者立入禁止じゃないんですか。〉〈そりゃあ夏だから水あそびは気持ちがいい。いかだをつくったり、のってあそぶのはたのしいかもしれない。いいかね、みんながおもしろがってあそんでいる。自分もいっしょにあそびたい。しかし、そこで『あぶないから、やめようじゃないか』、そういってとめるのが、児童委員や児童会長の役目じゃないのかな。たしかに勇気がいる。だれにでもできることじゃあない。だが、その勇気がなくちゃね、子どもたちのお手本にはなりゃあしないよ。〉

校長のお説教の長さとくだらなさは、そのまま那須正幹の現実認識の深刻さを物語る。

4

ラストばかりをくらべずに、今度は二つの作品の冒頭をくらべてみよう。

ひとことでいうならば、『ぼくらは海へ』のそれは暗く、『ぼくらは機関車太陽号』は明るい。『ぼくらは海へ』は、うめたて地の場面からはじまる。海とその周辺のイメージはまるでごみためのようだ。よごれている。暗いイメージの形容詞句が、ただ連なっている。〈あわのういた海水〉〈逆流〉〈かっ色のあれ地〉〈口をあけたうめのこしのくぼ地〉〈ひくい家なみ〉等々。どのことばも状況を濁らせるに充分なものだ。

このようなすさんだ風景の中へ、主人公の小村誠史はやってくる。誠史は、背景の濁りをそのましょいこんで、自転車にのって登場する。自転車をとめたとたんに、汗はそれをまっていたかのように〈からだじゅうの毛穴から〉ふき出してくる。その様子は、どうひいき目にみてもさわやかとはいいがたい。そのすぐあとでやってくる菅雅彰も、自転車のブレーキの〈きしむ音〉をたて〈あらい息〉をさせながら近づいてくる。雅彰の妹はぜんそくだ。雅彰はセイタカアワダチソウをゆびさしながら誠史にむかって話しかける。

「この草、ぜんそくの草なんだって。」

雅彰がまたどなった。

「ぜんそくの草?」

「ぜんそくの人が、この花の花粉すったらさ。せきが出るんだ。いやだよねえ。」

よこにならんだ雅彰が、さもいやだというふうに顔をしかめて見せた。


『ぼくらは海へ』という一見明るいタイトルとはうらはらに、海はよどみ、作中人物たちは汗をふき出し、顔をしかめて、ぼくらのまえに立ちあらわれる。そして、この濁った空気の正体は連続してあらわれる形容詞句にある。ぼくらは、かかれている中身〈名詞と動詞〉ではなく、その場の雰囲気〈形容詞〉の方にまず圧倒されてしまうのだ。

*

『ぼくらは機関車太陽号』の明るさも、まず明るい感じのことばからはじまる。

〈あすから学校は遊ぶところ?〉という第一章の設定。その中で、子どもたちは〈いそがしい〉〈わいわいやっていた〉というように動きのある明るい言葉でもって説明され形容される。そこへ新しい校長先生の話――〈みなさん、勉強だけがたいせつなのではありません。うんと遊ぶ子になりましょう。〉と。

登場人物たちも、この校長の話をひきついで、好意的に登場する。小山健三は〈ことしは勉強しなくってもかまわない、ということになるんだぞ。うんと遊ぶ子にならなくちゃいけないんだ。〉とさけぶ。土屋孝は〈チョコレート校長ばんざい〉とよろこぶ。明るい出だしだ。孝の〈さがり目〉も雰囲気をやわらげるためのものだ。しかし、健三にしろ、孝にしろ、南田弘にしろ、その人物としてのイメージははっきりしない。はっきりしているのは校長先生に対する好意的印象のみである。つまり、校長の話に対する好意的反応という立場（論理）として、弘たちは登場しているわけである。その点からみても、この人物の描き方は、基本的には『宿題ひきうけ株式会社』の延長線上にあることがわかる。弘もやはりパネラーである。

古田は、この作品で、歩き遠足という体験をとおして、今までの自分になかったものを発見していく子どもの姿を描いた。そして、明暗両極に分裂してしまったが、那須正幹の描こうとしたものは実は同じではなかったか。誠史たちもやはりパネラーであり、舟づくりという遊びを、文字通り海へ出ていくほどに壮大にやってのけてしまった。現実との亀裂の深さが、誠史たちを海＝死へとむかわせてしまった。古田の歩き遠足は、その点で現実とぴったりくっついてくる。チョコレート校長は一年までといい、健三の先走りは、細川知也と啓二によって批判される。みんなで考え、みんなでつくるというパターンが、ここでは生きている。しかし、やはりぞっとしない。

問題は、形容詞句の明暗ではなく、内容そのものが現実との裂け目の深さをのぞかせるようなものでなければなるまい。『ぼくらは海へ』は、その淵をかいまみさせてくれた。が、彼らはそこへとびこんでしまった。『ぼくらは機関車太陽号』の中に、ぼくは淵をみつけることができない。むしろ『ダンプえんちょうやっつけた』の野原が海にかわる風景の二重性の方に、より近いものを感じる。この辺の〈ぼくら〉のありようについて、これから考えていきたいと思っている。

（『季刊児童文学批評』三号　一九八二年三月）

ぼくは、どこへ
——児童文学における家出の構図——

「ぼくは、どこへ」なんていわれても、どこへ行ったものか。あてもない。仮にあっても、そう簡単に道すじがわかるはずもない。それなのに、ここに「ぼくは、どこへ」というタイトルを冠したのは、「ぼくらは、どこへ」というタイトルからのしつこいひきつづきにすぎない。現代の児童文学の中に登場してくる子どもたちの、群像ではなく、個人の行方を追うのが、この稿の目的である。

全くの便宜にすぎぬが、「ぼく」の像を、家出をモチーフにした作品に限定して検討することにする。ターゲットをしぼることによって、問題点もまた、しぼれるのではないかと考えるからである。彼らはどう変り、あるいは変らないのか。その辺にスポットをあてて、「ぼく」は「どこ」へ行こうとしているのか、さぐってみたいと思う。

ウィリアム＝コズロフの『ぼくたちの家出』（偕成社　一九六九年六月）という作品がある。この物語の主人公、アリョーシャは母親にしかられ、家を出る。子犬とつれだって、〈もり〉まで家出するのである。アリョーシャは、家出に先だって、こういっている。

ぼくは、いえでするんだ……。そして、みんな、ぼくのことを、もりにさがしにこさせるんだ……。

〈さがしにこさせるんだ〉というアリョーシャの言い方は甘えに満ちている。しかし、ここではまず、家出先である〈もり〉の方から考えてみたい。〈もり〉のイメージの虚と実をあきらかにしたい。家出と〈もり〉とは無関係だなどとはいわないでもらいたい。家出した「先」がどのような場所であるかは、これはこれでかなり重要な問題なのだから。

〈もり〉について、この本の訳者である内田莉莎子は、こう語っている。

アリョーシャは、おかあさんにしかられたのが、くやしくて、かなしくて、いえでしようとけっしんしました。なかよしのこいぬのカライをつれて、もりの中でくらすことにきめました。ふかいもりの中で、小さい男の子とこいぬは、くらしていけるでしょうか？　もりには、おそろしいもうじゅうが、すんでいるかもしれないのに。（傍点は原文のまま）

内田莉莎子は〈もり〉を〈おそろしいもうじゅうが、すんでいるかもしれない〉ところといっている。そのことを、まず、おぼえておこう。アリョーシャの家出の契機は、こうだ。――アリョーシャは新しいズボンをぬらしてしまう。そして、ペチカでかわかす。しかし、まちがえてもやしてしまう。母親は〈ふといなわ〉でアリョーシャをぶち、ぶたれたアリョーシャはおこって家出するわけである。ついでというのも変だが、家出の同伴者である子犬のカライの方にも目をむけておこう。カライは、いつも赤毛ネコのミュー、七面鳥のトサカフ、がちょうのグーシキン兄弟にやられてばかりいる。弱虫な子犬である。いつも食物をよこどりされている。彼は腹ペコである。そして〈ふといなわ〉でぶたれて泣いているアリョーシャをみたときに、自分もテーブルクロスをひっぱって食器をこわしてしまい、同じ〈ふといなわ〉でぶたれたことがあるのを思い出すのである。こうして、ひとりと一匹は家に対するマイナスの契機を共有して、おそろしい〈もり〉へと家出を決意する。

ところで、家は良きにつけ悪しきにつけ、まだ社会的に適応する能力が十全でない子どもという生き物を保護する空間として機能するものである。大人にとってもそうだが、子どもにとってはなおのこと、そこにいるだけで安全を保障される空間である。まさに、食う寝るところに住むところが家である。そして、そのような安全圏から自らの意志でとび出すからには、家出行為者には、それ相応の家に対するマイナスの契機があるといわねばなるまい。アリョーシャとカライの場合、〈ふといなわ〉がこれにあたる。実際に母親が横暴であるかどうかは別として、彼らはそう考え、家を出るのである。〈もり〉へ向かって……。

ところで〈もり〉はもう一度内田莉莎子の言葉をかりていえば〈おそろしいもうじゅうが、すんでいるかもしれない〉ところである。作者のコズロフ自身も、次のように〈はやし〉を危険なところとして説明している。

アリョーシャとカライは、じぶんたちだけで、はやしにいくことを、かたくかたく、とめられていました。
あそこには、くまやはいいろおおかみがいて、アリョーシャとカライがやってきたら、つかまえてやろうと、まちかまえているのです。

ここでコズロフが〈はやし〉と呼んでいるものとアリョーシャが〈もり〉と呼んでいる場所は同じである。つまり、アリョーシャはくまやはいいろおおかみがまちかまえているおそろしい〈もり〉へと家出し、そこへ住みつこうと考えているわけである。もし、読者にこれから先のストーリーを期待する権利があるとするならば、ぼくらは〈もり〉でのアリョーシャたちの冒険、つまり、くまやおおかみとのたたかいを、それこそ胸をときめかして期待できるわけである。そうでなければ、あえて家出した意味も、また問われてこようというものだ。

しかし、ぼくらの期待権は、ものの見事に裏切られることになる。アリョーシャが森で出会ったものは、くまでもはいいろおおかみでもなかった。彼らが出会ったものは、かわいいかわいい二ひきの子ギツネにすぎなかったのである。そして、ふたり（ひとりと一匹）と二ひきは、なんとたちまちのうちにともだちになってしまうのである。

〈きみたちと、あそんでもいい？〉

と、カライはきく。

〈あそんでやろうか？〉

と、子ギツネたちは答える。

これだけの会話が全てである。家という保護された空間からとび出したアリョーシャたちを出迎えたおそろしい〈もり〉の実体が、実はともだちであったという筋立ては、読者の期待権をはぐらかすに充分である。「家出→冒険」というストーリーの展開は完全にたち切られている。コズロフはこういう。

子ギツネたちは、小さかったので、にんげんをこわがりませんでした。それに、にんげんだってけものだって、小さいものどうしは、こわがったりしないものです。

コズロフのこの言葉を、ぼくらはどのように解釈したらよいのだろうか。子どもがかわいらしくて無垢なものだという形而上学的な子ども観が、ここではまだ生きているというべきか。生まれたての赤ん坊だって、生命の危険にさらされれば、こわがるものだ。幼児がまるで無知蒙昧で、外からのしげきに対して鈍感な生き物のようにあつかうのは止めた方がいい。もしアリョーシャがこわがらないというのならば、作者は〈もり〉の中でまちかまえているはずだったくまやはいいろおおかみと実際に出会わせるべきであった。そのとき、アリョーシャがこわがるか、こわがらないかはともかくとして、そうすれば「ちびっこカム」のような冒険も可能だったのではないか。

結局のところ、アリョーシャは雨にうたれて、意気消沈する。そして〈もり〉までさがしにきたおとうさんと〈男と男のはなし〉をして家に帰ることになる。このありきたりな結末のつまらなさは、全くのところ、コズロフのもっている〈もり〉に対するイメージのあいまいさからきているといってもいいすぎではないだろう。

「あとがき」の中で、内田莉莎子は、作者の日本の読者あての手紙を紹介している。そこに、もうひとつの〈もり〉のイメージがあるから、これをみよう。

はいいろオオカミやずるいキツネ、けむくじゃらのクマがすんでいる森は、わたしのなかのよいともだちになりました。おとなになった今もその気持ちはかわりません。

この手紙をみると、コズロフにとって〈もり〉は最初からおそろしいところでなく、〈ともだち〉であったことが、よくわかる。そして、唐突な言い方で申しわけないが、〈ともだち〉のような〈もり〉への家出は、実は家出ではなかった、と、ぼくは考える。これはただの甘えではないか。

ぼくらは、もう一度アリョーシャの最初のことばにまで立ちもどって考える必要がある。家出するにあたって、アリョーシャは、こういったのだ。

ぼくは、いえでするんだ……。そして、みんな、ぼくのことを、もりにさがしにこさせるんだ……。（傍点は筆者）

〈さがしにこさせるんだ〉という発想は、あらかじめ家出先での保護者的存在の出現を予感している。ぼくは、これを家出における甘えの構図と呼ぶことにする。なぜなら、『ぼくたちの家出』にかぎらず、家出をモチーフにした児童文学作品のほとんど全てが、家出先での保護者的存在をもっているからだ。例えば、久保村恵の『ふしぎなさかなカカーミゴラス』（太平出版社　一九六八年一二月）は風のおじさんとドクトル、佐野美津男の『にいちゃん根性』（太平出版社　一九六八年一二月）は佐野余津男、山中恒の『ぼくがぼくであること』（実業之日本社　一九六九年一二月）は夏代と老人、灰谷健次郎の『いえでぼうや』（理論社　一九七八年一〇月）はおかあさん、E・L・カニグズバーグの『クローディアの秘密』（岩波書店　一九六九年一〇月）はフランクワイラー夫人、M・D・バウアーの『家出12歳の夏』（文研出版　一九八一年一〇月）はエラばあさん、――といったぐあいである。保護者的キャラクターの存在を全て甘えというつもりはないが、これだけ「保護者」が勢ぞろいすると、家出をモチーフとした作品のストーリー展開のワンパターンぶりにいささか考えこんでしまう。これは「物語」と呼ぶよりは「構図」と呼ぶにふさわしいものだ。

さて、『ぼくたちの家出』のアリョーシャにとって〈もり〉は〈ともだち〉だった。そして自分の思わくどおりに正真正銘の保護者であるおとうさんが〈もり〉にさがしにくる。「構図」は見事に完成する。しかし、これでは「家」を出ているとはいえないのではないか。「家」と〈もり〉は、あからさまに地つづきだ。〈もり〉は前庭とまではいわないが、せいぜい広い庭にすぎない。そんなところへの遊びをなぜ、あえて家出と呼ぶのか。

家出行為者は、家出した瞬間から「家」を失うはずである。家出が家出としての意味をもつのは「家」に象徴されている全てのものから出ることによって、新しい何かを獲得するところにある。もちろん、これは同時に、今までもっていた何かを喪失することにもなる。つまり「家」という視座からしか物をみていなかった自分と「家」を喪失した視座（状況）からみた自分との確執というダイナミズムを抜きには家出をモチーフにした作品は成立し得ないのである。

だから、家出は、その行為者にとって、くすりの広告の使用前と使用後ほどの決定的な違いを伴ってくるはずである。逆に、その内的モチーフも持たずに家出をしたりすると、『ぼくたちの家出』のアリョーシャのように何の成長も（もちろん喪失も）せずに「家」にもどってきてしまうという、作品の表面上はおだやかな、しかし期待権を裏切られた読者にとってはこの上もないみじめな結末となってしまうのである。家にかえる途中でのアリョーシャとおとうさんの会話はまさにそのことを物語っている。ここで、二人は、〈ふといなわ〉について語っている。これは、いうまでもなく家出にあたっての重要なモチーフとなったあの〈ふといなわ〉である。野原をよこぎらないうちに、アリョーシャは立ちどまる。そして、おとうさんに〈でも、かあさんは?〉ときくのである。以下、二人の会話は次のように続いている。


「かあさんには、ないしょにしとこう……。」

「ぼく、なわなんか、いどにすてちゃうんだ。」

アリョーシャは、いいました。

「いどに、すてる? それより、やねうらにかくそうじゃないか。」

「いいよ。」

アリョーシャは、いいました。


この会話の中から、ぼくは父と子とのほほえましい〈男と男のはなし〉というやつを読みとることはできない。ないしょの話やかくしておく話が、こうあけすけに何のてらいも曲折もなしに語られていいものか。『クローディアの秘密』をひきあいに出していえば、クローディアは、ひとつの〈秘密〉を手に入れることに、家出の意味の全てをかけている。フランクワイラー夫人の言葉をかりていえば〈秘密を胸にもって帰るっていうのが、クローディアの望みなのよ。〉ということになる。

それは、これが秘密だというだけのことよ。それでクローディアはちがったひとになって、グリニッチに帰れるのよ。

〈秘密〉という名の観念に、突然たよってしまうクローディアと、そのクローディアの気持ちを理解し、すっかり解説してしまうフランクワイラーという夫人の登場は、『クローディアの秘密』という作品も家出物語によくありがちな「構図」の範疇にあることをはっきりと示している。しかし、それにしても、クローディアはその〈秘密〉を武器にしてフランクワイラー夫人と対峙しようとしている。

アリョーシャと父親との会話で、ぼくが納得できないのは、家出のモチーフとして極めて重要な位置を占めていた〈ふといなわ〉を、新しい視座からとらえなおすということも全くなしに〈いどにすてちゃうんだ〉とか〈それより、やねうらにかくそうじゃないか〉といっていることだ。アリョーシャにとって、〈ふといなわ〉は、そんなに簡単にすてたり、かくしたりできるものではなかったはずなのに。そして、だからこそ彼は「家」をでたはずなのに。

アリョーシャの家出の場合、答えは全て否定的にならざるを得ない。彼は〈みんな、ぼくのことを、もりにさがしにこさせるんだ〉という、あらかじめ保護者の到来を期待するという甘えにもとづいて家を出た。そして、その実は一歩も「家」から出ることなく終わった。〈もり〉がおそろしいところでなく、〈ともだち〉のようなものであるとわかってしまった今、ぼくがアリョーシャに期待できるものは何もない。

＊

父と子の会話ということで、また〈秘密〉のありようということで、宮本輝の「泥の河」（『文芸展望』18号　一九七七年七月）の一シーンが妙に印象に残っている。主人公の八歳になる少年、信雄が、父親の晋平に〈お化け鯉〉の話をしかけて止める場面がある。信雄は見知らぬ少年とお化けのように大きな鯉を目撃する。少年は信雄に〈誰にも言うたらあかんで〉といって姿を消す。

なぜ口外してはいけないのか判らなかったが、信雄は唇をぎゅっと噛みしめると大きく頷いてみせた。得体の知れない少年とのあいだでひとつの秘密を共有しあったことが、信雄の心をときめかせたのであった。鯉はやがて身を翻らせて、土佐堀川の速い流れの中にもぐっていった。

その〈お化け鯉〉のことを、父になら話してもいいだろうかと、信雄は思い、話しかけ、止める。〈ものすごいでっかい鯉がなあ……〉と信雄はいう。そして、問いなおす父に、〈……僕、でっかい鯉、釣ってみたいわ〉とはぐらかす。まだ八歳にすぎぬ少年が話をしかけて止める。彼は父親に対してひとつの〈秘密〉をもつことになる。しかし、そのすぐあとで〈信雄と晋平はくつくつ笑いながら蒲団の上を転げまわる〉のである。信雄が言いよどむ瞬間とその直後の笑いころげる様子がおもしろい。

子どもは、だれでも成長する過程で、親に対して〈秘密〉をもつものだ。だれもが、もし自分の心をもっているとするならば、おそかれはやかれ他人に対して〈秘密〉の部分をもつはずである。父、母そして兄弟は最初の他人である。もちろんクローディアの場合のように意識された秘密と、そうでない無意識の心の動きという区別はあるだろうが。

信雄と晋平の会話は、父と子との間の〈秘密〉の大きさとたわいなさを同時にあらわしているといえる。鯉の話をしかけたとき、突然停電になり、信雄はくらやみの中で手さぐりで父をさがす。〈ひきずり込まれていくような暗黒〉は、ストレートに〈秘密〉の大きさを物語る。晋平に問われつつも、信雄は言いよどみはぐらかさざるを得ないのである。しかし、その〈秘密〉が父と子の関係をこわすことも、またあり得ない。


晋平のすったマッチの火が、闇の中で蝶のように舞った。

「でっかい鯉が、どないしたんや?」

父の影が天井にゆらめいている。

「……僕、でっかい鯉、釣ってみたいわ。」

「よっしゃ、こんどお父ちゃんが釣ってきたる。」

「どこで?」

「中央市場で」

信雄と晋平はくつくつ笑いながら蒲団の上を転げまわった。


〈秘密〉を保持しながら、ともに笑いころげるというしたたかさを信雄は、もっている。ぼくは今、したたかさと呼んだが、人間はだれでもたとえそれが幼児であろうが、自らの心の内に負荷をかかえながら、生きているものである。「家」もそこに属する子らの生活を保障しつつ、また同時に負荷を提供しているものだ。信雄と晋平との会話は、その正負のやりとりが日常茶飯事のように行われていることを示している。あたりまえのように正と負とが流れていく関係の中に、ぼくは、したたかさをみる。なぜなら、信雄が、このようなやりとりの中で「家」を出ることはありえないからだ。（コズロフの失敗はアリョーシャの〈ふといなわ〉を一度もこのような視座の下に転換できなかった点にある。）

家出は「家」に対する負荷の増幅によっておこる行為といってよい。しかし、負荷の高まりがすなわち家出ということにはならない。〈秘密〉の保持が実は日常よくあるショットであり家出をするほどのものでないことを信雄という八歳の少年は示している。（この視座にたてば、クローディアの〈秘密〉という観念も、なぜこう肩をはり、かたくなにならざるをえないのか馬鹿げてさえ感じてくる。）

信雄と〈お化け鯉〉の秘密を共有する少年喜一は舟の家にすんでいる。廓舟である。ある日、突然舟の家が上流へ進みはじめ、そのあとをお化け鯉がおよぎ、信雄は泣きながら〈お化けや。きっちゃん、お化け鯉や！〉と必死に叫び、追う。このラストシーンは幼い子のもつ他人との出会いと別れの不思議な不健康さを見事に描いている。このラストについて、水上勉は「解説」（角川文庫『泥の河』一九八〇年）で〈ひょっとしたら、宮本輝は、人間の生よりも、死につよくひかれているのではないか。〉と語っているが、ぼくの印象は逆である。河は泥でよごれているかもしれないが、信雄も喜一も、きのうと同じように今日も、明日も生きていくにちがいない。そういう感慨がぼくの中にある。つまり、彼らは「家」を出ていかないのである。それとくらべてみても、「螢川」（『文芸展望』19号　一九七七年九月）のラストは、つくりすぎの作品というせいもあるが、どうしてあれほどまでにあけすけになってしまったのだろうか。

木の枝につかまり、身を乗り出して川べりを覗き込んだ千代の喉元からかすかな悲鳴がこぼれ出た。風がやみ、再び静寂の戻った窪地の底に、螢の綾なす妖光が、人間の形で立っていた。

千代は螢がりの帰路につこうと思って、息子の竜夫をさがす。そのために川べりをのぞいたにちがいない。しかし、千代が見たのは、闇に浮かぶ英子のひとがたの螢火であった。英子の衣服につつまれたからだを〈秘密〉として考えれば、なぜ、雲集してきた何万何十万もの螢火によってそれは表に出されなければならなかったのか。英子や竜夫はいつか「家」を出るのではないか。ふと、そんな予感がする。

＊

父親のたったひとことの言葉で家出してしまったふしぎな作品もある。久保村恵の『ふしぎなさかなカカーミゴラス』がそうだ。

わけは、カカーミゴラスがしって　いる。カカーミゴラスに、ききなさい。

そういって、おとうさんは、カバンをかかえて、家から出ていってしまう。冬休みにはいってはじめての日曜日のことである。コースケは、自分をおいてきぼりにしたおとうさんをさがしに、また、カカーミゴラスというさかなをさがすために家出をするのである。コースケの家出について考えてみよう。コースケの場合で特徴的なことは、家出するにあたって「家」に対するマイナスの契機が全くないということだ。例えばコースケは勉強机の上に、次のような〈かきおき〉を残している。

ぼくは、ぐんまに、いきます。
おとうさんみたいに、カカーミゴラスを　さがしに　いきます。
しんぱい　しないで　ください。
おかあさんへ　　　　コースケより。

〈しんぱい　しないで　ください。〉と書き残すコースケの心の中には、「家」に対する負荷は全くないといってよい。ぐんまへ向かう列車の中で〈かきおき〉のことを思い出しながら、コースケは、心配しないでくださいとかいたけど、きっと心配するだろうなと考えるのである。

コースケの家出の理由も「家」からの脱出というのではなく、自分をおいてきぼりにして出かけてしまったおとうさんを追いかけての群馬への旅立ちである。カカーミゴラスさがしも、おとうさんの〈カカーミゴラスに、ききなさい。〉という言葉を信じての行動である。つまり、保護者的存在への接近、あるいはそれとの出会いの予感がコースケの家出という行為をささえているといってよい。

ぼくは、家出という行為をあくまでも保護的空間からの脱出あるいは、その喪失として考えたいのだが、『ぼくたちの家出』のアリョーシャにつづいて、『ふしぎなさかなカカーミゴラス』のコースケの場合にも、家出先での保護者的存在を予感してしまうのである。そして、その予感は残念ながら現実のものとして立ちあらわれる。群馬へむかう列車の中で、コースケは〈風のおじさん〉に出会う。風のおじさんという人物は、なぜこの物語に登場してきたのだろうか。彼は、沼田駅でコースケのキップの清算をする。ワンマンバスでもその料金をし払う。その上、宿にまでコースケをいっしょにとめるのである。

風のおじさんが、コースケの汽車賃やバス賃を出してくれる場面は、実にたわいなくかかれている。そのたあいなさを、ぼくは問題にしたい。

　ぬまたえきの、ひっそりとした　改札口を　でると、コースケと　風のおじさんは、バスを　まちました。

　コースケの　きっぷは、おじさんが　せいさんして　くれたのです。

　コースケと風のおじさんは、ひっそりと沼田の駅頭に立っている。冬の夜である。ふたりはバスをまっている。しかし、ここには、なぜ風のおじさんがコースケのキップの清算をしてくれたのか、そのわけはひとこともかかれていない。理由の言葉どころかひとつの接続詞もない。ただ料金は清算されるのである。「家」を喪失したはずのコースケは、接続詞もなしに汽車賃を出してくれる保護者を、何の努力もなしに獲得したのである。風のおじさんは、バス賃もはらう。

　おとな　二十円　子ども　十円。と、かいた　はこが、うんてん手の　よこに　あります。コースケは、くびに　つるした　ちいさな　サイフの　ひもを　ひっぱりました。すると、

「いいよ。」

と、いって　風の　おじさんが、ちゃらちゃらっと、はこの　なかに　十円だまを　三つ　いれました。

ちゃらちゃらっと箱の中におちこむ十円玉の音。ぼくには、この音がコースケの家出の意味の喪失を語っているようにきこえる。これでは、コースケがあまりにもあわれである。彼はなぜ首からつるした小さなさいふの中に二百三十円もの大金（?）をもってでたのか。久保村恵は、列車の中で、コースケのもちものについて、くわしく説明しているが（例えば、てちょうと黒のサインペン、サイフの中に二百三十円、五十円区間の子どものキップが一まい、アキボーからかりたボーエンキョー）料金を肩代りしてくれる保護者がいるのなら、もちものの説明などは、のっけからやらぬ方がいい。

話がちょっとコースケから離れるが、佐野美津男の『にいちゃん根性』でも、たまたま前の座席にすわっていただけの男が、家出した泰明のかわりに汽車賃を支払ってくれる場面がある。

「やあ。」と男は軽い調子でいった。

「しんぱいするなよ。車掌には話をつけておいた。」

コースケの場合も、泰明の場合も、全くたわいもなく、たまたま乗り合わせた大人たちが運賃を支払ってくれている。妙な符合である。これは、ふたりの家出が、どちらも無賃乗車という圧力に耐えられるほどのモチーフをもちあわせていなかったことの証左でもある。

コースケの家出の意味について、久保村恵は「作者あとがき」の中で〈子どもが、父親と、真の意味でのコミュニケーションをもつということ〉〈父親のせおっている現実や社会のありかたともかかわりをもつということ〉とかいている。しかし、残念ながら、実際のストーリー展開の上で、コースケが、現実や社会のありかたと関わりをもつことはないといってよい。〈風のおじさん〉というオブラートに全て包まれてしまうのである。しかもこの物語はコースケが父親にもカカーミゴラスにも出会うことなくおわる。コースケは〈とつぜん〉家にかえりたいと思うのである。コースケはいう。——〈うちへかえろう、おとうさんも、きっと　かえっているに　ちがいない。〉と。

このコースケの言葉ほどに、読み手の「読む意志」をとまどわせるものはない、と、ぼくはかんがえる。父親をさがすために家を出た子どもが、〈とつぜん〉父親に会いたくなったから家にもどるというこの論理矛盾をぼくらはどう考えるべきか。コースケは、はじめから「家」を出ていなかったのではないか。

アリョーシャの家出先の〈もり〉がおそろしいところでなく、〈ともだち〉のようなものであったように、コースケの家出先の〈ぐんま〉もやさしい保護者のように、コースケをむかえ入れるのである。コースケの「風景」に対する心象をみると、おもしろい。例えば、コースケは列車の窓から前橋の灯をみる。それは夜光虫の群れのようにかがやき、コースケは〈なんだか　ふしぎなきもち〉（傍点は筆者）になってみつめる。また、風のおじさんの長ぐつのぶかぶかという音を〈なにやら　とても　なつかしい〉（傍点は筆者）きもちで、きく。この「ふしぎさ」と「なつかしさ」は、家からの脱却というよりは、むしろ「家」への回帰、精神の退行的抒情と呼ぶにふさわしいものだ。〈ぐんま〉の風景が、コースケにとって、心のふるさととでもいうべき「家」そのものなのである。そして、これは、アリョーシャの〈もり〉のイメージと同じである。

ぼくは、家出を単なる空間の移動とは考えていない。「家」に象徴されている全てのものから出ること、つまり決定的な視座の転換が問題なのだと思っている。いずれにせよ、家出をモチーフとした作品のメルクマールは、一に家出行為者が、家出まえの「家」を越えるだけの発見をしたかどうか。その有無にある。家出が「家」という保護者を失う重大事件であるならば、仮りにその行為が成功しようが失敗におわろうが、保護者を失うという反作用に耐えうるだけの「作用」が内的モチーフとしてあらねばならないわけだ。そして、その観点からみると、アリョーシャの場合も、コースケの場合も、最後まで保護者を喪失した視座を獲得できなかったといえる。失敗作である。「家出↓冒険」という展開もなく、「家出↓擬似保護者の出現」という甘えの構図の中で全てが終息しているのである。

佐野美津男の『にいちゃん根性』の場合も、事態は全く同じようにすすんでいる。泰明の家出にも「家」に対するマイナスのモチーフはない。あるのは、よくいえば「男のロマン」だ。〈家出するぞと心にきめた〉ところから作品は始まっている。泰明はギター片手に馬に乗り、北海道の原生林をいくという小林旭ばりのイメージを求めて、家出するのである。だから、泰明の場合、家出はストレートに冒険とむすびつく。佐野美津男自身「作者あとがき」の中で家出を〈自立へのトレーニング〉と呼んでいる。しかし、これも残念なことに、現実のストーリーの展開は、まるで逆の方向にすすんでいる。泰明は列車で北海道にむかう。ところが、途中で車掌にでくわす。とたんに、無賃乗車の圧力だ。泰明はトイレに逃げこみ、おろおろする。その間に、なんと佐野余津男という変な人物が登場して、全てを片づけてしまうのである。自立への翼は、ここでも折られている。

しつこく、もうひとつ例をあげよう。灰谷健次郎に『いえでぼうや』という幼年童話がある。この物語は〈マサトくんは　もう　十かいくらい　いえでをしています。〉という一文から始まっている。これをみてもわかるように、マサトくんにとって家出は日常そのものである。だから、次のような会話も、また、ごく自然にくりかえされる。

「そんなこと　いうのだったら、ぼく、　いえでする。」

マサトくんは　まけずに　いいかえしました。
「どうぞ」と、おかあさんは　いいました。

マサトくんの家出の場合、「家」＝おかあさんに対するそれなりのマイナスの契機が語られている。例えば、マサトくんの〈どうして〉という問いかけに、おかあさんは答えない。一年生になってからは、テストの×《ペケ》をきんきん声でおこる。つまり、マサトくんの気もちを理解してくれない母親に対する抵抗としての家出が、ここにある。クライマックスは、授業参観日の反対ことばだ。マサトくんは、〈マサトサマ〉と答える。〈上からよんでも　マサトサマ、下からよんでも　マサトサマ。ね〉と、とくいになっていうマサトくん。きょとんとし、こまったような顔をするたえ子先生。まっかになって、家にかえってからおこるお母さん。そんな中で、マサトくんは初めて泣きながら家出をするのである。家出先の公園で、マサトくんは学校ごっこをする。ミミズは〈ズミミ〉といい、キャップは〈プッキャ〉という。〈フフフ……〉とマサト先生は笑う。ふりかえると、同じように後ろでもお母さんとたえ子先生が〈フフフ……〉と笑っている。

この最後の場面は、いかさまだとぼくは思う。マサトくんの気持ちを理解できる人と理解できない人とに区分する灰谷健次郎の独特の構図もさることながら、全く理解できなかった二人がなぜこうもたやすく理解できる人の方へと鞍がえができるのか。マサトくんが、ようやくほんものの家出をしかけたとたんに、大人たちが擬似保護者として立ちあらわれてくる甘えの構図を、ぼくは、ここでもみてしまう。

＊

さて、ぼくは、家出をモチーフとした作品に擬似保護者とでも呼ぶべきキャラクターが登場してくることについて、とりとめもなく、ただ語り、あげつらねてきた。そして、これは家出にスポットをあてたから、たまたま浮び上がってきただけで、実は児童文学の中の「ぼく」のほとんど全部がかかえてきてしまっている甘えではないのか。それらのことも考えつつ、次回は『ぼくがぼくであること』と『クローディアの秘密』の「ぼく」を追おうと思う。

(『季刊児童文学批評』四号　一九八二年七月)

ふたたび、ぼくは、どこへ

――児童文学における家出の構図2――

再び「ぼくは、どこへ」というタイトルで、家出をモチーフにした作品の中の子どもの像を追ってみる。主にとりあげる作品は、山中恒の『ぼくがぼくであること』（実業之日本社　一九六九年一二月）とE・L・カニグズバーグの『クローディアの秘密』（一九六七年／松永ふみ子訳、岩波書店　一九六九年十月）である。

この二つの作品は共に主人公である少年（あるいは、少女）が家出をし、今までの自分が知らなかったような体験をし、人間に出会い、冒険の末に家に戻るというパターンをもっている。家出をモチーフにした作品の典型と呼べるものである。そして、二つとも、家出前と家出後とで主人公の子どもが「ちがう」存在になる点にスポットをあてている。そこのところに、ぼくは興味がある。

前回ぼくは家出をモチーフにした作品に対するぼく自身の考えを次のようにいった。――〈ぼくは、家出を単なる空間の移動とは考えていない。「家」に象徴されている全てのものから出ること、つまり決定的な視座の転換が問題なのだと思っている。いずれにせよ、家出をモチーフとした作品のメルクマールは、一に家出行為者が、家出まえの「家」を越えるだけの発見をしたかどうか、その有無にある。〉と。

つまり、家出は、その行為者にとって、やせ薬の広告の使用前と使用後ほどの決定的なちがいがなければならないと、ぼくは考えている。『ぼくがぼくであること』と『クローディアの秘密』は、どちらもその「ちがい」に直接スポットをあて、うきあがらせている点で、ぼくの興味をそそるものになっている。

例えば、『ぼくがぼくであること』の中に次のような言葉がでてくる。


だけど秀一、なんだか知らないが、おまえ、へんにどきょうがすわったみたいだな。なんか、夏休みまえとくらべて、ドスがきいてきたな。


これは、家出後、つまり二学期になってから、平田秀一の担任の杉村先生がいった言葉である。実際に秀一にどれほどの変化があったのか、あるいはなかったのかについての細かい検討は横においておくとしても、この杉村先生の言葉は、家出後の秀一の変わり方を印象づけ、強調するものになっているといってよい。つまり、〈どきょう〉がすわり〈ドス〉がきいてきた家出後の秀一がそこにいるわけだ。

また『クローディアの秘密』の場合も、クローディアはしつこいほどに家出前の自分とちがう自分になるための「しるし」を手に入れたがっている。クローディアはメトロポリタン美術館へ家出し、かくれる。そこで、天使の彫像に興味をもち、それがミケランジェロの作であるという決定的な証拠をさがしはじめる。そして、ついにその彫像がミケランジェロの作だという〈秘密〉を手に入れる。そのとき、フランクワイラー夫人は、クローディアの気持ちを次のように説明するが、これなどはまさに至言というほかはない。

　それは、これが秘密だというだけのことよ。それでクローディアはちがったひとになって、グリニッチに帰れるのよ。

　杉村先生のいうように、家出後の秀一が〈ドス〉のきいた人間になれたのか、またフランクワイラー夫人のいうようにクローディアが〈ちがったひと〉になれたのか。ぼくにはわからない。というより、そこのところを、これから考えていくつもりでいる。二つの作品が共に家出をモチーフにして、主人公の「ぼく」および「わたし」の変わり方に光をあてている点に、ぼくは共感するし、それがどこまで描き得たかについて考えねばならないと思っている。

　結論めいたことを先にいってしまうと、ぼくは、二つの作品とも「ちがい」に光をあてながら、それを描き切れなかったと思っている。そして、重要なのは、描けなかったという結果よりも、なぜ描き切れなかったのかという過程にあることはいうまでもない。ぼくは、描き切れなかった最大の理由は、家出先における擬似保護者の出現にあると考えている。

　前回みてきた三つの作品について、もう一度いえば、佐野美津男の『にいちゃん根性』（太平出版社　一九六八年一二月）の泰明はろくに金をもたずに家出して列車の中で車掌の検札に出くわしてオロオロするが、佐野余津男という人物があらわれて運賃を清算してしまう。久保村恵の『ふしぎなさかなカカーミゴラス』（太平出版社　一九六八年一〇月）のコースケの場合も、風のおじさんという不思議な人があらわれて、列車の運賃とバス賃をはらってくれる。ウイリアム・コズロフの『ぼくたちの家出』（一九六六年／内田莉莎子訳、偕成社　一九六九年六月）のアリョーシャも森へ行くが、さほどの冒険もしないうちに父親がむかえにきて家にもどってしまう。全て、突然にあらわれた保護者のような人物が、主人公の、ちがう自分になろうとするチャンスを阻害してしまっているといえる。

ひるがえって、『ぼくがぼくであること』と『クローディアの秘密』をみてみると、ここにも秀一には老人と夏代、クローディアにもフランクワイラー夫人という保護者的なキャラクターがそれぞれいる。そのあたりが、どう主人公たちの「変わり方」に作用したのか、考えたい。

＊

平田秀一――すばらしくいい名まえだ。なによりもいちばん秀れているという意味だ。だが、名まえぐらいあてにならないものはない。

〈名まえぐらいあてにならないものはない。〉と、『ぼくがぼくであること』は始まっている。本音とたてまえのくいちがい、現実と理想とのギャップといったらいいか。なぜ、作品というものは、その最初のひと言でもって、ほとんど全てを語ってしまうものなのだろうか。むかし、大工のために激流に橋をかけてやった鬼は、鬼六という名をあてられて、姿を消したというが、〈秀一〉はできることなら自らの名の方を消したかったにちがいない。

なにはともあれ、物語は作者の説明調の文体から始まる。最初に説明されるものは「名と実とのくいちがい」である。つまり、名まえはいちばん秀れているのだが、中味の方はまるでだめな主人公、平田秀一の説明から始まる。先生にしかられ、兄姉妹にも馬鹿にされ、母親にガミガミと小言をいわれつづけている劣等生の秀一がそこにいる。

秀一は、名まえとは反対に〈秀れない顔つき〉をして校門から出てくる。担任の杉村先生にしかられ、それを妹のマユミにみられてしまい、家に帰ったら母親にガミガミとおこられるにちがいないからだ。秀一は〈ああ、ああ！　地震のものすげえのがきて、うちなんかぺちゃんこになっちまわないかなあ。〉と考える。

この「地震がきて家がつぶれたらいい」という願望が、秀一の家に対するイメージの最初の呈示である。おせじにも良いと呼べる代物ではない。保護空間であるべき家にとっても、そこで毎日の生活をしている秀一にとっても、これは致命的である。負のイメージという他はない。

そのような負のイメージをもつ家にむかって、いま秀一は帰ろうとしている。理由は〈秀一にただで食事をさせてくれるのは、自分の家しかない〉からだ。作者＝山中恒は、家が子どもにとっての抑圧機関であると同時に保護空間であるという事情を、いっきにしゃべりまくっている。おとななら蒸発してもかせいでいける。しかし子どもではそうはいかない等々。山中はいう。――〈いやだとか、もどりたくないなどと思っても、秀一がねたりおきたりできるのは、そこしかない。だから、どんなにむちゃなことを考えても、足はやっぱり自分の家へむかってしまうのである。〉と。

話はちょっとそれるかも知れないが、『ぼくがぼくであること』の文体は不思議な文体である。物語そのものは、家族間のトラブル、家出、ひき逃げ、急性虫垂炎による入院さわぎ等々、多くの事件が準備され、それらを軸にして進んでいる。つまり叙事的に話が展開している。にもかかわらず、その語られ方は叙事体ではない。よくみると、それらの「事」のひとつひとつはみな作者＝話者の説明調の文体でもって語られ、進んでいくのである。

秀一のだめさかげんも、①名まえの立派さとは正反対であること、②杉村先生の口に鼻くそのたまを入れて立たされたこと、③かわいくて成績も優秀な妹のマユミにいつもつげ口されていること、④教育ママの母親にいつもガミガミと小言をいわれていること等々、とりあげられている「事」は全て眼にみえるようにリアルである。しかし、それらの「事」はみな作者＝話者のしつこいまでの「説明」でもって語られる。

つまり、あつかわれる「事」はリアルなのだが、読者は必ずしもそれをリアルに受けとめるわけではないということだ。作者は、自らの説明調の文体によって、読者を最初から作者の主張の中へと引きずりこむのである。だから、読者がよむものは、実は作者の説明＝主張であるといっても間違いではない。その意味からも『ぼくがぼくであること』という作品の基調は、作者の主張にあるといえる。その説明調の文体の中にすっぽりとはいりこんでしまえば、これは実際よみ易いにはちがいない。（しかけられたワナというべきか？）

叙事的なストーリーの展開を話者の叙情的な説得力でもって語り進めていくという方法は講談の世界のものだと思う。『ぼくがぼくであること』の文体は、これに近い。だから、文章の前面によく作者である山中恒の主張が顔を出す。そうかと思うと、これは果して山中のものなのか、それとも作中の話者のものなのかわからなくなるような主張＝説明もでてくる。作者がたくみに使いわけているところもあるが、区別がつかないところもある。むりに見分ける必要もないと思う。山中の場合、作者と話者はニヤリ・イコールぐらいの関係にあるのではないかと思っている。

とにもかくにも、『ぼくがぼくであること』という物語はしつこいほどの「説明文」から始まっている。そして、作者は自らの説明調の文体によって、読者をのっけから作者の主張の中へと引きずりこもうとしている。ぼくらは、冒頭の一句でもって、この作品の基調がストレートに作者の主張であることをみてとれるわけだ。これは『ぼくがぼくであること』というタイトルについてもいえる。「ぼく」が「ぼく」であることを直截に問うようなタイトルは、今までの日本の児童文学にはなかった。

月並みな言い方をすれば、受験体制下の劣等生である秀一が絶対の権力をもってせまる母親に対してどのような「ぼく」を獲得するかが、この作品の成否の分かれ目ということになる。文字通り「ぼくはどこへ行くのか」が問われているわけだが、現実はそうカッコウいいものではなく、まずは、とことん秀一のだめさかげんがかかれ、それのみで終っているといってよい。つまり、「家出」をすることになる必然性として、秀一の負のファクターが連綿と語られるわけである。

*

むかし式の家出なんか、あたしにはぜったいにできっこないわ、とクローディアは思っていました。かっとなったあまりに、リュック一つしょってとびだすことです。

『クローディアの秘密』の冒頭は、『ぼくがぼくであること』のそれと比べると対照的である。秀一が、まるで負の要素のかたまりであるとするなら、クローディアには、まるでそれがない。クローディアは最初から最後まで理知的である。クローディアは、かっとなってリュック一つでとび出すのを〈むかし式の家出〉と呼ぶ。だとしたら、何も持たずにトラックの荷台にのっかった秀一の家出は、むかしもむかし、大むかし式の家出ということになる。そのインスタントの家出を、まずクローディアは拒否する。あるところから逃げ出すのではなく、あるところへ逃げこむのを家出だとするクローディアは、家出先に〈どこか大きな場所、気もちのよい場所、屋内、その上できれば美しい場所〉という条件をつけて、それにかなった場所、メトロポリタン美術館を選ぶのである。

この家出先に対して与えられたクローディアの条件は見事という他はない。なぜなら、このような快適な条件が満たされない限り、彼女は家出をする必要がないからである。秀一が親きょうだいの抑圧に耐えきれずに家を出るという、是非はともかくとして明確な理由をもっていたのに比して、クローディアはただ家を出るために家を出るのである。

クローディアの家出は、①あくまでも理知的であること、②ほとんど動機らしいものがないことの二つで特徴づけられている。特に、動機の方が本人も忘れそうなほど希薄なことは、考えようによっては、作品にとっての致命的な弱点にもなるだろう。クローディアは家出の計画と準備に熱中して、本当に家出の理由を忘れそうになってしまう。作者自身、そのことを次のようにかいている。――〈そうこうしているうちに、クローディアは、なぜじぶんが家出しようとしているのか、もう少しで忘れそうになりました。〉と。

クローディアの家出の理由は、①弟たちと比べての不公平な待遇、②毎日が同じことのくりかえしで全てにあきあきしたことの二つである。しかし、これらは単に言葉の上で数行説明されているにすぎない。不公平なしうちの実際もなければ、毎日が同じことのくりかえしである日常のドラマも何ひとつでてこない。これは、いつもいつも母親の小言をきかされている秀一とは見事なコントラストを示しているといってよい。

クローディアの家出計画は周到で予定通りに事は進む。しかし、彼女がなぜ家を出るのかというモチーフの方はほとんど描かれていないわけだ。彼女は通過儀礼のように家を出、秘密を得、家に戻るのである。そのことによって、クローディアの「個」の強さはイメージ・アップされるかも知れない。が、それ以外のものは何も出てこないのではないかという危惧がぼくの中にはある。それと比べたら『ぼくがぼくであること』の方は、家出そのものはインスタントにちがいないが、家出までの家庭内でのゴタゴタや家出後の事件のドタバタとしたおこり方などを考えると、むしろ幅広いものになっているように思える。（一品料理とごった煮のちがいか。）

ぼくは前回、家という安全圏から自らの意志でとび出すからには、家出行為者には、それ相応の家に対するマイナスの契機がなければならないといった。その考えは、今でも変わらない。その点からいうと、秀一にくらべて、クローディアのマイナスの契機は極めて弱いといわざるを得ない。これが、どうクローディアの家出の質を規定してくるのかについても考えなければならない。途中からクローディアが天使の彫像に夢中になり、その〈秘密〉を手に入れようとやっきになるのも、実はモチーフの希薄さの代償作用だったのではないかと、ぼくは思っている。

ところで、家出をあつかった作品の中では、クローディアのような理知的な家出はむしろ少数派である。それなりの準備をするか、かっとなってとび出すかは別にして、家庭内でのゴタゴタした日常に耐え切れずにとび出すものの方が圧倒的に多い。

例えば、M・D・バウアーの『家出12歳の夏』（一九七六年／平賀悦子訳、文研出版　一九八一年一〇月）もそうだ。これは〈ステイシーはでがけに、アパートのドアを力まかせにしめた。外へでると、六月の熱気にオクラホマ特有の砂ぼこりがまじって、むんむんしていた。〉と始まる。つまり、義母のバーバラとけんかして、とび出したところから始まる。ステイシーは六歳のときから五年間、父親と二人だけで今までくらしてきた。そこに義母のバーバラがくる。赤ちゃんも生まれる。ステイシーは義母とあわず、今までも家出の計画をねったりはしていたが、とび出したときは、どこへ行くのかもなければ、何ももっていなかったというぐあいである。ステイシーはフライパンの柄のようなオクラホマの熱気でかわいた草原の中へ、たったひとりで踏みこむのである。ステイシーの家出は、トラックの荷台に考えもなしにしのびこんで、気がついたら本物の家出をしていた秀一の場合とよく似ている。

また、クリスティーネ・ネストリンガーの『イルゼ姉さんの家出』（一九七四年／西島洋造訳、TBSブリタニカ　一九八一年八月）の場合も、イルゼは母親との衝突ののち、家を出る。

姉のイルゼは十四歳、妹のエリカは十二歳。二人は七年前に両親が離婚し、パパ方の祖父母のところへあずけられていたが、五年前にママが再婚してそこにひきとられる。妹のエリカの眼から語られるこの物語の冒頭は次のようになっている。

どこから書きはじめたらいいのか、また、なにを書けばいいのか、さっぱり、わかりません。でも、とにかく書いてみるつもりです。わかっているのは、結末がどうなっているか、ということだけなのです。

結末とは、イルゼが家出をしたということです。

最初からこんな始まり方では、よむ読者の方も一体何がかかれているのか、何がおこったのか、不安になってくるにちがいない。そして、この「不安」が実はこの作品を読み進める際の一番の原動力にもなっているのだ。

物語は、家出した本人ではなく、家に残された妹の眼から語られる。行方がわからない姉イルゼに対する心配と、語り手であるエリカ自身の多感な心のゆれとが交錯して、これは家出をモチーフにした作品の中では特異な位置を占めるものになっている。

前回ぼくは、児童文学における家出の構図ということで、①家出する、②保護者的人物に出会う、③無事に家に戻るというストーリー展開のパターンをあげたが、『イルゼ姉さんの家出』にはそれがあてはまらない。まず、視点が家出行為者本人のところにないから、家出先のことは最後までわからない。だから保護者的人物があらわれるヒマもなければ余裕もない。最後になってようやくわかることは、イルゼが男をだまして一緒に家を出たということだ。男の方はイルゼが未成年でうそばかりついていることがわかって、こわくなって、国境のレストランに置き去りにして逃げてしまう。義父のクルトとママは、警察にひきとりに行くまえから、イルゼをホームに入れようかどうかといいあらそう。ただひとり心配してイルゼの行方をさがしていた語り手のエリカも、姉をさがす自由な時間を得るために、うそをついて家を出たりして、姉のイルゼと同じような行動をとる破目になってしまったりする。物語の結末も「不安」である。

最後の場面は、イルゼが妹のエリカに向かって、家出中のことを打ちあけるといって、夜どおし、すらすらとでまかせをしゃべりつづけているところだ。イルゼは確かに家に戻ってきたにはちがいないが、事態は少しも好転していない。エリカは、こういって物語を終りにしている。——〈わたしは、なぜだか、こわくなってきました。イルゼのことだけではありません。わたしたち、みんなのことが、自分自身のことが、不安になってきたのです。〉と。

＊

『イルゼ姉さんの家出』は、ぼくが今までいってきた児童文学における家出の構図にあてはまらないものだ。それは、作品そのものが、いわゆる児童文学の枠を越えているということにもなりはしまいか。逆にいうと、擬似保護者の出現という構図は、いわゆる児童文学というものがもっているひとつの大きな要素ということにもなる。

擬似保護者の出現ということについて、もう少しこだわってみようと思う。

『ぼくがぼくであること』の秀一には老人がいる。『クローディアの秘密』のクローディアにはフランクワイラー夫人がいる。『家出12歳の夏』のステイシーにはエラばあさんがいる。彼ら、家出先にあらわれた保護者のような人物がどのような意味をもっているのか。また、どのような位置を占めているか。

まず、この三人をくらべてみると、不思議な類似点があることに気がつく。三人ともが最初は家出した子どもたちに対して親以上に厳しく対応していることが一つ。もう一つは、にもかかわらず最終的に子どもらのよき理解者になり、弱いがんこ者になっていることだ。これは見事なまでに符合している。

最初の厳しさは、いうなれば「世間の風」といった役どころのものにちがいない。しかし、現実にはほとんどいそうもないがんこな老人のところへ偶然たどりつき、そこで人生の厳しさを教えられ、ひとまわり成長して、再び家に戻っていくというパターンはできすぎているとはいえまいか。

ともかくも、その最初の「きびしい出会い」の場面からみていこう。

『ぼくがぼくであること』の場合は、どうか。老人は、家出してきた秀一を、まず〈どうせろくなもんじゃあるまい。〉と決めつける。それから、家出も満足にできないくせにと言われたから家出してきたという秀一に向かって〈ふん、首つりも満足にできないくせにといわれたら、首をつるか。〉〈あまったれやがって。〉と追いうちをかけている。

この老人の言葉は、一見してがんこで一徹な年寄りという印象を与えるものだ。とりつくしまもないほどにきびしいものといってよい。はっきりいって、このきびしさは、よその家に住んでいる他人の言葉だから、どうにかかっこうがついているが、とても会話として成立しているとは言いがたい。そして、この対応の仕方は、『家出12歳の夏』のエラばあさんのそれと酷似している。

シマロン・シティの家からとび出し、かわききった草原を歩きつづけてきたステイシーに向かって、エラばあさんは〈それなら、たっぷり二五キロはあるじゃないか。あんた頭はたしかかい？〉という。そして〈だめ、わたしもうあるけない〉というステイシーに〈シマロン・シティからここまであるいてくる元気があれば、あと数歩、わたしの家まであるけないわけがない。わたしはあんたをだいていく気はないよ〉とつきはなし、そうしながらも、家に入れるのである。

二人の老人は、つきはなしつつも、子どもらを家に招き入れている。『クローディアの秘密』のフランクワイラー夫人も、〈グリニッチから一週間もいなくなっているのは、おまえさんたちだね？〉と家出人たちの正体をあばいて、まずふたりを仰天させている。彼女もやはり、がんこできびしい老人という立場を保っているわけだ。

ところで、ぼくが一番おもしろいと思ったのは「きびしい出会い」そのものよりも、そのすぐあとの対応の仕方だ。老人は、秀一に夕食を与えてから、次のようにいっている。

めしくったら、さっさとねろ。あした、そのぶんだけかせがせるからな。

この老人の〈かせがせる〉という言い方は、エラばあさんの〈教えてあげる〉という言い方とよく似ている。おばあさんの服を着ているからでかけられないというステイシーに対して、エラばあさんはバケツと黄色の石けんをわたして、こういう。

あんたの着てたものをあらってかわかすのに、たいして時間はかからないよ。おいで、教えてあげるから

家を出たその瞬間から、子どもは保護者を喪失する。その代償として、彼らは働かねばならぬ。老人とエラばあさんは最初の他人として、その点をはっきりと要求しているのである。その意味では、この二人にフランクワイラー夫人を合わせた三人の大人は、安直に運賃の清算をしてしまった佐野余津男や風のおじさんという前回あつかった擬似保護者たちよりも数段すぐれているといえる。

彼らが老人であり、しかもがんこな老人であるのは、保護者喪失という世間の状況のきびしさを子どもらにわからせようという意図ゆえのものにちがいない。彼らは、長年自らの意志と力で生き抜いてきた生活の体現者として、その規則を子どもらにせまっているにすぎないのだから。

重要なことは、一時的にしろ他人の家の住人になることによって、家出人たちが新しい視座を獲得することにある。つまり、他人の家に住むことで、自分の家を相対化すること、また自分自身をみつめなおしていく。その過程が問題になってくるわけだ。

秀一を家に入れたあとで、老人はただだまってタバコをくゆらしている。それに対する秀一の反応がおもしろいと思う。秀一は、だまっていられるのをつらいという。

秀一は機関銃のように、バリバリ小言をあびせられることにはなれていたが、だまってじろじろ見られることははじめてであった。

秀一は、小言には慣れていたが、だまってみられているのは初めてだったという。他人の家にはいることで、秀一は確実に自分の家とはちがう何かを経験していく。秀一は何を獲得し、何を失っていくのか。

おもしろいことに、この「だまっているという状態」に耐えられないいらいらを、実はステイシーも経験している。似ている点をただあげつらねているようで申し訳ないが、これもやはり気になるところだ。

二人はいすに腰をかけたまま、だまっていた。ステイシーは、エラばあさんがなにかきいてくれるかとまっていたが、エラばあさんはなにもきかなかった。
しばらくするとステイシーはおちつかなくなり、そのうちいらいらしだした。

ステイシーのいらいらは、一言でいってしまえば「甘え」である。家出した自分のことをなぜ心配しないのかという身勝手な願望である。エラばあさんは、その甘えを拒否している。秀一のことを〈あまったれやがって〉といった老人と同じである。彼らは甘えを拒絶し、一個の対等な人間として、子どもらをむかえるのである。これは、〈秘密〉をもちあうことで対等な関係を保とうとしたクローディアとフランクワイラー夫人の場合も本質は同じである。

『ぼくがぼくであること』『クローディアの秘密』『家出12歳の夏』の擬似保護者たちが、出色なのは、彼らが家出人たちを対等な一個の人間としてあつかおうとしたことにあるのはまちがいない。そのようなあつかいの中で主人公である子どもたちはひとまわり大きな自分を獲得していくわけである。

これらの作品に対する評価も、その点で一致するものが多い。いくつかあげてみると、上野瞭は『ぼくがぼくであること』を評して〈秀一の家出は、家族を見直し、じぶんを見直すきっかけとなっている。家出は、秀一にとって、平田家の三男坊という立場から、平田秀一という独立した個人の自覚への第一歩となっている。〉（『現代の児童文学』中公新書　一九七二年六月）といっている。

また、本田和子は『クローディアの秘密』について〈クローディアの家出は、日常性からの脱却そのものであり、「いままでのクローディア」の否定とそれによる新生への模索以外の何ものでもない。〉（「物語体験としてのイニシェーション——「家出」の象徴をめぐって——」、『児童文学研究』第八号　一九七八年八月）といっている。さらに、松田司郎は『家出12歳の夏』を〈多感な少女が生きることに疲れ、自暴自棄のままさ迷いながら、一人の人間に接することによって自己を発見する物語〉（「十二歳の少女の旅立ち＝児童文学に於ける文学性」、『きっどなっぷ』第七号　一九八一年一二月、後に『子どもが扉をあけるとき』五柳書院一九八五年一月収録）と呼んでいる。

〈独立した個人の自覚〉〈新生への模索〉〈自己を発見〉、いずれにせよ家出人たちは、家出した以上は、今までの「家」に象徴されていた全てのものから脱却し、新しい発見をすることをせまられているのである。

＊

ぼくは今まで意識的に三つの作品の類似点について語ってきた。そして、擬似保護者の出現とその性格という点では、極めて酷似していること、ところどころのディテールにまで似た場面や設定が及んでいることについても、いくつかあげてきた。

別に相談しあったわけでもないのに、洋の東西に同じパターンの作品があるということである。これは、どういうことか。おそらく「子ども観」の問題にちがいないと、ぼくは考えている。子ども（そして大人も）についてのとらえ方が実は同じような「とらえ方」の上に立っているから、同じようなモチーフで、同じような展開の作品がつくられるということだ。つまり、「家を出る→擬似保護者があらわれる→家に戻る」というストーリー展開の裏には、子どもはある時期になると、家を出て、自立し、もうひとまわり大きく成長していくものだという考え方がある。

ちなみに、「ある時期」というので一番多いのは十二歳である。例えば、クローディアは十二歳にひと月たりないし、ステイシーは十二歳の夏。秀一は小学六年だから十一歳か十二歳、前回とりあげた『にいちゃん根性』の泰明は中学一年だから十二歳か十三歳。森忠明の『花をくわえてどこへゆく』（文研出版　一九八一年一二月）の森壮平は小学六年の十二歳、安藤美紀夫の『風の十字路』（旺文社　一九八二年七月）の藤巻小枝子は中学二年の十三歳……。十二歳という年齢が一体どういう時なのかについても考える必要がありそうだが、今は問わない。

もうひとつ、あえて作中に「家出」という事件をもちこむ裏には、子どもの成長はなだらかな坂を正比例の直線のようにのぼっていくものではなく、階段のように段（ふしめ）があり、そのふしめごとに何かを発見して、もうひとつ上の段にいくというような成長の仕方をするものだという考えがある。

つまり、「ふしめ」として「家出」という事件をおいているわけだ。家出をした以上、その主人公たちは今までの家の体験の中では絶対に考えられなかったような新しい発見をして、「ふしめ」をもう一段のぼって、戻ってこなければならない。ぼくが最初に、家出前と家出後とでは、やせ薬の広告の使用前と使用後ほどのちがいがなければならないといった根拠は、実はここにある。子どもの成長にふしめをみ、家出をそのふしめとして設定した以上は、まずそうあるべきだ。そこのところをおさえた上で、さらに新しいものをさぐるというふうに考えていきたい。

そうした観点にしぼって、ここで、クローディアの秘密（クローディアと天使の影像との関係）について考えてみたい。

まず、何が「クローディアの秘密」なのか。それは、天使の影像をつくったのが確かにミケランジェロの作品だと知っているということである。そして、その〈秘密〉をもつことで、クローディアは今までのクローディアではなくなるということだ。

今までのクローディアでなくなるというのは一体どういうことなのか。人間はきのうと同じように今日を生き、そして明日も生きていくはずだ。その限りでは、クローディアは、やっぱりいつまでたっても同じクローディア・キンケイドにちがいない。それなのに、あえて「今までとちがう」クローディアというのは、なぜか。それは、カニグズバーグがクローディアという人間の成長について、きのうと同じように今日をむかえ、また明日も生きていくにちがいないというだらだらとした坂をのぼっていくようなものではないと考えているからだ。

もう一度いうが、人間の成長のプロセスは階段をのぼるようなものだ。そこには「ふしめ」がある。「発見」がある。ふしめの前と後では、オーバーな言い方をすれば、世界がちがってみえる。人間の成長には、そのような瞬間があると、ぼくは考えているし、おそらくカニグズバーグもそう考えたはずだとぼくは思っている。

大きな「ふしめ」をもつこと、深く心にきざみこまれるような「ふしめ」をもつこと、またその「ふしめ」を豊かに、ごまかさずに越えることが大事ではないか。そして、児童文学とは、そのような人間の成長の「ふしめ」を描くことではないのか。

「原体験」と呼ばれているものの多くは、実はこの「ふしめ」を越える体験のことではないかと思う。そして、その「ふしめ」を越える瞬間に眼に宿った風景（これは多分に時代の背景とも関わってくると思うのだが）を、ぼくは原風景という名で呼びたい。

エーリヒ・ケストナーは自叙伝『わたしが子どもだったころ』（一九五七年／高橋健二訳、みすず書房一九五八年一二月）の前がき「前がきのない本はない」の中で、こういう。

二通りの時間があるのだ。一つの時間は、物さしで、コンパスで、六分儀で計ることができる。道路や地所を計るように。——だが、われわれの思い出は、別な時間の計算であって、メートルや月、十年の単位やヘクタールとはなんの関係もない。忘れてしまったことは古く、忘れられないことはきのうあったことだ。物さしは時計ではなくて、価値である。

例えば、初めて口笛をふけるようになった瞬間とその喜びを描くE・T・キーツの『ピーターのくちぶえ』（一九六四年／木島始訳、偕成社　一九七四年二月）も、そうした作品だ。新美南吉の「手袋を買ひに」には初めて雪をみて、そのまぶしさに驚き、眼に何か刺さったと母親にうったえる子狐がいる。神沢利子の『くまの子ウーフ』（ポプラ社　一九六九年六月）には、自分の体がおしっこでできているのではないかと不安がるくまの子がいる。そこでは、幼児の発見と不安の連続という成長の「ふしめ」が鮮かに描かれているといってよい。

話を『クローディアの秘密』に戻そう。ぼくの中に、今、ひとつの大きな疑問がある。それは、なぜクローディアが天使の彫像を問題にしたのかということだ。クローディア自身、天使の彫像をみたとき〈なぜあの天使は重要に見えたのかしら？　なぜあんなに特別なのかしら？〉と自問している。全くその通りという他はない。クローディアの問いがなくても、ぼくの方からききたいくらいである。それくらいにクローディアと天使の彫像との出会いは偶然にまかされている。クローディアはつづけて次のようにもいっている。

もちろん、あの天使は美しいわ。優雅だわ。洗練されてるわ。でも、そういうものは美術館には、ほかにたくさんあるわ。

この言葉からわかることは、クローディアが天使の美しさに魅せられたのではないということだ。それゆえか、天使がどのような形をしていて、どのように美しいのかということについては一切語られていない。クローディアはただ新聞で大さわぎしていること、ミケランジェロの作かどうか不明であることに、たまたま興味をもったにすぎないのだ。

しかし、これは何とたあいなく、つまらない理由ではないか。いや、たあいなくてもいい。つまらなくてもいい。それが、その人間にとって、とっておきのものであったり、のっぴきならぬものであるなら、まだわかる。天使に会ったのは全くの偶然だし、だいたいイタリア・ルネッサンスの室をみるのを選んだのもジェイミーの方だ。あれだけ理知的で論理的なはずのクローディアが、なぜこんなふとしたはずみのものに全てをかけてしまったのか……と、疑問はひろがるばかりだ。

ここまで考えて、つまるところクローディアにとっては家出も、天使の彫像の秘密さがしも、実はクロスワード・パズルを解くような遊びだったのではないのかと思えてくる。遊びでもいいではないかという反論をうけそうだが、ぼくがいいたいのは、クローディアにとって、この天使が成長の「ふしめ」になるような要素をもっていたかどうか、はなはだ疑問だということだ。つまり、天使との出会いがクローディアにとって原体験と呼び得るようなものになっていないということである。

クローディアは、天使の彫像を〈なぜあんなに特別なのかしら?〉といっているが、特別なものにしたいという思いは、やはりある種の「ふしめ」におこる発想ではないだろうか。それなのに、クローディアは逆に特別なものにすることによって、自分をかえようとしている。これは顚倒である。意地悪くいってしまえば、天使の彫像がミケランジェロのものかどうかわからなければ、クローディアはやっぱり以前のクローディアのままであったということになりはしまいか。クローディアにとって家出とは果して何だったのか、もう一度問われねばなるまい。

もうひとつ、気になるところがある。それは、家出するにあたって、クローディアが二通の手紙をポストに入れたことだ。一通は両親に対してだから別にどうということはない。が、もう一通がコーンフレークの空き箱のふた二枚であることは、やはり気になる。二通のうちの一通をどこへ送ったのかと、ジェイミーが問いかけたところから、少しみてみよう。

「もうひとつは?」

「コーンフレークの空き箱のふた二枚。星のついたふた二枚送ると、二十五セント送ってくるのよ。ミルク代にって。」

「もっと早く送ればよかったのに。そうすれば二十五セントよけいに使えたのにさ。」

「二箱目をたべおわったのが、けさなのよ。」


クローディアの家出には、不公平というものもあるかも知れないが、一番大きな理由は家での生活にあきたらないことだ。逆にいえば「家」はそれだけしっかりと安定していることになる。家に不満があるわけではないから、選ぶ家出先も〈気もちのよい場所〉でなければすまぬわけだ。理知的なクローディアの家出はだれがみても非のうちどころがないくらいにしっかりしている。はじめから自立しているといってもいいくらいだ。しかし、家出のはじめに、家に二十五セントがおくられてくるようなたちの手紙をポストに入れるクローディアの様子は、逆説的なユーモアといえばいえないこともないが、いってみれば、はじめから家に戻るつもりのおあそびの家出なのである。秀一の家出がインスタント家出だとしたら、クローディアのそれは周到に用意された「遊び」である。家は秀一よりさらに強くクローディアを守りつづけているといってよい。

＊

「家」との関わりで、ふたたび擬似保護者という存在のもつ意味について考えたい。家出した子らと擬似保護者たちとの「きびしい出会い」については、すでに語った。このきびしさは、子らに保護者喪失の状況を知らせるためのもので、その点では擬似保護者たちは「世間の風あたり」という役割を担っていた。『ぼくがぼくであること』の老人、『クローディアの秘密』のフランクワイラー夫人、『家出12歳の夏』のエラばあさんが、前回あげた佐野余津男、風のおじさんというキャラクターと比べて出色なのは、彼らが家出してきた子らを一個の対等な人間としてあつかい、応援したからである。その結果、家出人たちは今までになかった新しい発見をして、ちがった人間として家に帰ることになるのだ。

ここまでは、さっきいったことのまとめだ。問題はこの先にある。このような立派（?）な人間たちであっても、ぼくはやっぱりひっかかってしまうものがある。だから、あえて擬似保護者と呼んでいる。彼等はなぜ「擬似」なのか。それについて考えよう。

擬似保護者は「世間の風」という役割をもっているが、もうひとつ「新しい発見」の教授者という役目ももっている。そこについて考える。「新しい発見」ということで、一番印象的なのは、ステイシーが犬のニムエのお産の介ぞえをする場面とそのときに生まれた口蓋破裂の子犬をエラばあさんにいわれて始末するところだろう。自分でとりあげた子犬を殺せといわれて逆らうステイシーに対して、エラばあさんは生きることのきびしさを教える。エラばあさんはいう。

いいだろう。あんたがその子のめんどうをみるっていうんだね。でもわたしにみえないところでやっておくれ……　その子の母親にもみえないところでね。

その子が一時間、一時間と弱っていくのをながめるわけだね。どのくらい時間がかかるか……もしかしたらなん日かかるかわからないが……　ながめていてやるといい。その子犬はうえ死にするんだよ。そうなれば、あんたは子犬を最後までめんどうみてやったことになるんだもの、自分は満足だろうさ！

こうして、ステイシーは生きることの意味を考え、今までの「家」のことを問い直すことにもなるのだ。が、このような、生命の尊厳や生きることの厳しさを教えるのは、本来は家庭（あるいはそれをひとまわり大きくしたくらいの地域）の役割ではなかったのかと、ぼくは考えてしまう。

エラばあさんが教え、ステイシーが学んだことの大きさについては、とやかくいうつもりはない。しかし、生命の誕生とその死、生きることの厳しさというものは、実は一番家庭に近いところで人間が学んできたものではなかったのだろうか。それをステイシーは家出先で学び、家庭へかえろうとしている。ステイシーの家庭は、もはや生きることの意味を体験する場所ではなくなっているのか。

それは、最も安定しているようにみえるクローディアの家庭についてもいえることだ。フランクワイラー夫人は〈それは、これが秘密だというだけのことよ。それでクローディアはちがったひとになってグリニッチに帰れるのよ。〉といい、クローディアもうなずく。が、フランクワイラー夫人もやはり「親」ではない。ここでも確実に家庭が崩壊してきている。

ぼくは今、家庭の機能の崩壊といったが、逆説的にいうと、クローディアにしろ、ステイシーにしろ、秀一にしろ、家出したところで「家」は動じることなく、そこにある。「家」があるからこそ、彼らは安心して家を出ている。「家」は彼らの安心材料ですらあるのだ。大切なことは、その安心材料の「家」の中で、彼らが今までどのように生きてきたのかということだ。家出先での「発見」の意味が大きければ大きいほど、逆に彼らの「家」での日常の生活の意味が問われてくる。そう思わざるを得ないような「発見」の中味なのである。

二学期、家に戻った秀一は、その「発見したもの」を武器にして、かつては全く頭のあがらなかった母親と対決しているが、そのよりどころに対して、ぼくはやっぱり「甘え」をみてしまう。〈でていきなさい〉という母親に向かって、秀一は次のように考えている。

ねえ、おかあさん。それ、本気でいってるのかい？　もし本気なら、おれ、すぐでていってもいいんだ。いくところならあるんだ。

〈いくところならあるんだ。〉と秀一はひらきなおる。出ていけという母親に対して、これは確かに最大の武器にちがいない。自らの家を相対化する視点を獲得したともいえる。しかし、老人と夏代のすむあの「家」は本当に秀一のでていけるところなのだろうか。また、秀一自らがまるで抵抗もなしにしゃべってしまっていい「ところ」なのだろうか、と疑問に思う。

老人と夏代の家は、ただの仮りの宿として住まわしてもらっていたところである。そこを勝手に〈いくところ〉と決めこんでいる秀一の発想には甘えがある。また、よしんば「家」と対置できるほどの場所だとしても、その場所について、なぜこうもあけすけに語られてしまうのか、ぼくにはとうてい考えられないことだ。その考えられないようなことがなぜ平気で話されてしまうのか。

安易に手のうちをみせてしまう秀一には最後のどたん場というものがない。これは逆にいえば、家出先が何かしら新しい「家」のような相貌をもって秀一をつつみこもうとしているからに他ならない。老人、そしてフランクワイラー夫人、エラばあさんが「世間の風あたり」のように示していたきびしさが、実は本来は保護者の狙うべきものであったということがわかったとき、秀一にとって、老人の「家」は容易に秀一にとっての「家」に変化する。とどのつまり、ぼくが家出先の老人たちを擬似保護者と呼ぶ根拠はここにある。秀一が何の抵抗もなしに〈いくところならあるんだ〉と言い切っているのも、それ故のことであろう。

そうかもしれないな。おれがおふくろとけんかして、かってにとびだしたりできるのも、家があって、親のいる子どもだからなんだな。つまりおれは、親がいるってことで世間にあまやかされているっていうわけなんだな。

＊

物語も最後の方で、両親のいない夏代のことを思いながら、秀一はこう考える。家庭内のゴタゴタが全て未解決のまま、こんなに物わかりがよくなってしまっていいのだろうかとも思うが、この秀一の言葉は「家があるから家出する」というあたりまえのような真理を見事に語ってくれている。

そこに山があるから山にのぼるといったのは確かヒラリー卿だったと思うが、家があるから家出する、家がなければ最初から家出できないという真理は、ひとりぐらい家出をしてもゆるがないほど確固とした「家」があることを示している。さらにいえば、自分が家を支える重要な部分を占めていなかったということも示している。自分が家を支える重要なパートを占めているとするなら、家出は即ち「家」の崩壊につながらざるをえない。その場合、家出という方針は、まず出てこまい。つまり、家出という行為は、それだけ「家」に保護され、甘えている人間の行為だともいえそうである。

国松俊英の『おかしな金曜日』（偕成社　一九七八年八月）は、逆説的な意味での家出の物語である。そこには保護してくれる空間としての「家」がない。主人公の伊達洋一は小学校五年生、かもめ団地の四階に住んでいる。父親は一年まえに蒸発したきりで帰ってこない。母親と弟の健二と三人でくらしている。

物語は、およそこのような設定ではじまっている。事件は六月三日の金曜日におこる。母親までも蒸発してしまうのだ。その日から洋一と健二の必死の生活がはじまる。二人は母親が蒸発した事実をかくし、「家」を維持しつづけるのである。もしふたりきりだということがばれたら、こわい人がつかまえにきて、どこかへつれていっちゃう、そんなのいやだもんと、弟の健二はいう。この子どもらの予感は短絡的である。が、突然に保護者を失った子らが予感する未来が暗いのは当然だろう。むしろ、そのような未来を拒否し、必死に母の存在を仮想して現在の「家」に生きようとする子どもらの姿の方があざやかだ。六月五日の日曜日、うめたて地の草原でキャッチボールをする二人の姿は、すでにいない母親の存在を仮想してさりげない。

そんな中で、洋一は同じクラスのガリ勉の山田やとなりの席のみさ子と親しくなる。山田はじゅくの成績が悪くて家に入れてもらえないとベンチですわっているところで会って、家によんでいっしょに遊んだりし始める。みさ子の方は、学校での洋一の様子が何となく変だからというので、誕生日の赤飯をもってたずねてくるのがはじまりだ。とにかく、洋一と健二のふたりは、友達に応援してもらいながらがんばりつづけるのだが、ぼくの印象に残っているのは、このラストシーンだ。最後、ふたりは「家」を出る。児童相談所へむかうのだ。仮想していた「母」を捨て、「家」を出るこのふたりを、ぼくらは家出と呼ぶことができるだろうか。児童相談所をみつけてきてくれた山田と、最後まで行くことに反対して、どんな形になっても団地に残った方がいいというみさ子が見送るなかで、上野行きの電車にのりこむ。ふたりには、もはやかげりはない。洋一は考える。

母ちゃんがいなくなって、一か月になった。洋一には、ながいながい時間に思えた。
つらいことや、くるしいことがいっぱいあったけれど、そんなことはみんなわすれてしまおう。
いなくなった母ちゃんには感謝してもいいのかもしれないな。おかげで、みさ子や山田という、かけがえのない友だちが見つかったのだから。

いなくなった母よりも、そのために得たかけがえのない友を大切にしようという洋一に、とりあえず、ぼくは心からの送別の拍手をおくりたい。多くの家出物語が確固たる家への反撥から家出をし、家出先で保護者的人物と出会い、また最後に家へと戻ってくるのと比べて、『おかしな金曜日』という作品は際立ったちがいをみせている。山田が突然に児童相談所の存在を「知識」としてもってくるところや、その直後にバードウォッチングをしているやさしい青年に出会い、その青年、大沢正夫が児童相談所につとめているなど、ストーリーの展開としてはできすぎている部分もあるが、そこには少なくとも今までの家出物語の主人公たちがもっていたような「家」に対する甘えはない。

おかれた立場がそうしているのだろうが、洋一は実にあっさりと「家」をすてている。その明るさが、ぼくの心をうつ。ぼくはもう、家出の構図ではなく、その諸相を追う必要にせまられているといってよい。クローディアと秀一は家出の原型と典型とをそれぞれに示してくれた。そして、その構図の中で、子どもの「ふしめ」を描くという児童文学そのものがずっとかかえこんできたモチーフを展開してもくれた。しかし、現代の「家」は、構図的に描くにはあまりにも多様であり、またたよりない。

『花をくわえてどこへゆく』の森壮平と『風の十字路』の藤巻小枝子の家出は、そのモチーフという点ではクローディアのそれに近い。ふたりとも、きのうと同じように今日をすごし明日をむかえることへの漠然とした反撥から家を出る。小枝子は〈京都市内を見物して歩き、夕方の新幹線に乗って帰るという計画〉で家を出ている。しかし、結局何もできずに再び帰りのこだまに乗ることになる。小枝子は〈あたしの家出って、いったい何だったんだろう〉と自問するが、クローディアが天使の彫像の秘密を手に入れることができなかったら、同じ問いを発していたかも知れない、と、ぼくはふと思ってしまう。

森壮平の家出を、ぼくらはどう考えたらいいのだろうか。壮平自身はこういっている。

正直いってぼくは、岸昌子先生の美しい足がほしかった。そして、テツ、おまえといっしょにいたかった。《好きな犬》と《美しい足》と――

壮平は自転車でテツを連れていく。ほえすぎる犬がうるさいと近所のアパートから苦情の電話がかかり、母さんはのどが痛むのはテツの抜け毛のせいだという。そうして壮平はテツをすてにいく。玉湖神社の境内でテツと別れ、壮平はトップギアでマラソン道路をつっぱしる。テツはむちゅうで追いかける。村山貯水池の長い堤防でふりむくと、はるか遠くにテツがいる。〈捨てるのはやめだ〉と思いなおして、壮平が追いかける。と、今度はテツが逃げはじめる。壮平は道ばたのオオマツヨイグサのくきを引きちぎって、なげる。テツはふりむき、口にくわえる。一瞬希望がわいてくる。しかし、花をくわえたまま、テツは松林のむこうへきえていく。

『花をくわえてどこへゆく』は、こうしてイヌの「家出」から事が始まる。テツに捨てられた壮平は〈心がだるい〉という。

壮平は、しばらく学校を休みたいというのだが、両親は息子の心のありさまもわからずに、ピントはずれなことをいうばかりだ。こうして、壮平は家を出る。真夜中に歩いて、おじいさん、大工の市川七五郎のところへ行く。

市川七五郎も、やはり今までの疑似保護者たちと同じようにがんこで一徹な老人である。彼は家出してきた孫の壮平をちゅうちょなく保護する道を選ぶ。ちがうのは、壮平が初めから七五郎の家をめざしてやってきたことと、七五郎が壮平にかせげとも何ともいわないところだ。壮平はただぐうたらと〈寝流れ〉て居そうろうをつづける。

そのあいだに壮平がやったことといったら、ただ毎日虫めがねで板きれに自分が生きてきた日数をやきつけることだけだった。――〈4445 S.MoRi/4446 S.MoRi……〉と、ただそれだけだ。

ぼくは、壮平のこの行動と心理について、どうとらえたらいいのか、正直いってまよっている。甘えているといえば、これ以上に甘えているものはない。もはや秀一やクローディアの比ではない。壮平は自分の家とおじいさんの家と、甘えられる全ての中にどっぷりとつかりこんで生きている。学級委員で造形クラブ長で〈いろいろな幸福感に取りまかれて、うきうきしていた森壮平〉が〈好きな犬〉と〈美しい足〉とに見はなされたからといって、落ちるところまで落ちてゆくしか道がないと思い込む。この発想と選択肢の選び方は、やはり気もちが悪いほどにゆがんでいるというしかあるまい。

しかし、ゆがんでいない人間なんているはずもない。とくに青年前期の生理的ともいってよい「ゆがみ」を、ぼくらはそうにべもなく捨て去るわけにはいくまい。それにつけても、虫めがねで自分の生存日数と名まえを板きれにやきつけていくという自己確認の方法を手に入れるために、六年生の壮平が家出とおじいさんの家の大工見習い部屋という条件をもたねばならなかったという事実の大きさの方に、ぼくはがく然とする。壮平の後ろには、壮平以上に条件の悪い子らが家を出ることもできずに、ただ無言で虫めがねをもって順番を待っているのかもしれない。いや、そのことにすら気づくことなく、毎日を明るくうきうきとすごしているのかも知れない。彼らは幼かった日々にわきめもふらずに虫めがねで紙をこがしつづけて一日を送るということがなかったのだろうか、と思ったりもしてしまう。ぼくは今、多分に比喩的な意味あいで虫めがねという言葉を使っているのだが、六年生になってから虫めがねを使っても、別におそくはないと思う。壮平は別に自分の家で虫めがねの数字をやきつけてもよかったはずである。しかし、彼は家を出る。いいかえれば、「家」は虫めがねで数字と名まえをやきつけていく日常さえも持ちあわせていなかったということになる。「家」は、ここでも、はっきりと後退している。

ぼく自身の小学六年から中学時代にかけての生活は、利根川の河原に行き、石をひろい、割り、ときに数ミリの水晶のつぶをみつけたりする毎日だった。毎日のように河原にかよったのに、今、石はひとつも残っていない。それがぼくの日常だった。

ぼくは、壮平に自分の日常を確実に生きつづけていってほしい、と思う。そして、それは壮平に限らず全ての家出物語の主人公たちについてもいえることにちがいない。自らの家の日常を描けない精神のひ弱さが「家出」という素材を選ばせたといったら、いいすぎなのだろうか……。家出をあつかった作品の中で『ぼくがぼくであること』がとびぬけておもしろいのは「家」の日常が描けているからにちがいない。家出前の秀一の「家」、家出先の老人と夏代の「家」、家出後の秀一の「家」、それらの家の日常がいくつかの典型として、ぼくら読み手の側にせまってくるからだろう。個々の人物の描き方に対する不満は種々あるとしても、それらが雑炊のようにせまってくるところに、この作品の特徴があった。余談だが、ぼくは山中作品の基底には「ペルソナの分裂」があると考えている。『とべたら本こ』

（理論社　一九六〇年四月）のカズオは多くのカズオを遍歴する。人間はいくつかのペルソナをもちながら、人生という舞台で役を演じている。そのいくつかのペルソナに分裂が生じたところから山中作品は始まっているのだ。『その名はオオカミタケル』『サムライの子』『青い目のバンチョウ』『頭のさきと足のさき』『三人泣きばやし』、みな異端の系譜というよりは、日常がふとかいまみさせたペルソナの分裂を、とことんつきつめていったもののように思える。『ぼくがぼくであること』も、その観点からみると、もうどうしようもなくなった「ぼく」という仮面を、家出によってぬぎすて、新しい仮面を手に入れようという話である。もっとも古いのを捨てて、新しいのを拾って、めでたしめでたしとなるわけではない。古い仮面と新しい仮面との分裂、確執、そういった点からの日常の描写こそが山中作品の真骨頂というべきであろう。家出もまたひとつの日常である。余談の中でこの稿をおわりたいと思う。

（『季刊児童文学批評』五号　一九八二年一一月）

海のイメージ

トコトコと汽車に乗っていた。その窓ごしに海がみえた。水平線は本当に水平で、見えかくれする海は鏡のように白く青く光ってみえた。

「あれが海だよ。」

と、母親がいった。

それが海を見た最初だった。

小学校にはいる前か、はいってすぐぐらいの年齢だったから、もう三十年以上もむかしの話になる。海なし県の群馬で生まれ育ったぼくは、千葉県の稲毛海岸に潮干狩りに行った。総武線に乗って、トコトコと行った。その窓ごしに海を見た。

今、ぼくは稲毛にほぼ近い総武線の沿線に住んでいる。しかし、もう稲毛に行くまでの車窓に海はない。果てしなく続く埋立て地は、そこがかつて海であったことも忘れてしまったようだ。団地と建て売り住宅の屋根がひしめきあっている。

総武線の窓からみた海が、海に関するぼくの原風景であると考えるなら、ぼくが五、六歳のときにみた海は、今はもうない。だから、たまたま総武線から海がみえた時代と、たまたまそれをみたときに感動した自分自身の年齢というものが、ぼくの海のイメージを支えているといってもよい。（テレビというものがなかった。だから、本当に初めて海をみた。そんな要素も考えに入れた方がいいかも知れない。とにかく、こういうものが、ぼくの海に関する原風景を支えている。）

＊

新美南吉の幼年童話に「かげ」（大日本図書版『校定全集』第四巻所収）というのがある。無知なカラスが月夜に自分のかげと競争する。どこまでもぴったりとついてくるかげの姿を見て、カラスは懸命にとぶ。ついには命がつきてしまう。そういう話である。

その冒頭は次のようになっている。

月が　まうえに　のぼったので、木の　かげは　くろく　なり、やねは　かがみのように　しろく　なりました。

月の光で屋根のかわらが〈かがみ〉のように白くなったと、南吉はいっている。しかし、月夜の明るさと暗さを本当に知っている子どもは、今どき、どのくらいいるのだろうか。それも、日本がわらが月の光に〈かがみ〉のように白く光る風景をイメージできる子どもは、果してどれほどいるのだろうか。少なくとも、ぼくの今すんでいる総武線の船橋近辺では、月夜に〈かがみ〉のように輝く日本がわらよりは、〈かがみ〉そのものの方がずっと手に入れやすいし、どこにでもあり、目につくといってよい。

その場合、〈やねは　かがみのように　しろく　なりました〉という冒頭の文章から、「かわら屋根」

でなく「かがみ」そのものの方を連想する子が出てきたとしても、少しも不思議ではない。これは、もちろん間違ったイメージなのだが、日本がわらの家ではなく、一面ソーラーシステムの屋根を思い浮べたとしても、決しておかしくはあるまい。

子どもは自分の生活史の中から、自分の手もちのイメージをくり出し、それを作品の中の言葉にぶつけ、おりあいをつけながら読んでいく。だから、ひとつひとつのディテールでは、とんでもない間違った解釈も、しゃあしゃあとやっていく。そうしながら、それでも全体としてはどうにかこうにか、かっこうをつけ、まっとうなイメージを作っていく。全てではないが、かなりの部分で、子どもはこういう読み方をしていると思う。そのとき、読書過程で生まれた異質のイメージと最終的に作品にそってまとめられていく正系のイメージとのダイナミズムがおもしろいと思う。

*

ぼくは、さっきぼく自身の海のイメージを鏡のようにきらきらと輝く海といった。そして、南吉は月夜の屋根がわらを鏡にたとえた。このどちらの場合も、読者である子どもは「鏡」そのものをイメージしておかしくない。

海よりも鏡の方が身近なものとしてある場合、また日本がわらよりもソーラーシステムの屋根の方が目につきやすい場合、子どもらは作品の言葉から容易に「鏡」そのものを頭に浮べるだろう。

しかし、それぞれの子がそれぞれの頭の中にどのような海あるいは屋根をイメージしようとも、言葉としての「海」あるいは「屋根」は厳として存在している。だから、彼らがイメージしているものは、確かに彼らなりの鏡のような海であり屋根であるにちがいない。たとえ、それがテカテカと光る鏡そのものやソーラーシステムの屋根だったとしても、それは、やはりそのような海あるいは屋根として認識されているのである。

子どもは、そのような異質なイメージを内にはらみながら、全体としては作品の言葉に従って物語の内容をつかみとっていくものだといえる。

＊

子どもの本には大きく分けて二つの型があると、ぼくは思う。ひとつは読者の脳裏に異質なイメージを誘発することの多い作品で、もうひとつは異質なイメージをおこす余地の少ない作品である。

異質なイメージをおこす作品とおこさない作品というふうにスッパリと分けられればいいのだが、そうはいかない。歯切れが悪くなるが、比較的誘発するものと余地の少ないものという他はない。

子どもが、どんな作品から、あるいはどんな言葉から、どのような異質なイメージをもつのかということは、実は全くむずかしい。

なぜならば、それは、ほとんどその個人の生活史にかかわっていることがらだからだ。例えば、ぼくは自分が五、六歳のときに見た海のイメージを今でも覚えていて、このような文章をかいている。しかし、生まれたときから海を見て育った人間は、こんなとるに足らないことでは心は動かされないだろうし、もっと確かな海のイメージをもっているにちがいない。新美南吉の「かげ」の〈かがみのような〉屋根がわらにしても同様だ。作品と異質なイメージが誘発されるかされないかの関係は、およそわからない。

ただ、子どもらが不断に作品とは異質なイメージをもちつづけていることだけはまちがいのないことだ。そして、そのイメージの大部分が、口に出していえば、笑われるか、テストならばペケをつけられるような代物にちがいない。

しかし、不断に生産されつづけている異質なイメージを無視して、子どもの本について語ることはできないと思う。ときに異質な（あきらかに間違った）イメージを内にもちながら、全体としてはまっとうな読み方をしていく。そういう認識の仕方を、子どもらは持っている。だから、その未熟さと柔軟さを、逆手にとって、ぼくらはワナをしかけていくのだ。子どもの本の作家は、子どもに対するイメージのワナの仕掛人であるべきなのだ。

＊

ぼくは今、児童文学的イメージについて語ろうとしている。神沢利子の『くまの子ウーフ』（ポプラ社　一九六九年六月）には二重の読みがある。作品自体が二重のイメージを内包しているのだ。中川正文の言葉をかりていえば、〈二層の読者をめずらしく満足させてくれる数少ない童話の一つ〉（『日本児童文学100選』、『日本児童文学』別冊、偕成社　一九七九年一月）ということになる。それに対して、松谷みよ子の『ちいさいモモちゃん』（講談社　一九六四年七月）には、それがない。母親も子どもも、他人も自分も、同質な読みをしている。その読みは、ひとつである。

作品が二重に読めるということは、読者である大人あるいは子どもが、それぞれ異質なイメージをもって読んでいるということである。そこに生まれてくる異質なイメージの「質」を考えると、あきらかな読みとり違いもあるだろう。深よみもあるだろう。手前勝手な読み方もあるだろう。

しかし、既知の世界に安住している作品からは、子どもの異質なイメージも生まれにくいにちがいない。ぼくは、そう考えている。

＊

また、海のイメージについて考える。

むこうの山にのぼったら
山のむこうは村だった
田んぼのつづく村だった
つづく田んぼのその先は
青い青い海だった
ひろいひろい海だった

今江祥智の『山のむこうは青い海だった』（「岐阜日日新聞」一九五九年一二月〜一九六〇年三月連載、理論社一九六〇年一〇月）を読んだとき、ぼくは自分自身の中の海のイメージと同質なものを感じた。

水平線はあくまでも水平だった。鏡のようにキラキラと輝いていた。海は、長新太のさし絵とあいまって、のどかだった。さわやかだった。それは、ぼくの初めてみた海と同じイメージをもって光っていた。その海は、まだ埋め立てられていなかった。水銀もなかった。鉛もなかった。ヘドロに苦しむこともなく、光っていた。そして、その「さわやかさ」こそが、「戦後理念」というものだったのではなかったのか。

ぼくは、ぼくの海のイメージの中に、ぼく自身の「戦後」をみている。トコトコと汽車に乗っていく潮干狩りの風景は、戦後の新しい生き方を始めた世の中の（そして、父母《ちちはは》の）、そして、ぼく自身にとってひとつの「戦後」にちがいなかった。

今江は〈山のむこうには、きっと青い大きな海があるんだ。海は希望みたいにひろい。〉といった。山のこちらが今江の戦争時代であるとするなら、山のむこうは海みたいに広い、希望にみちた「戦後理念」ではなかったのか。

ぼくは今、〈山のむこう〉という言葉に、佐藤さとるの〈峠のむこう〉への期待を連想している。『だれも知らない小さな国』（講談社　一九五九年八月）の冒頭で、佐藤はいう。

「峠のむこう」には、町にはないものがなんでもあった。もちの木だって、あるにちがいない。

ぼくもやはりそう考えたのだ。

期待は裏切られなかった。もちの木をさがしにいった「ぼく」は、一度はがき大将によってもちの木の所有をはばまれるが、そのことでかえって奥深いところにまで分け入ることになる。そうして、幻想の空間＝コロボックル小国を獲得することになるのである。「ぼく」は、ふいに小山の三角平地のところへ顔を出す。その場面は、すてきに印象的で、ひとつの原風景を感じさせる。「ぼく」が思わず見上げると、杉のこずえのむこうに〈いせいのいい入道雲〉がある。この、入道雲がぽっかりと浮んでいる空の青さは、今江祥智の〈山のむこう〉の海の青さと等価だと、ぼくは思う。上野瞭は『戦後児童文学論』（理論社　一九六七年二月）の中で、佐藤さとるのコロボックル物語を〈この人間の内在的価値の標示は、そうしたものの存在を許さなかった戦争時代に対置されることによって、明らかに戦後の価値標示となったと言える〉と評したが、これとそっくり同じ言葉を、ぼくは、今江祥智の『山のむこうは青い海だった』にも与えたい。

はずかしがり屋でピンクちゃんというあだ名をもつ山根次郎は、「いやまあ待て。」が口ぐせの井山先生が話してくれた高杉晋作の話に触発され、〈冒険旅行〉を企てる。場所は父さんの墓がある鷲本市だ。そこで、次郎は幼な友達の照代たちの仲間に加わる。食用蛙をとる。うなぎをとって、ころび、ずぶぬれになる。ついには、チンピラ七人組のセメントこそ泥事件にもまきこまれる。花火もあがる。お化け(といっても、もちろん足のあるやつ)も出てくる。ユーモアとドタバタの中で、次郎はピンクちゃんから、確実にもうひとまわり大きな山根次郎へと成長していく。

人間が、自分の意志で、今までの自分を見なおす。そして、新しい自分を獲得しようと行動をおこす。この自己客観化の姿勢と積極性は、やはり「戦後」のものにちがいない。作品の初めの方で、井山先生は自分がおこりんぼだったときのことを話している。が、これも自分の意志で自分を変えた話だ。

ぼくはおこりんぼだ、いや、正確に言うとおこりんぼだった。
子どものときからやせっぽちで、そのせいだったかもしれん。やせっぽちは今でもかわらんが、おこりんぼのほうはかわった。そのことを話そう。

井山先生は話す。実にあっさりと、さわやかにいってのける。――とにかく、ぼくは、子どものころ、すごくおこりんぼだった。友だちとかたっぱしからケンカした。気がつくと、ぼくはひとりぼっちになっていた、と。〈そのとき考えた〉と、井山先生はいう。（そうか考えたのか。）と、ぼくは思う。

井山先生は、おこるまえに「いやまあ待て。」と考えて、口の中で十かぞえることにする。それで自己改造は成功だ。「井山のいやまて」は有名になる。このプラグマチスティックな明るさが、ぼくは好きだ。戦争時代の「きまじめさ」にさよならをして、まさに戦後的な感覚にのっかって、〈山のむこう〉に思いをはせる井山先生を、ぼくは好きだ。

井山先生がそうであったように、この物語は、山根次郎の自己変革への旅路にちがいない。彼はただピンクちゃんから変身するためだけに旅に出る。そして、確実に成長する。物語は大団円だ。〈峠のむこう〉にコロボックル小国があったように、〈山のむこう〉には確かに目指し獲得するべきものがあったといってよい。その海は、のちに埋めたてられていくということも知らずにきらきらと白く青く鏡のように輝いている。

＊

その海のイメージは、今はもうない。深く埋立て地の底に沈んでいる。ヘドロと有機水銀と鉛といっしょに、今、ぼくの「戦後」は沈んでいる。

＊

浅いユメみて、こんやもねんね
お山あれるど、山んばさまで
春がきたとて、わしらはさむい

お花でけても、首ちょんちょ

〈山のむこう〉に青くて広くて希望にみちた海なんかありはしないと、最初にいちゃもんをつけたのは、確か上野瞭ではなかったか。

上野瞭の『ちょんまげ手まり歌』（理論社　一九六八年一一月）は、〈山のむこう〉に青い海などないことを告げる。山また山にかこまれた〈やさしい藩〉のむすめ、おみよは山をこえる。おみよはいう。——〈お山をこえるど、おじいどの。わしは、お山をこえるど。〉と。

しかし、おみよがそこで見たものは、もうひとつの〈べつの国〉だった。おみよは、貧しい自分の国の秘密を知ってしまう。黒いユメミ草をつくらせ、人の血をすすって、ほたほたと笑っている〈やさしい殿さま〉の姿をかいま見てしまう。

今江の〈山のむこう〉に対する語呂合わせのような言い方でいえば、上野の『ちょんまげ手まり歌』の〈山のむこう〉は広い国だった。海はなかった。山のむこうへの期待感をもって、ずるずると峠までのぼったおみよは、だから再び自分の国へ戻るしかない。そこへも戻れないとわかったとき、おみよは山んばになった。こうして、上野瞭は「山のむこうはひろい国だった」という作品をかいた。上野のものと、今江のものは、一見正反対のもののようにみえる。しかし、これは、どちらも国家という名の「おしきせ」に対する徹底した反撥という点では共通している。（ようするに、どちらも、やっぱり「きまじめ」なのだ。その「きまじめ」さに裏打ちされた「ユーモア」が、ぼくらに多重な読みをもたらしているといってよい。）

＊

山下明生の海のイメージは、一見すると、今江祥智の海と同じように明るくて、さわやかだ。しかし、今江の「海」が五〇年代後半から六〇年代初めの産物であったのに対して、山下のものは七〇年代（それも多くは後半）のものだ。時代が山下の海のイメージを変えている。その違いをひと言でいうと、山下の海は「みたて」の海である。

〈山のむこう〉が希望にもえた青い海でないとわかったとき、上野瞭は『ちょんまげ手まり歌』をかき、山下明生は『かいぞくオネションン』（偕成社　一九七〇年四月）をかいた。上野が国家そのものの犯罪性を訴えたのに対して、山下はオネショを海にみたて、空を海にみたて、団地五階の窓ガラスを、大きな大きなマンボウに〈とっく　とっく　とっく〉とたたかせた。作品は、そこからはじまる。ヒロくんはかいぞくオネションになって、とびまわる。

ときどき　おねしょは　するけれど
だれより　つよい　かいぞく　オネショョン
さかなの　みかた　かいぞく　オネショョン

おねしょのシーツを、どくろの海ぞく旗にみたて、ヒロくんことかいぞくオネションは海をゆく。古田足日が『宿題ひきうけ株式会社』（理論社　一九六六年二月）の最後でひるがえした〈どくろの海ぞく旗〉が、集団と子どものエネルギーへの限りない信頼に基づいていたとするなら、山下のどくろ旗は

「みたて」というイメージ変換の作業をとおすことで、限りなく「個」へ近づいている。それは、みたてることができるか否かという選択を経ることによって、海のイメージを人間の精神の内部へとひきもどしているのである。

現実に瀬戸内海の能美島でくらし、海が大好きだという山下明生の描く海のイメージが、「みたて」の海であり、そこにおいてこそ本領を発揮するという不思議さは、どこからくるのだろうか。みたてられた海は、あくまでも「さわやか」にぼくらの心を魅了する。が、これは、みたてることによってしか、さわやかな海を獲得することができなくなった、ひとつのかなしみなのだろうか。

『うみのしろうま』（実業之日本社　一九七二年一〇月）は、あらしの海の白いなみがしらを、しろうまにみたてる。あらしになっても、じいちゃんは漁からもどらない。はるぼうは熱にうなされながら、じいちゃんをよぶ。はるぼうは、いつのまにか海のしろうまと共に波の上をとぶ。

なんびゃく　なんぜん　しろうまが、たてがみを　かぜに　なびかせ　うみを　まっしろに　あわだてて、ぼくのほうに　せまってくる。
「じいちゃん、かえってこーい！」
こえを　かぎりに、ぼくは　よんだ。

おねしょの海ぞく旗をひるがえし、しろうまにまたがって海を駆ける子どものエネルギーに、ぼくは児童文学の本領を感じる。

山下明生は、『ふとんかいすいよく』（あかね書房　一九七七年八月）では、ふとんを海にみたて、「ぼく」

ととうちゃんに海水浴をさせている。その本の「あとがき」で、山下はこういう。

小学生のころ、私は島に住んでいましたが、二年生になるまで、泳げませんでした。だから、しょっちゅうおぼれる夢をみて、おねしょをもらしたりしました。それだけに、はじめて泳げるようになったときのうれしさは、今でもはっきりとおぼえています。

おぼれ、おねしょをもらすという負のイメージを正に転化するために、山下は「みたて」の海をつくり出したといってよい。してみると、現実の海を目の前におきながら、山下の描く海のイメージは幻想の原風景ではないか。想像の遊びの中で、山下の海は広がっていく。

「いいかい。ここは、ふとんかいすいよくじょうだ。ふとんが青いから、うみの　気ぶんが　でるだろう。」

とうちゃんは、まじめな　かおして　ぼくに　いうんだ。

「だって、赤い　もようも　あるよ。」

「赤い　ところは　サンゴの林。赤い　さかなも　およいで　いるのさ。」

みたてられた海のイメージには、もう暗さはない。体操をする。クロールをする。背およぎをする。カエルがおよぐように平およぎもする。もぐりこんできたネコザメをやっつけ、てきの食料ぐら（実は冷蔵庫）に突進する。キュウリやレタスをバリバリかじる。幻視の海の中で、とうちゃんと「ぼく」は今、自由だ。

そのとき、突然、でぶっちょかいぞくのしゅうげきだ。〈まあ、なにを　してるの。この　よっぱらいどもは。〉と、かあちゃんはいう。パラソルでパタパタとひっぱたく。ふとんの中で、とうちゃんと「ぼく」は〈たすけてー、人ごろしー。〉と悲鳴をあげる。ふとんからはいだすと、外はとてつもなくいい天気だ。とうちゃんは平気な顔で、空のとおくをながめて、こういう。

そう。ちょっと、かいすいよくを　していたんです。きょうは、いい　お天気だなあ。

『ふとんかいすいよく』の世界は、二重のイメージをもって、ぼくにせまってくる。みたての海は、そのイメージ変換のプロセスで様々に異質なイメージをつくり出すにちがいない。

海ぞく旗をひるがえして海をゆく子もいるだろう。プールを頭に浮べて、同じように泳ぎの練習をはじめる子もいるだろう。おぼれた夢をみて、おねしょをする子もいるだろう。もしかしたら、こんなのバカらしい、ふとんはふとん、海は海だといって、ふてねする子もいるだろう。ふてねした子は、夢の中で、大空をマンボウみたいにプカプカと泳いでいるかもしれない。どれでもいい。そのどれもが異質なイメージとして、児童文学の「読み」の世界を、ひとまわり大きく広げたことだけはまちがいない。

七〇年代にはいって、現実の海が埋め立てられ、ヘドロにまみれ、有機水銀や鉛におかされていたとき、山下明生は、みたての海をつくった。海はみたてられたというさびしさを内包しつつ、明るくキラキラと鏡のように輝く。これも、ひとつの失われた原風景にちがいない。

＊

十五年前のことだ。ぼくは海なし県の群馬から、千葉県の船橋に引っ越してきた。貧しかったぼくは、もうすぐ埋め立てられるという海辺の砂浜にでては、毎日のようにアサリをあさった。歩いて十五分ぐらいの距離だった。ぼくはバケツをかかえ、また戻った。大きなアサリは、よりすぐってバター焼きにした。次に大きなアサリは一晩おいてみそ汁にした。残りのアサリは乾煎りして、つくだ煮にした。

半年ぐらい後、新聞の片すみに、船橋のアサリから多量の鉛が検出されたというニュースが載った。それから、ぼくは、船橋のアサリを食べなくなった。今、ぼくがアサリをとった海は、最初から何もなかったかのように埋め立てられ、ねむっている。あの地面の下には、いったいどれくらいのアサリが食べられることも、生きることもなく沈んでいるのだろうかと、ぼくは今でも考える。

＊

海に隣接する「埋立て地」のイメージは、いつもごみためのようにきたなく、暗い。現実にごみをすてて、埋め立てるというやり方が「埋立て地」をきたならしいものにしているのだろうか。それとも、海を埋め立てていくという行為そのものが、ひとつの凌辱なのだろうか。

沖のほう、海岸にそって、かさなりあってつらなる土砂の山やま。ところどころに口をあけたうめのこしのくぼ地。くぼ地のそばに腕をあげたままとまっているショベルカー。そして、はるかうめ立て地のむこうにかすむ新町のひくい家なみ。そういった風景がいちどに目のなかにとびこんでくるのだ。

那須正幹の『ぼくらは海へ』（偕成社　一九八〇年二月）は、そのきたならしい埋立て地を作品の舞台として選んでいる。暗い現実認識が、この作家に埋立て地という空間を選びとらせたといってよい。

誠史たちは、からだじゅうの毛穴からあせをふき出し、自転車に乗って、埋立て地にやってくる。そして、この埋立て地は、選ばれたその瞬間から、きたならしいものとして、日常世界の枠の外の「もうひとつの空間」として機能しはじめているようだ。この本の「まえがき」の下についているカットが「立入禁止」の立て札であることは多分に象徴的だ。「立入禁止」であることによって、子どもたちは秘密の空間を共有することになる。

彼ら自身がアパラチア山脈と名づけた土砂の山を抜けていくと〈小さなプレハブ小屋〉のまえにでる。しかし、この秘密の小屋は、『だれも知らない小さな国』の小山や、いぬいとみこの『木かげの家の小人たち』（中央公論社　一九五九年一二月）の本の小部屋とくらべて、何と夢もなく、また、おしつぶされそうに建っていることか。そのむこう、ひくいコンクリートの岸ぺきのかなたに〈とろんとしずまった海〉がある。那須の海は、もう鏡のようにきらきらと輝くことはない。〈とろん〉〈のっぺり〉〈あわのういた海水〉は、むしろぼくに死のイメージを想わせる。

埋立て地は、だれがかいてもきたないものになるようだ。国松俊英の「あずき色のかくれ家」（『日本児童文学』一九八〇年二月、『お父さんが2/5』偕成社　一九八〇年九月所収）に出てくる埋立て地もダンプカーが走り、コンクリートパイプが積まれていたりする。しかし、その一見きたない風景の中で動きはじめる子どもらのイメージの方は、むしろ明るい。例えば「あずき色のかくれ家」は次のようにはじまっている。

海から吹いてくる風が顔にあたる。
広い埋立て地を自転車で走るのは、気持ちがよかった。

同じ自転車であらわれるにしても、小村誠史はからだじゅうの毛穴からあせをふき出してやってくる。それに対して、吉村秋男の登場の仕方はさわやかだ。秋男は、そこで、小屋でなく、あずき色の小型の乗用車をみつける。同じ設定なのに、そこに描かれるイメージは最初からずいぶんと違ってくる。

ところで、山下明生にも、埋立て地のこわれた自動車をすみかにする話がある。海の中から電話です」（『2年の学習／かがく・読み物特集』学研　一九七七年七月所収）がそうだ。半分ブルドッグのハンブルは、「海のそばの埋立て地に住んでいる。この物語に出てくる埋立て地も、やはりきたない。〈このうめ立て地は、つかえなく　なった　がらくたを　すてる　ごみすて場〉だからだ。山下明生にとっても、埋立て地のイメージは〈ごみすて場〉でしかなかったというべきか。そのごみすて場の〈こわれた自動車〉がハンブルの〈家〉なのだ。

こうしてみると、『ぼくらは海へ』の今にもおしつぶされそうに建っている〈プレハブ小屋〉も、ハンブルの〈家〉も同じイメージをもち、同じところにあるようにみえる。しかし、那須の〈小屋〉と山下の〈家〉は、物語の進行と共に一八〇度の相違をみせはじめる。〈プレハブ小屋〉の住人たちは、舟をつくる。が、ひとり去り、またひとり去りして、ラストは、ただ埋立て地の外からながめる雅彰のみである。それに対して、ひとりぼっちでさびしいハンブルの〈家〉へは、まだちちのにおいのぬけていない子犬が三匹もやってくる。そして、〈さっきまで　いやだった　雨の　音や　なみの　音が、子もりうたみたいに　気持ち　よく　聞こえて　きました。〉という文章で終っている。自らの固有な空間をしっかりと確保したハンブルは、〈気持ち　よく〉という言葉からもわかるように、もはや安定してゆるぐことはない。

ぼくが気がかりなのは、仲間を得たハンブルの方が自らの空間に安住してしまい、動こうとしない点だ。それに比べると、那須の〈小屋〉の住人たちは、ひとりひとりバラバラになりながら、逆に仲間＝外部への志向を強めている。この際立った差異を、ぼくらはどう読みとるべきなのか。

＊

久しぶりに、若松町団地の先の埋立て地まで行ってみた。ぼくがむかしアサリをとった海は地の底に沈み、埋立て地はその終りがわからぬぐらいの広がりで続いていた。

鏡のように白く青い海のイメージが、ぼくのひとつの原風景であったとするなら、この埋立て地の風景も、ぼくの新しい原風景となるにちがいない。ひとつの時代のふしめで、ひとつの「生」をすごしたとき、ぼくらは何かを失い、またひとつ大人になっていく。二つのイメージが、ぼくの心のいくばくかを支え、今日もまた、ぼくは生きている。

（『季刊児童文学批評』六号　一九八三年八月）

異質のイメージ。あるいは誤読への誘い

このところ《異質のイメージ》なるものが気にかかって、そのことばかり書いてきた。またかと思われるむきもあるかも知れないが、みんなの脳みそが「そんなことは、あたり前だ」と、嫌気がさして言い出すまでは、ぼくの方も、しばらくは言い続けてみようと思うのだ。

さて、ぼくのいうこの《異質のイメージ》というやつを定義していうと、作者が思ってもみなかった新しいイメージ、作品において作者が意図したところの正系のイメージに対するところの作者の意図せざるところの異端のイメージということになる。格好よくいえば、読書過程における異端と正系のイメージのダイナミズム、そのことによるイメージの重層化の誘発、これが読書という行為の醍醐味なのだと、ぼくは思っている。

もっとも、これは、有体に白状すれば、ほとんど誤読といってもいい読み取り方にすぎないものなのだ。が、別にペーパーテストで〇×の数を競っているわけではないので、しばらくは、この《異質のイメージ》にこだわるわけである。ぼくは、受験勉強的というか模範解答的というか、そうした読み取り方の弊害が、誤読を閑所に追いやってしまったと思っている。いうなれば、誤読の復権・児童文学篇といったところがいま必要なのだ。

さて、《異質のイメージ》＝誤読への誘いということで、今回は、佐藤さとるの『そこなし森の話』（実業之日本社　一九六六年一二月）をとりあげてみようと思う。

むかし、上州（群馬県あたり）否含山《いなふくみやま》の山すそに、うすぐらいほど木のおいしげった森がありました。

短編「そこなし森の話」は、このようにはじまっている。否含山という名前のつけ方が気に入ったのか、上州というぼくの故郷が舞台になっていたためか、この作品は、何となく、ぼくの心に残っている。ところで、先にあげた「そこなし森の話」の冒頭の文章を読んだとき、ぼくは、ふと、上州は赤城山の外輪山（というより寄生火山）の鍋割《なべわり》山のことを頭に浮かべてしまった。これは、ぼくが上州といっても前橋で生まれ育ったためである。同じ上州生まれでも、伊勢崎から太田の辺りで育ったならば、否含山から鍋割山を連想するということは、まずないはずだ。

鍋割山は小さい山だ。十里四方のすそ野をもつ赤城の山すそのはじっこにピョッコリと顔を出している寄生火山にすぎない。真横から見ると、そのことが、よくわかる。伊勢崎から太田の辺りから見た赤城は、そうなっている。

しかし、前橋付近から見る赤城山は、その鍋割山を正面においている。距離の近さも手伝って、異様に（？）大きく見えることになる。正確にいえば、鍋割山はただの先鋒にすぎず、赤城の本体はその後ろに連なっている荒山、地蔵、駒、黒桧の山々なのだが、鍋を逆さにして伏せたような、その鍋の底が割れているような山の相貌のおもしろさもあって、前橋から見る赤城山は、鍋割山を抜きにしては考えられない。十里四方も続く赤城のすそ野の、まるで主人公のようなつらがまえで鍋割山は、いつもぼくらの前に立ちふさがっていた。それが、ぼくが子どものころから見慣れた赤城山の姿だった。

だから、〈上州否含山の……〉という件を読んだとき、ぼくは不覚にも上州鍋割山のことを頭に浮かべてしまった。この、ぼくが考えた《否含山＝鍋割山》というイメージの持ち方は、実はまちがっている。物語を読み進めていくとわかることだが、そこなし森は一番近い村でも十里離れている。文字通り人里離れた底知れぬところにちがいない。となると、これは、上州でも相当の山奥になければならないことになる。とても、赤城のすそ野のすみに申し訳程度についている鍋割山など出る幕はないということになる。それなのに、ぼくは逆に、この〈十里〉という言葉からも、十里四方のすそ野の広さをもつという赤城山のことを考えた。加えて、否含山という名前のおもしろさが妙に鍋割山という名に近いものに思え、かえって《否含山＝鍋割山》というイメージを強くした。

それからのち、この作品を何度読み直してみても、ぼくの頭の中には《否含山＝鍋割山》というイメージができあがってしまい、もうくずれない。客観的にそれが誤読だということがわかった今でも、ぼくの頭に浮かぶ否含山のイメージは、鍋割山を先鋒におき、その後ろに青く広がっていた赤城の姿しかない。これは、おそらくこれが山に関するぼくの一番気に入った風景だからにちがいない。

〈そこなし森〉は地元の猟師や木こりたちも入ったことのない何となく不思議な森だ。しかし、そんなことはつゆとも知らないよそからやってきた六部が、そこが気に入って住みついてしまう。一年たったある日、六部は三寸ほどの小人を垣間見る。一方で、その森から十里ほど離れた村では、若者がおやじさんに向かって大入道を見た話を、おっかなびっくりため息をつきながら、話している。ラストは、そこなし森を離れた六部が、その若者に道を教えてもらっている場面である。

森を離れた六部が等身大に戻っているのだから、魔力はその森自身がもっているものにちがいない。この物語に出てくる森は、人里から十里も離れたところにある秘密の空間なのだ。なぜ、児童文学というものは、作品それ自体の中に秘密の空間をもちたがるのだろうか。秘密の空間としての〈そこなし森〉とは一体何なのだろうか。

この作品の六部は、まるで『だれも知らない小さな国』の「ぼく」が、突然に三角平地に顔を出し、コロボックル小国という秘密の空間を見つけたときのように、そこなし森へ入り込み、〈ぽっかりと、ひらけた場所〉を見つけ出している。

森の中をおよぐようにしてすすんでいくと、ぽっかりと、ひらけた場所にでたのです。どういうわけか、ふかい森の中に、一本も木のないところがあって、足もとには、やわらかなかれ草が、秋の日をあびて光っていたのです。

「やあ。」

旅人は、びっくりしたように、ぐるぐるっとからだをまわして、空を見あげました。

こずえのはしに、否含山のてっぺんがのぞいていました。

ここに〈旅人〉とあるのは六部のことだ。この場面は、〈思わず空を見あげると、すぎのこずえのむこうに、いせいのいい入道雲があった。〉という『だれも知らない小さな国』の三角平地発見の場面と酷似している。

ぼくはなぜ、このふたつの空間を酷似していると感じるのか。その理由は、そのどちらの文章に対しても、ぼくはぼく自身の内にある「ひとつの空間」をイメージしているからである。言いかえるなら、佐藤さとるが手をかえ品をかえ描いている佐藤の一番気に入った秘密の空間の風景に対して、ぼくはぼく自身の一番気に入った風景を置き換えて、読んでいっているのだ。

ぼくは、否含山が出てきたとき、そこに鍋割山を置き換えて読んだ。そして、そこなし森の秘密の空間＝〈ぽっかりと、ひらけた場所〉に対しては、実は鍋割山ではなく、同じ赤城にはちがいないが、小沼という山頂近くにある小さな沼の奥にある森をイメージしていた。小沼は赤城の火口湖である。

ぼくは、よく赤城へ蝶の採集にでかけていった。ある日、小沼のほとりでキラキラとかがやくコムラサキを見つけた。国蝶としてさわがれるオオムラサキよりも、可憐なコムラサキや春先だけちょっと顔を出してきえてしまうギフチョウやヒメギフチョウの方が、ぼくは好きだ、という話は、ここでは全く関係ないのだが、ぼくは、森に入ったコムラサキを追って、夢中で森に入った。

しばらくして、ぼくは突然ぽつんと開けた空間に出た。木もれ日が幾本もの白いすじになって、森の中の陽だまりを照らしていた。ぼくは、一瞬立ち止まり、ただその風景に見入っていた。蝶はすでに消えていた。

ふいにそこに出たときの感じは今でも忘れない、と書くと『だれも知らない小さな国』や「そこなし森の話」になってしまう。が、このような秘密の空間のイメージを、ぼくはぼく自身の心の内にもっている。そして、ぼくに限らず、だれもが、このような一瞬の不思議の体験をもっているにちがいない。その一つ一つのイメージが、読み手の手持ちのイメージとなって作品を読む際の武器になっていくことになる。そして、それらのイメージの群れたちは、厳密に考えれば、全て作者の側がもともと持っていたイメージとは別物の、読み手が勝手に自分の中にたくわえていたイメージにすぎないものだ。程度の読み続けたい。

ところで、異質のイメージの群れたちを《秘密の空間》に閉じ込めておくのは止めた方がいい。それらは《秘密の空間》という名の安住の地を得た瞬間から、型にはまり、生気を失い、二束三文の値打ちもなくなるにちがいないからだ。それよりは、《誤読》の名の下に、おとしめて、もっと豊かな読みを差こそあれ、ぼくらは《誤読》することによって、かえって物語を深く味わうことになるのである。

ぼくにとって、児童文学はイメージの冒険だ。子どもたちは、自らの手持ちのイメージを繰り出しながら、きょうもまた、とんでもない《誤読》を繰り返し、楽しんで本を読んでいるにちがいない。ぼくは、そう考えるとうれしくなる。

ぼくらは、読書における《誤読》の意味をあまりにもないがしろにしてきたような気がする。○×もしかたないだろう。が、ぼくらの日々の読書はそのような模範解答からは自由なはずだ。

ついでにいうと、児童文学の書き手たちも、もっと誤読される権利を行使した方がいいのだ。誤読されたことにいちいち腹をたてるよりも、とんでもない誤読を誘発するような作品を書いた方が、精神衛生上も気持ちがいいことうけあいだ。

そこで結論。ぼくらが今、やるべきことは、読者である子どもらの手持ちのイメージを予測しつつ、そこに自らのつくりだしたイメージのワナを仕掛けていくことだ。必殺仕掛人、児童文学篇のはじまり、はじまり。さあ、そのワナに何人の子どもたちが掛かってくれるか、牙を研いで待とうではないか。もちろん、そのワナにかかるか、かからないかは、読み手の子どもの誤読の勝手だ。

（『季刊児童文学批評』再刊二号　一九八七年一〇月）

Ⅲ

日常の中の異形。あるいは岡田淳論

1　日常の中の異形、ムンジャクンジュの意味するもの。

たしかにじっとしていればぬいぐるみだった。ふかふかふくらんだ、やわらかそうな黒い毛におおわれていて、よく見ると頭のほうにつののようなものがあった。その下に目がぽちっとついていて、ときどきまばたきをする。なかなかかわいらしい。

毛や目はリスかモルモットに似ているが、うごきかたは毛虫だ。でもよんだらよってきたり、まばたきをするチョウやガの幼虫なんてきいたことがない。

岡田淳の処女作『ムンジャクンジュは毛虫じゃない』（偕成社　一九七九年八月）を読んだとき、岡田淳は《日常の中の異形》を描く作家だなと思った。日常の中の不安が、ふと異形なるものに姿をかえて立ちあらわれる。そんなファンタジーが、ぼくは好きだ。ナルニアやアリスのワンダーランドのように「こっちからあっちへ行く」のもいいのだけれど、それよりも「あっちのもの」が否応なく、こっちの世界を震撼させる。そんなファンタジーが、ぼくは好きなのだ。

だから、ぼくは、ムンジャクンジュみたいなものが出てくると、ただそれだけで拍手喝采をおくってしまうという悪いクセがある。パチパチ！

まきひろし『くいしんぼうの　あおむしくん』（福音館書店、「こどものとも」一九七五年十月）のあおむしもそうだったが、なぜ異形のものたちの食欲はとどまるところを知らないのだろうか。まさおが見つけた食いしん坊のあおむしは、おとうさん、おかあさんを食べ、山を食べ、町を食べ、あっちの国から、こっちの国まで、みんな食べ、最後には主人公のまさおまで食べてしまう。

食べられたおなかの中は、青空いっぱいの世界で、もとどおりの町に、おとうさんも、おかあさんもいる。食いしん坊のあおむしは、よごれた空気をきれいにする浄化装置であり、警告であったような気がする。

これと比べて、岡田淳のムンジャクンジュの食欲はどうだろうか。ムンジャクンジュは何でも食べるわけではない。食べるものは、クロヤマのクロヤマソウと決まっている。クロヤマソウを一本、二本、四本、八本、十六本、三十二本、六十四本、百二十八本……、というように食べていく。それも、きっかり二十五時間ごとに食べる。克彦少年が、〈時間の法則〉と〈倍々の法則〉と名づけたムンジャクンジュの食べっぷりも、また見事なものだ。

ところで、絵本という特性もあろうが、不安を増幅させるという点では、食いしん坊のあおむしくんの方が迫力があるように思う。町を食べ、肉親を食べ、ついには主人公の少年をも飲み込んでしまうのだから、この異形のものは、ぼくらの不安で不安定な日常を、根こそぎもっていってしまうことになる。

ムンジャクンジュは何でも食べるわけではない。クロヤマの山頂に、かつて咲いていたクロヤマソウを食べるだけだ。町の人たちが、根こそぎもっていってしまったクロヤマソウを求めて、こめつぶほどのムンジャクンジュはあらわれるのだ。食いしん坊のあおむしくんがゴミ公害でよごれきった世の中に対する警鐘としてあらわれたものだとするならば、ムンジャクンジュは、ぼくらの日常のすぐ隣にひっそりと姿をあらわすのだ。

その意味からも、ムンジャクンジュが、はじめオリーブ荘の物置の秘密の《かくれ家》で飼われていたということは、注目していいだろう。この物置について、岡田淳は次のようにいっている。

子どもたちが物置であそぶことは禁じられていた。岡さんはじめおとなたちが、じぶんたちが子どもだったころのことをわすれて、かってにこうきめたのだ。

岡さんというのは、オリーブ荘の管理人のおじさんだ。岡田淳は、かつての児童文学者たちがそうであったようにまた、大人がすでに忘れ去り、子どもたちだけに残されている《何か》を武器にしているようだ。その意味からも、ムンジャクンジュは、まず秘密の《かくれ家》で、保護され、子どもたちだけで育てられねばならないのだ。

しかし、岡田淳はかつてのセンチメンタルな大人たちが、子どもを自らの郷愁のとりこにしてしまったような真似はしない。ぼくが、岡田淳の子どもたちに「いま」を感じるのは、彼等がムンジャクンジュをおのれの内側に閉じ込めていないからだ。はじめてムンジャクンジュを見つけた良枝は、自分の部屋で飼えなくなったら、すぐに克彦と稔に助けをもとめる。この三人も、《かくれ家》である物置で飼えなくなったら、クラスのみんなに声をかけて、学校の体育館の《中二階》で飼いはじめる。

克彦がみつけだした〈時間の法則〉と〈倍々の法則〉どおりにクロヤマソウを食べていくムンジャク

ンジュという生き物も、変なものだが、みんなで助けあってとか、みんなで力を合わせればなんていうお題目もなしに、子どもたちが一緒になってムンジャクンジュを育てていこうとする。このあたりが、軽いけどやっぱりひとつの「いま」を感じさせるのだ。

軽いといえば、ムンジャクンジュも、ずいぶん軽い生き物だ。一見すると、まっ黒けむしのようだが、抱くとぬいぐるみのようにやわらかで、顔(?)をこすりつけてくるし、名前を呼べばやってくるし、これは、異形なものとしては異例なほどの腰の軽さにちがいない。全身の毛をふるわせれば、空を飛ぶこともできるのだから、軽さも極まったというべきだろう。

ムンジャクンジュは、クロヤマソウを食べようとして、中二階から体育館のフロアーにむかって宙に浮く。初めて空を飛ぶムンジャクンジュを子どもたちの懐中電灯が照らし出す。

ひとりが懐中電灯をつけた。二、三人がそれにならった。光のなかで、ムンジャクンジュのからだのりんかくはぼやけて見えた。みんなはいきをのんだ。
ふるわせかたが、いちだんとはげしくなった。と、わずかずつムンジャクンジュのからだが空中にうかびあがっていった。みんなは声もだせずに見まもった。空中で、毛のふるわせかたがかわった。懐中電灯にてらされて、黒い波がからだのまえからうしろへとながれだした。それにつれて、ムンジャクンジュは、飛行船のようにしずかに前進しはじめた。

ぼくは、ムンジャクンジュの軽さを非難しているわけではない。ぬいぐるみのような外形をもち規則どおりに食事をするこの生き物を、もっとおぞましく、もっと秘密めかして登場させてほしいと思っているわけではない。変な言い方だが、この程度の不思議さで手をうつのが、今のこどもたちには、ぴったりなのかもしれない。そんな思いが、ぼくの中にはある。これは是非ではなく、「いま」の子どもたちが求めているものは何かということ、また、そのイメージの形成過程へ、作家たちが仕掛けていくワナの問題として捉えるべきものなのだ。岡田淳の仕掛けたワナは、子どもたちの「いま」の全てではないがひとつの側面を確かに捉えている。それを、ぼくはいま「軽さ」というかたちで呼んだ。ムンジャクンジュは飛行船のように軽く空を舞うのだ。

不安といっても、ずっしりと重いものではない。ちょっとしたきっかけで、空をも飛べるようになる軽い不安、ふらっと頭の中がゆれるような感じがする時間のすきま、そんなところにやってきたのがムンジャクンジュではなかったのか。

ところで、子どもたちがムンジャクンジュを育てるということは、同時にその食草であるクロヤマソウを集めるということでもある。その、子どもたちのクロヤマソウ集めの過程をみるのもおもしろい。ムンジャクンジュの食欲が、ムンジャクンジュを秘密のペットにしておくことを自然なかたちであらかじめ拒否しているのだ。クロヤマソウ集めのしんどさとともに、ムンジャクンジュを育てる空間も《良枝の部屋》から、克彦と稔の《かくれ家》へ、それから、クラスの全員をまきこんで、学校の体育館の《中二階》へと移っていく。この体育館の《中二階》を自分たちの秘密の空間にしてしまうところにも、ぼくは、岡田淳という作家の「いま」を感じる。

子どもたちは、《中二階》の秘密をまもるために、必死になる。体育の時間は、先生がいかないうちから、ちゃんとボールやとびばこの準備をやりはじめる。休み時間には、他のクラスのために体育道具の出し入れまでやりだす始末だ。それをみて、担任の先生は、どうもおかしいと首をひねる。岡田淳の異形のものは、異形のものとしては珍しく、多くのものと接すれば接するほど、その異彩を放ってくるといっていいだろう。

さて、子どもたちの努力の甲斐もなく、体育館の《中二階》という空間もムンジャクンジュの食欲に耐えられなくなる。ムンジャクンジュは、学校の花壇のクロヤマソウを食べつくし、町へ出る。花のいっぱいある家にいって（おそって?）はクロヤマソウを食べはじめる。町は大さわぎになる。警察は町じゅうのクロヤマソウを広場に集める。ムンジャクンジュを待ちかまえる。そこに、今では二十メートルもの大きさになったムンジャクンジュがあらわれる。この、大きな怪獣のために、町じゅうの大人たちが右往左往するドタバタ喜劇のようなクライマックスも、ぼくは好きだ。銃をかまえた警官にむかって、ムンジャクンジュは、ゆっくりすすむ。


ムンジャクンジュは、まっすぐまえを見た。そして、ゆっくりすすみだした。まえには、署長さんと園長さん、それに銃を持った警官がならんでいる。

「あかん！　ムンジャクンジュ！　かえれ！　うたれるぞ！」

のどがちぎれるような声で、稔がどなった。

ひざがくがくしていた署長さんは、その声に気をとりなおしたように、

「かまえーっ！」

と、さけんだ。

警官たちが、さっと銃をかまえた。

そのとき、おとうさんの手をふりはらって、良枝がとびだした。

「だめ！　だめ！　うっちゃだめ！」

それを見て、ほかの子どもたちもとびだした。

「あかん！　うったらあかん！」

とつぜん、わっととびだしてきた子どもたちが、警官隊とムンジャクンジュのあいだにわりこんだ。

「良枝！　ばかなまねはよせ！」

「稔！　かえってこい！」

こんどは、父親たちが、子どもの名をよびながら、ひきもどそうととびだした。

子どもたちは、ムンジャクンジュのまわりを、つかまるものかとにげまわった。


長い引用が続いてしまった。が、「軽さ」は罪にはならない。軽さゆえに、子どもたちが警官隊の銃口のまえに立つことができるのならば、ぼくはこのフィクションを支持していこうと思う。

2　学校の中の異形なるもの、〈学校ネズミ〉と〈茨〉について。

「あの、どなたでしょうか。」

ぼくはやや身がまえながら、空中に目を走らせて、小さな声でよびかけてみた。

「いま、そこへいくから。」

と、返事があったので、入り口のほうを見ていたぼくは、上でなにかうごくけはいにふりかえった。

ぼくがどれほどおどろいたか、わかってもらえるだろうか。
天じょうのすみにある空気ぬきのふたがずれて、そこから下のたなまでさがった、ほそいなわばしごを、白いコートをきたネズミがおりてくるところだった！
「おどろかすつもりはなかったんだがね。」

ぼくは、ムンジャクンジュを、ぼくらの日常のすぐ隣にひっそりとあらわれた異形のものだといった。ぼくがその思いを、より強く感じたのは、岡田淳の二作目『放課後の時間割』（偕成社　一九八〇年七月）を読んで、〈学校ネズミ〉と出会ったときだった。

〈学校ネズミ〉は、白いコートを着ている。なわばしごを下りてくる。たなの上にうしろ足だけで立つ。そして、びっくりしている図工教師の「ぼく」にむかって、もうしわけなさそうにいう。——「おどろかすつもりはなかった」と。

たまたまネコにおそわれたところを助けてもらったことへのお礼と、たった一匹になってしまい誰かに話をしたくなった気持ちの強さから、〈学校ネズミ〉は姿をあらわす。〈学校ネズミ〉は「ぼく」に、毎週月曜日の放課後に「話」をしたいという。つまり「放課後の時間割」の始まりだ。

『放課後の時間割』は短編集である。それぞれの短編には、あたり前だがそれぞれの登場人物がいる。それでいながら、この作品に出てくる人物たちで、だれが一番魅力的かと、もし問われたならば、大方の者が、短編の中の人物たちでなく、その語り手である〈学校ネズミ〉の名をあげるのではないだろうか。

〈学校ネズミ〉は、ぼくらが学校で泣いたり、怒ったりしているとき、すぐ隣にいて（といっても実際には天井裏にいるのだろうが)、そこでいつも、ぼくらと一緒になって、泣いたり、笑ったり、怒ったりしているのではないか。かって昔話のぼっこたちが、子どもたちのすぐ隣で遊び戯れたように、〈学校ネズミ〉たちは、学校の中で、いつも子どもたちのすぐ隣でひっそりと息づいている。それがひょんなことで姿をあらわし、語りはじめたのが『放課後の時間割』なのではないか。〈学校ネズミ〉が語るこの物語の群れを読みながら、ぼくは、そのひとつひとつに現代におけるぼっことい った感覚を覚えてならなかった。

ぼっこは自らについては何も語らない。ただいつも隣にいるだけだ。その正体不明さが、ぼっこの魅力でもある。語ることのできぬ無念さもあるかも知れぬ。とすれば、自らについては何も語らず、ただ語り手として、子どもたちのひとつ隣に寄り添っている〈学校ネズミ〉は現代におけるぼっこの仮初の姿だといえるかも知れない。

『放課後の時間割』は、二重の構造をもった物語である。こういうと難しそうだが、べつに難しいことではない。まず最初に、〈学校ネズミ〉が登場し、そのネズミが、図工教師である「ぼく」にむかって何か話をする。ただ、それだけのことだ。これは短編集にはちがいないが、厳密にいえば、その短編のひとつひとつは、〈学校ネズミ〉と「ぼく」の物語の中の《話中話》ということになる。

それぞれの短編の前段には必ずふたりのおしゃべりがある。終わりの方にそれがないのは、短編そのものの余韻を残そうという意図にちがいない。が、前段のおしゃべり(つまり、学校ネズミと「ぼく」との奇妙な関係)は、ぼくらに学校という空間と〈学校ネズミ〉のおしゃべりとが地つづきの空間にあることを示してくれている。おしゃべりをしている場所も図工準備室という学校空間なら、そのお話で語られる舞台も学校だ。一年生から六年生までの教室、ドッジボールをしている校庭、体育館の裏のなみだのあな、よごれたプール、みな同じ学校という空間の中にある。この地つづきの感覚が岡田淳のファンタジーの真骨頂なのだ。

岡田は、この話を、給食の放送時間に語ったという。その、時間的にも、空間的にも、規制された狭さが、逆に岡田の身近なファンタジーを際立たせている。給食時間に岡田の話をきく子どもたちは、実際の図工準備室や体育館のうらを頭に思い浮かべるにちがいない。準備室の天井には空気ぬきのふたがある。もしかしたら、全部の教室の天井に空気ぬきのふたが、それとわかるように付いているのかもしれない。そうなれば、しめたものだ。子どもたちは、ふたのところから、なわばしごをぶらさげるにちがいない。そこから〈学校ネズミ〉がおりてくる。下には〈学校ネズミ〉が話をするのにちょうどいい棚がある。話しはじめる〈学校ネズミ〉の姿とその話に聞き入る図工教師の「ぼく」の姿を、給食を食べながら、子どもたちが思い浮かべるのは、むずかしいことではないだろう。

〈学校ネズミ〉が語る話の中では、とくに「図工室の色ネコ」の話が印象的だった。〈図工の先生して、色ネコを知らなけりゃもぐりだな。〉と、ばかにしたようにいってから語られる絵の具をなめる色ネコの話は、みごとという他はない。

色ネコは、ピチャピチャ、ピチャ……と色をなめていく。初めのうち、図工室がきれいになっていくので（どうもおかしい）と思っていた図工の先生も、色ネコの仕業とわかってからは、安心して、掃除もしなくなる。よくあるなまけのパターンだ。色ネコの方は、そんなことおかまいなしにピチャピチャと色をなめつづける。

色ネコは音もなく机をとびうつり、つぎつぎと絵の具やクレパス、えんぴつのあとをなめとっていく。それにつれて、からだの色も、むらさき、黄色、オレンジ色、茶色、とかわっていった。いちばんさいごには、えんぴつけずりのところへいって、どうもしんのけずりかすでもなめたらしく、どす黒くなってしまった。

そして、すっかり図工室をきれいにしてしまうと、きようにしっぽでとびらをしめて、どこかへいってしまった。

——こりゃあ、いいや。

図工の先生は、ひとりごとをいった。

ここから、色ネコの逆襲（?）がはじまる。色ネコは、画用紙に描かれた絵の中の色まで食べはじめるのだ。先生は、あわてる。自分の絵の具をありったけ置いておいたり、買っておいたりする。が、色ネコの食欲はおさまらない。色ネコは、ヒョウほどになり、ライオンほどになって、ある日、先生の顔をペロリとなめる。色ネコは姿を消し、先生はきゅうに白髪がふえはじめたと、作者は話をまとめている。が、子どもたちはみな、自分の学校の図工室を頭に思い浮かべて、この話を読むにちがいない。

色ネコが器用に《窓》を閉めるときも、読み手である子どもたちの脳裏に描かれる《窓》は、自分の学校の自分がふだん使っている図工室の《窓》にちがいない。窓が西にあれば西の窓が、東にあれば東の窓が、子どもの脳裏では確実に閉められているのだろう。

ぼくは今、意識的に二重やまかぎかっこ付きで《窓》ということばを使っている。これは、ぼくが最初に読んだときに、ぼくの頭の中で色ネコが《窓》から、はいり、出ていったからだ。ほんとうは、ここは〈とびら〉なのだけど、ぼくは、ぼくが勤めている小学校の図工室の《窓》を思い浮かべていた。

どこの学校の図工室もそうかもしれないが、図工室の窓際には電動工具や版画のセットを置くようなはば一メートルほどの棚スペースと水道がある。ぼくの勤め先の図工室は東と西とに窓があるが、その西側の《窓》の棚スペースに、色ネコはひらりととびのり、おもむろに去っていったのだ。図工室の東の窓は、校庭に面している。だから、色ネコが、体育館のうらに通じている西側の窓を使ったのは当然のことだったといえる。

ぼくの、〈とびら〉を《窓》に見做した読みは、言うまでもなく間違った読みである。しかし、そのことによって、かえって、ぼくの脳裏で色ネコは、目に見えるようにはっきりしたイメージになった。これは確かなことだ。受験向けのペーパーテストだったら、まちがいなくバツになるであろう、このような読みの揺れが、ぼくは好きだ。そして、おそらく『放課後の時間割』という作品は、読み手が通っている学校の数だけ、誤読されるのではないかと思う。子どもたちは、ぼくがやったのと同じように、自分の知っている学校を背景において、この物語を読んでいくにちがいない。

色ネコもムンジャクンジュも、ただ食欲だけで生き残っているわけではないのだ。彼等は学校という日常の空間にぴったりと寄り添っていたからこそ、そのイメージを確かなものとできたし、食欲もまた満たされたのである。それにしても、異形なるものの食欲はほんとうにとどまるところを知らないものだ。色ネコに顔をペロリとなめられても、のっぺらぼうにならずに白髪だけですんだ図工の先生は、むしろ恭悦至極というべきか。

ぼくは、ひとつひとつの短編の中身にほとんどふれずに、外回りのことばかり話してきてしまったような気がする。が、ぼくは、この作品を、一気に読み、おもしろいと感じた。いま、あらためて見ると、その短編の全てが特別におもしろいわけではない。「学校こわい」の塩をこわがるなめくじの歌なんかは、巖谷小波のものだといってもとおりそうな気がする。とくべつ新鮮味もない。おかしさも通り一遍だ。他の短編にしても、そんなに強烈なイメージをもっているわけではない。それなのに、全体として受けるイメージはかなり新鮮、かつ強烈なものとして迫ってくる。これは物語の作り方からきているのではないかと思うのだが、その辺のわけをさぐりたいという思いがぼくの中にはある。

そして、わけをさぐるといっても、『放課後の時間割』の場合、それは、そんなにたいへんではないはずだ。すでに言ったように、第一に、〈学校ネズミ〉が語るというかたちをとっている設定の巧みさ、そして、その〈学校ネズミ〉自体がじつは一番リアルで魅力的な登場人物だったということからきているのだ、と、ぼくは思う。「ぼく」のまえに突然姿をあらわした〈学校ネズミ〉。その存在だけでも、充分に驚きなのに、そのネズミが語りはじめる。学校ネズミが不可思議なものである以上、そこから発せられる《話中話》は全てほんとうらしさをおびてくる。

そして、第二のわけは、岡田淳が給食時間の放送という時間的にも空間的にも限られた条件の中で《特定のこどもたち》に語ったところからくる本当らしさにあるのだろう。その本当らしさが、いま語られている学校空間の実際と合致してくれば、なおさら、それは本当らしくせまってくること請け合いだ。例えば、「おしゃべりはだいきらい」のプラタナスも実際にそのように校庭に立っているという。その実際にあるという地つづきの感覚が『放課後の時間割』という作品のイメージ形成に与えた力は大きかったにちがいない。岡田のファンタジーの最大の特徴は、教室で実際に息をしている子どもたちの、その地つづきの空間に、空想世界を作り上げたということだろう。

ぼくは今、不用意に「空想世界」といってしまった。が、岡田のファンタジーは、日常を一瞬よぎる「めまい」のようなものだ。それは「世界」と呼ぶにはあまりにもたわいいない。

「めまい」の感覚というと、すぐにあまんきみこの一連のファンタジーが浮かぶ。少女の一瞬の出会いの感覚があまんのものだとしたら、岡田のそれは学校の中で子どもたちが感じる一瞬の空白にちがいない。それは、遊びであり、夢であり、空想であり、孤独であり、その他もろもろのものである。異形のものとしては、いかにも身近にすぎたもののイメージとして、岡田淳のファンタジーはあるのだ。

あたり前のことだが、子どもたちは、べつに岡田が勤め、給食時間に語った《特定の子どもたち》である必要はない。もちろん特定の子どもたちに語られたという長所を、この作品はいかんなく発揮してはいる。が、この作品を読む子どもたちは、いま自分がかよっている《自分の学校》しか知らないわけだとすれば、読み手である子どもたちは、《自分の学校》にひきつけて、物語を読むしかないことになる。というより、自分がいまかよっている学校にひきつけて自然と読んでいってしまうような力を、この作品がもっているといった方がいいだろう。読み手の学校の数だけ、物語の《読みのはば》もまた広がるというものだ。

思いかえせば、アリス、クマのプー、ドリトル先生の物語、みな、ひとりの子どもに語られたものだった。それが、結果として世界中の子どもたちをとりこにしていったのだ。《特定の人物》に語ることが、逆に多くの子どもたちを読者として獲得するという逆説的真理を、『放課後の時間割』という作品もまた証明しているのである。

＊

岡田は、読み手と地つづきの空間を、学校という場を背景にして作り出した。気がつくとすぐ隣にすわっている、いわば「学校ぼっこ」とでも呼ぶべき身近な不思議さを、岡田淳は作り出したのである。

左手でほおづえをつき、右手はえんぴつをにぎっていた。運動場の窓がわ、まえから四番めの座席になって以来、この姿勢が賢のおきまりのポーズだった。

「いいかね。ではここで、作者がなにをいいたかったのか……」

と、先生がいうのにかさなって、近くの工場の十二時のサイレンが鳴りはじめた。

サイレンの音が高くなり、なにげなく賢がまばたきをしたしゅんかん、世界がかわった。


ぼくは、岡田淳のファンタジーを「めまい」だといった。その「めまい」の感覚が一番よくあらわれているのは、おそらく『ようこそ、おまけの時間に』（偕成社　一九八一年八月）の導入部だろう。主人公の松本賢は、先生に名指しで注意される。「おまえ、いま、ねむってたんだろう?」と、先生はいう。賢は「は、はい」とうなずき、「い、い、いいえ」と首をふる。「どっちなんだ」と、あきれる先生に対して、賢はもじもじしながら「あの、……ねむろうとしてたんですけど、……ねむれなかったんです」と答える。教室の中は、賢を馬鹿にした笑い声でいっぱいになる。

これと同じ場面が、じつは最後にもう一度繰り返される。先生は「おまえ、いまねむっていたように見えるが、やっぱりねむろうとしてねむれなかったといいたいのかい」とたずねる。賢はまっすぐに先生を見て、しずかに「はい」とこたえる。今度は、だれも笑わない。

〈おまけの時間〉の茨とのたたかいを体験したクラス・メートたちが、賢のこの答えをあざけり笑うはずがない。一瞬の「ねむり」に入ることができなかった残念さは、クラスみんなのものにちがいないからだ。それにしても、何気なくまばたきをしたその瞬間に、《世界がかわった》というファンタジー世界への導き方は、岡田のファンタジーが一瞬の「めまい」であることを端的に示していて、見事というほかはない。

ところで、ぼくは、初めて『ようこそ、おまけの時間に』を読み、その作者「あとがき」を読んだときに、ずいぶんと戸惑ったのをおぼえている。それは、岡田が〈おまけの時間〉のことを〈たのしい夢の時間〉と呼んでいて、ぼくの方では〈そんなにたのしいところではない〉という思いがあって、その辺のズレに戸惑ったということだ。いま改めて考えてみると、このズレのあたりに岡田淳のファンタジーの特徴と、ぼくのものに対する思い入れ方のちがいがでているようで、おもしろい。

岡田の〈おまけの時間〉は、すべてが茨につつまれた音のない、いわば死の世界である。ぼくは、読んだとき、まず全てが茨に包まれ、身動きひとつできない閉塞状況というものが、頭に浮かんだ。これは、とてもたのしいなんて代物ではないはずだ。一度切っても、またのびてくる茨は、ぼくには『星の王子さま』のバオバブの木を思わせた。ファシズムの象徴のバオバブでは、切りはらう作業も、なみたいていなものではない。その思いが、ぼくをして、〈おまけの時間〉を〈たのしい夢の時間〉と呼ぶことを躊躇させたといってよい。

しかし、いま改めて考えてみると、それは、ぼくの状況に対するひとつの思いであって、実際の〈茨〉のイメージ及びそれに対する賢たち子どもの対応の仕方は、それとはずいぶんとズレていたように思う。とすれば、そのズレ方あたりをさぐることで、ぼくは、〈おまけの時間〉とそこにあらわれた〈茨〉の意味をもう少しはっきりさせることができるのではないか。

確かに、茨は日常の不安の申し子にちがいない。霧の中で茨に指の先までからまれていながら、それに気づくこともなく、また身動きひとつすることもなく眠っている子どもたちの姿は、とても心うきうきというわけにはいくまい。茨に囲まれた夢の中の「現実」もたのしいものではないはずだ。しかし、よくみると、このような茨の中にあっても、ここに出てくる子どもたちは、軽薄なくらいに明るく、前向きなのだ。そして、そこのところを実はぼくは見落としていたようだ。

例えば、夢の中で最初に目覚めた賢の場合をみてみよう。まず、賢は、なにげなくまばたきをする。その瞬間に世界が変わる。目の前は、うすぼんやりと白いだけ。何も見えない。気がつくと、さっき授業を受けていたそのままの姿勢で茨にまきつかれている。賢はあせる。身動きひとつできない。もし動けば、たちまち茨のとげがつきささってくるにちがいない。「どうしてこんなことになったんだ」と、賢は目玉だけを動かす。わきの下をつめたい汗がながれる。

と、ここまでは、ぼくが最初にイメージしていた閉塞状況と同じだ。岡田のことばを借りていえば、賢は〈茨の中、ひとりぼっち〉ということになる。しかし、ここから先の賢は、ちがう。その発想と思考過程は、茨にかこまれて身動きひとつできない状況に置かれた者としては、実にあっけらかんとしていて、明るいものだといっていい。

次の日も、また次の日も、賢は十二時のサイレンとともに〈茨の教室〉へと迷い込む。〈実際には、気づいたときから、茨にとりかこまれていて、一歩も動けないのだから、迷い込むというのはおかしいかもしれないが……〉。同じ夢を三度みたときに、賢は、こう考えている。

おなじ夢をみることは、もうあまりおどろかなかった。むしろ、ああ、またやってくることができたぞと、心がおどった。おそろしげな茨にとじこめられているのはうれしくないが、授業中にだれにも知られず、こんな夢を見ることができるのは、ぞくぞくするほどおもしろいことだ。

賢は、茨にかこまれているのは〈うれしくない〉が、授業中にこんな夢が見れるのは〈ぞくぞくするほどおもしろい〉といっている。この、〈夢〉と〈授業〉とを天秤にかけて、〈夢〉の方をあっさりととってしまうところに、ぼくは子どもたちの「いま」を感じる。ぼくだったら、とりあえず出会った〈夢〉の世界にうろたえ、迷うにちがいない。しかし、賢は迷わない。授業と比べたら、ぞくぞくするほどうれしいとまで言い切っている。ここでは〈夢〉の質は問われない。とにかく〈夢〉の世界に来れたこと自体が、うれしいことなのだ。このあたりの思考過程を、すでにいったように、ぼくは読み落としていたといっていい。

この〈茨にとじこめられているのはうれしくないが、授業中にだれにも知られず、こんな夢を見ることができるのは、ぞくぞくするほどおもしろい〉という思考のありようは、いま、この世界で息をしている子どもたちのものだ。こわいものみたさ、といっても、自分がほんとうにひどいめにあうのは耐えられない。こんなことができたらいいなという一瞬の心の間隙に、岡田淳は矢を射るのだ。〈サイレンの音が高くなり、なにげなく賢がまばたきしたそのしゅんかん、世界がかわった〉という、一瞬の夢を、岡田淳は、クラスでもあまり印象的でない子、勉強もいたずらもとくにできるほうでも、できないほうでもない子、松本賢にあたえているのは、正解だったといえよう。

賢は、さらに考える。

そう考えると、この夢がさめるまで、こうやって茨にとじこめられたままじっと考えこんでいることが、きゅうにばからしくおもえてきた。

夢の世界にいるあいだの時間を、目玉をうごかす以外になんとかつかえないだろうか。

答えはひとつしかなかった。どうにかして、この自分をとじこめている茨からぬけだすのだ。方針がきまると、さっそく実行にうつした。まず、えんぴつをゆっくりと立て、むこうへたおすようにしてみた。

こうして賢は、茨という得体の知れないものを、なんの衒いもなく、楽しい冒険の中にとりこんでしまう。えんぴつでは歯がたたなかった賢は、翌日カッターナイフをもって、十二時のサイレンの音をきく。ぼくは、ここにも子どもたちの「いま」を感じている。これは、ひとつの「強み」ではないか。賢にかぎらず、〈おまけの時間〉の住人たちは、みんな、なんの衒いもなく、状況をきりひらくのだ。現実の時間では〈ムッツリガリ勉〉と呼ばれていた圭一も、みんなを茨の眠りからときはなそうと演説をするくらいだから、これは、やっぱり、岡田淳のいうように〈たのしい時間〉にちがいない。圭一が、ここは夢の世界かと確かめてから、はしゃぎはじめ、優子のスカートめくりをするあたりは、まさに〈おまけの時間〉の真骨頂というべきであろう。子どもたちは次々に目覚めていく。茨とのたたかいの始まりだ。

こうしてみてくると、〈ムンジャクンジュ〉も、〈おまけの時間〉も、みんな子どもたちだけで力を合わせて、困難とたたかう話になっている。そして、それぞれの困難は、よくみると、みな、子どもたちが力を合わせて「冒険」しやすいように作者があらかじめ設定した《異形のもの》なのだ。岡田のえがく《異形のもの》は、異形のものとしては異様なほどに、だれにでも一目でわかる法則、あるいはだれにでも好かれやすい性格（形態）をもっている。例えば、ムンジャクンジュは〈時間の法則〉と〈倍々の法則〉にしたがってクロヤマソウをたべ、その形態と性格はぬいぐるみのようなかわいさで満ちていた。

〈おまけの時間〉のファンタジーも目にみえるようだ。十二時のサイレンとともにみる夢の世界の「法則」をひとつひとつたしかめていく賢のすがたは、ムンジャクンジュの克彦にも似ている。この辺は、ファンタジー世界を説明していく表現技術の問題なのかも知れないが、もしこれが技術だとしたら、この主人公が、ひとつひとつ「今おこっている事態」のありようについて確かめていく《確かめ方》の技術は、いかにも「いま」の子どもたちの思考過程にマッチしている。賢は、まず、この夢が十二時のサイレンが鳴りだすとはいれる世界だと確かめる。次にえんぴつのかわりにカッターナイフをもって、夢の世界にはいれるか確かめ、茨を次々に切りはらいはじめる。声を出しても、別の場所にいても、夢からさめたときは、夢にはいるまえの自分になっていることもわかる。こうして、賢は、自分のまわりの茨を切り、となりの明子の茨を切り、ついには学校じゅうの茨を切りはらうことになるのだが、おもしろいのは、切られる茨たちが、まるで切られるのを待ち望んでいたかのように、切られやすく立ち振舞っている点だ。まずは、茨たちの切られっぷりのいさぎよさを見てみよう。

まずカッターナイフをゆっくりすべらせて、ナイフにまきついたつるをはずした。つぎにナイフをにぎりなおし、ナイフのすぐまえにあるつるに刃をあて、ゆっくりななめにひき切った。
きのうひっぱったとき、あんなにじょうぶだったつるが、意外とかんたんに、クンッと切れた。
そのとき、おもしろいことに気がついた。茨のつるの切りとられたさきが、急速に枯れていくということだ。うすみどり色のつるは、切られると見るまにしなやかさをうしない、黒ずんでドライフラワーの枝のようにかさかさになってしまうのだ。

このことは、どのつるが切ったもので、どれがきれていないものか見わけるにはつごうがよかった。切ると小気味よくクンッと音をたてる茨、切ったそばから枯れていってくれる茨。夢というものは、もともとそれを見る者に都合よくできているのだろうが、岡田淳の夢は、その目に見えるような都合よさをいかんなく発揮しているといっていい。

こう考えてくると、〈茨〉もまた、岡田淳が日常のひとつ隣にひっそりと添わせた〈いっしゅんの夢〉であったことが、よくわかる。〈茨〉はたしかに不安の象徴にはちがいない。が、岡田の描く子どもたちは、何の衒いもなく、その〈茨〉を切りはらう。岡田の子どもたちは、丸山亜季の「機関車のうた」のように、まえへ、まえへ、まえへとすすむのだ。

そんな中で、ひとりだけ、気にかかる子どもがいた。遅刻屋の弘明がそうだ。岡田は、弘明について、次のように説明している。

弘明、彼はよく遅刻をする。だが一日休むということはなかった。三時間めくらいにはいつのまにかやってきていて、五時間めにはいなくなることもある。あいつは給食を食うためにやってくるのだと、口のわるいやつがいったが、それはほんとうかもしれないと賢は思う。

母親がいなくて、父親もあまり家によりつかず、たまにかえってくれば酒をのんで弘明をなぐるという話をきいたことがある。

弘明は貧しい大工の子だ。この説明をみてもわかるように現実の世界では全く冴えない。だが、〈おまけの時間〉では、ことが茨切りだけに大活躍をする。ガリ勉の圭一にのこぎりの使い方を教えたり、賢にからみついた茨を撃退するために三階の窓の外の茨にとびのり次々と切っていくほどだ。〈おまけの時間〉ではみんなが生き生きと動きはじめるのだから、弘明が大活躍すること自体にはなんの不自然さも感じない。ぼくが気になったのは、〈おまけの時間〉の弘明と、『ぼくらは海へ』（偕成社　一九八〇年二月）の嗣郎との類似性だ。ともに貧しく、ともに大工という父親をもち、それ故ともに船つくりと茨切りという作業で際立った才能を発揮したふたり。嗣郎は船をまもるために死に、弘明は死なないままでも我が身を挺する。三階の窓からとびだして、茨にたちむかう。

一見、正反対のようにみえる『ぼくらは海へ』と『ようこそ、おまけの時間に』が、嗣郎と弘明というふたりの少年をとおして、じつはひとつの糸でむすばれているような気が、ぼくには今してきている。弘明は、賢にむかって、〈おれ、学校のいろんなことでよ、こんなにおもしろいことってなかったと思うよ〉といっている。

『ぼくらは海へ』の嗣郎の死の意味をも含めながら、ぼくは、弘明のこのつぶやきの意味を、いつかもう一度考えてみたいと思っている。

3　三角ベースの意味。あるいは、子どもたちの「いま」について。

一点負けているほうの攻撃で、ランナーを二塁において、一郎がバッターボックスにはいっていた。

ピッチャーの恭子がモーションをおこしかけた。そのとたん、
「ターイム！」
一塁をまもっていた照夫が、手をひろげてどなった。
「なんだよォ。せっかくいいところなのに。」
口をとがらせる一郎に、照夫があごをしゃくった。見ると、おなじアパートに住む雨森さんが、公園をななめによこぎってくるところだった。

岡田淳の『雨やどりはすべり台の下で』（偕成社　一九八三年一〇月）は、この作家としてはめずらしく学校以外の場所を、物語の舞台として選んでいる。が、ぼくは、ここに出てくる子どもたちにも、かえっていまの「学校」のかげをみてしまう。

この物語は、スカイハイツマンションというアパートに住む十人の子どもたちが語る十の短編で構成されている。その作品冒頭に、子どもたちが、三角ベースをする場面がある。この三角ベースをやるいきさつがおもしろい。

スカイハイツマンションに住んでいる子どもたちで、ひとつの登校班ができている。〈夏休みちゅうに、最低いちどは、グループ登校のメンバーとあそぶことという、かわった宿題〉を、一郎のクラスの先生がだした。一郎は、登校班の班長である。一郎はこまって、去年の班長の照夫に相談する。そのすえに、ゴムまりとプラスチックバットでやる「三角ベース」を考えつく。

いうまでもなく、「三角ベース」はふつうの野球とはちがう。人数が少なくて、場所がせまいときにやる、いわば簡易野球とでもいうものだ。ぼくらも子どものときからやっていたし、いまでも子どもた

ちはやっぱり三角ベースをやっている。だれに話してもすぐに通じるから、おそらく日本中どこでも、似たようなルールで、似たようなゲームがおこなわれていたし、今でもおこなわれているにちがいない。

では、三角ベースをだれがいつ考えだしたかというと、よくわからない。もしかして、どこそこのだれだれが考えだしたのだという文献は、探せば出てくるかもしれない。が、ぼくの興味はそこにはない。ぼく自身は、そんな文献をみて、三角ベースをしたわけではないし、ぼくといっしょに遊んだ仲間たちも同様だろう。そんな「三角ベース」という代物を、学校の宿題としてやらねばならないところに、ぼくは今、岡田淳の子どもたちがかかえ込んでいる「いま」を感じる。

岡田淳は、子どもたちの「いま」を描いている作家だ。〈夏休みちゅうに、最低いちどは、グループ登校のメンバーであそぶこと〉という宿題を出す教師もさることながら、そのような宿題を消化するために、ゴムまりとプラスティックのバットを使って、公園で三角ベースをやっている子どもたちに、ぼくは否応なく「いま」を感じてしまう。

ぼくが「三角ベース」にひっかかるのは、皿海達哉の『野口くんの勉強べや』（偕成社　一九八一年五月）を思い出すからだ。これは、本塁と一塁がわりの電信柱しかないのだから〈直線ベース〉といったほうがいいかもしれない、と、作者の皿海は語りはじめている。話のすじは、この〈この世でいちばん単純そぼくな草野球〉から、野口くんのホームランをきっかけに、六人の仲間がひとりぬけ、ふたりぬけしていくというものだ。野口君は『野口英世』の伝記をきっかけにして「ぼくは勉強をする」といいだす。「ぼくら」は、そんな野口君のために〈勉強べや〉をつくってやる。はじめはひやかし半分だったけど、野口くんは勉強にあきる様子もない。野口くんがぬけて三角ベースもだんだんつまらなくなる。みんな、くしのはがぬけるように、塾などへ行きはじめる。ぼくも、お母さんにたのんで塾へ行きはじめるというところで、作品はおわっている。

岡田淳の子どもたちは、学校の宿題で「三角ベース」をえらび、皿海達哉の子どもたちは、勉強のために、いままでやっていた〈直線ベース〉をうしなっていく。どちらにも教育（というか世の中の壁）がせまってきている。が、皿海のえがく「三角ベース喪失の過程」が、子どもから大人への成長あるいは喪失の過程であるとするならば、岡田の子どもたちは、今まっただ中にいて、宿題の「三角ベース」をこなしている。

皿海は、子どもから大人へ至る過程での、おもに負のありようをえがく作家だ。その意味で、皿海がえがく子どもらは「いま」そのものではない。皿海自身の心の中にいまも流れているであろう皿海自身の少年時代とその痛みの体験にちがいない。だからこそ、皿海は、自らの仲間のうちに自然に息づいていた〈直線ベース〉をとりあげ、その喪失の過程の《痛み》について語るのだ。

こう考えると、岡田淳の子どもたちは、《異年齢集団で遊ぶこと》を義務づけられた世代として、際立った位相を示してくる。岡田淳の子どもたちは、自然の喪失の中で、自然に遊ぶことを義務づけられている。逆説的にいえば、そういうことを義務づけて教育したりする大人たちに囲まれて生活しているという意味で、まさに「いま」を生きているにちがいない。

では、岡田の子どもたちは、そのような状況に対して「異議申したて」をしているのかというと、そうではない。宿題の「三角ベース」にしても、六年の一郎には〈すこしものたりなかった〉とはじめ、〈園美と幸江の野球ときたら、まったくひどいものだった〉といっているが、そのうちに〈それなりにおもしろくなりだした〉という。このあたりの順応性というか明るさが、岡田の描く子どもには流れている。

『雨やどりはすべり台の下で』の十の短編にも同じような明るさが流れている。ぼくは、岡田の処女作『ムンジャクンジュは毛虫じゃない』（偕成社　一九七九年八月）をよんだとき、この作家は、日常の中の異形をえがく作家だと思った。日常の中に異形のものをみるという感覚は、現実の生活に対する不安からくるものだ。ムンジャクンジュという異形なものの出現は、ぼくの心をときめかせ、ぼくは、まだ見ぬ岡田淳の不安と、しっかりと握手したいと思ったものだ。そのときの思いは、今も変わっていない。しかし、岡田のえがく子どもたちは、単に不安をかかえているだけではなかった。《登校班のグループで遊ぶこと》というへんな宿題を「三角ベース」で見事に切りかえした子どもたちは、雨やどりのすべり台の下で、ひとりひとりの抱えていた不安と、それを解消してくれた雨森さんにまつわる話を物語りはじめるのだ。

ここで語られる十の話は、みな、はじめは、ひとりぼっちで、さびしく、つまらないというところから、語りはじめられる。照夫は、引っ越したばかりでまだなじまない。一郎は友達と海へ行きそこなう。恭子は海でひとりぼっち。園美はお母さんにおこられて、ろうかにでている。二郎はひとりでるすばん。大介は学級閉鎖でひとり公園にいる。由紀はお母さんとけんかをして真夜中に目をさます。信子は、いま流行っていて皆が上手にとばしている紙ひこうきをうまくつくれない等々、である。

こう負の状態ばかりを列挙すると、岡田の描く子どもたちは、まるで皆いつも不安におののき、生きることに躊躇しているかのようにもみえてくる。が、じつはそうではない。雨森さんという《魔法つかいのおじいさん》に出会うことで、子どもたちは、みな、不思議な、すばらしい体験をする。照夫は、スカイハイツ・オーケストラの指揮者に変身する。一郎は、海へ行け、恭子は海でひとりの少年と出会う。園美はナマズと友達になり、二郎はアオスジアゲハの女の子と会う。大介は、ハトが大空にえがくまあっすぐな線をみ、由紀は、真夜中にとなりのかげと握手をする。信子は、大きな黄色い紙ひこうきにのって、空を舞う。そして、スカイハイツの子どもたちは、雨森さんの引っ越しの日に、窓の光で「アマモリサン、サヨナラ」と文字をえがいて送るのだ。

この一種の人文字で別れを祝おうという発想は、ひとりひとりが、おのれの不安の中にとじこもっている中からは、決して出てこないものだろう。かかえていた不安は、あっさりと楽しい冒険に転化され、いま、子どもたちは、雨森さんに拍手をおくる。

ぼくは今、岡田淳の子どもたちの心のありようを、「不安」と「明るさ」というふたつのことばを使って、考えている。このふたつは、きりはなされてあるのではなく、「いま」を生きる子どもたちの倦怠と冒険心とをふたつながら示しているように、ぼくには思える。岡田淳と皿海達也の「三角ベース」の異相は、ぼくに、いまの子どもたちがかかえ込んでいる問題のひとつをかいま見させてくれたといっていい。その子どもたちの心のありようと彼等がおかれている現実の「いま」のありようとを、ぼくらは、より深くより明瞭に《像》としてむすんでいかねばならないのだろう。

4　おまけの話。あるいは〈学校ウサギ〉への疑義。

「ぼく、わるいけど、かえるよ。」

とうとう、山田がいった。しかたがない。ぼくは山田をふりかえって、うなずいた。

山田は、なか指でめがねのまんなかを、つっとおしあげて、きゅうに口のはしでわらった。そして、なにもたずねられていないのに、

「あのさ、塾にいかなきゃいけないんだ。この時間じゃ、もうだいぶちこくしてるんだけど……。」と、いった。

ウサギは、なかなかつかまらない。時間はどんどん過ぎていく。夕焼けの空の赤みも、すでに消え、夜のとばりが下りてくる。そんな中で、山田は何もたずねられていないのに、いいわけをする。〈あのさ、塾にいかなきゃいけないんだ〉と。何もたずねられなくても、だれにも問われなくても、いいわけをせずにはいられないという状況があるものだ。山田は、いまそこに置かれている。そして、いいわけをして、帰るのだ。

岡田淳の『学校ウサギをつかまえろ』（偕成社　一九八六年一二月）は、子どもたちが、工事現場のプレハブの倉庫の床下ににげこんでしまったウサギを助ける話である。子どもたちは、手をかえ、しなをかえ、ぼうを使い、あみを使い、キャベツを使い、助けようとする。その苦労の過程がこの作品の過程である

その中でも、山田が〈いいわけ〉をしつつ、家に帰る場面は、ずいぶんと象徴的で、大きなウエイトを占めているところだといっていい。ぼくは、『学校ウサギをつかまえろ』を読み、この山田の〈いいわけ〉をきいたとき、これは少しちがうなと感じた。いま考えると、ぼくのちがうなという感じには、大きく分けてふたつのことが含まれていたように思う。

そのうちのひとつは〈学校ウサギ〉のイメージに関わっている。ぼくが思っていた〈学校ウサギ〉のイメージと作品の中のウサギとはかなりズレていた。その相違だ。また、もう一つは、山田が置かれた状況に対するぼくの違和感だ。ぼくは、初めて読んだときも、いまも、なぜ山田が〈いいわけ〉をしな

ければならなかったのか、また、なぜそのような状況に置かれねばならなかったのかが、わからない。

前者から考えてみる。〈学校ウサギ〉が、ぼくの考えていたイメージと違うというのは、どういうことなのか。ぼくは、〈学校ウサギ〉に対して、『放課後の時間割』の〈学校ネズミ〉と同様のいわば身近な《異形のもの》を期待していた。その、ぼくの期待したものと『学校ウサギをつかまえろ』の中に書かれていた〈学校ウサギ〉とが別物だったということになる。

岡田淳は、《異形のもの》を、この世に立ちあらわせ、子どもたちの「いま」にひそむいくばくかの不安をあらわにし、ときに共有し、また去って行く作家だと、ぼくは考えている。クロヤマソウを食べるムンジャクンジュもそうだった。放課後の図工室にあらわれる色ネコや学校ネズミもそうだ。〈おまけの時間〉をつつみこんでいた茨、スカイハイツの雨森さん。そのどれもが、ぼくらの時間のちょっとしたすきまにしのびこんだ《異形のもの》だった。

『学校ウサギをつかまえろ』を読むとき、ぼくは、その題名から、なにか〈学校ウサギ〉という名まえの不思議な生き物がぼくらのまえにあらわれるのではないかと、まず思っていた。ぼくらはその不思議な生き物をつかまえるために、冒険めいた物語の旅にまきこまれるのではないかと思ったわけだ。冒険というとややオーバーだが、それでもぼくは、ちょっとした宝さがしのようなものを期待していたことだけは確かだった。〈学校ウサギ〉は、ぼくらのまえにどのような《異形のもの》としての姿をたちあらわせてくれるだろうか。これが、ぼくがこの作品に対してもった最初の期待だった。これは、作者岡田淳に対する期待でもあった。

そして、この期待は、あの、山田が家に帰ると〈いいわけ〉をした場面まできて、見事に裏切られることになる。それまでも少しちがうなと感じつつ読みすすめ、ここまできて、〈学校ウサギ〉は、ただ学校で飼育しているウサギというだけで、別に《異形のもの》としての様相を帯びることは、ただの一度もないだろうということに、やっと、ぼくは気がついたわけである。

ぼくが〈学校ウサギ〉に《異形のもの》を期待して読むという読み方自体が、間違っているといわれれば、それまでだが、作家が何かを願って書くのと同じように、読者もまた何かを期待しつつ、物語を読むものだ。いってみれば、そういった意味での読者としてのぼくの期待権がうらぎられたといったらいいのだろう。

今まで、岡田が作り出してきた《異形のもの》におぞましさはない。ただ、そのことによって、一人から二人、二人から三人というように、岡田の異形はみんなの支持を得ていったのだ。岡田は、ぼくらの内にひそむちょっとした不安を、ゆかいな冒険の物語に転化していく才をもっている。ただ、〈学校ウサギ〉にはこの《異形のもの》のかげりが感じられない。〈学校ウサギ〉は、ただ助けられるべき力弱い小動物として、床下にジッとしているのだ。そのとき、ぼくらは、とつぜんに、そうほんとうにとつぜんに、〈学校ウサギ〉を助けようとしているものと、そうでないものとに分けられていることに気づかされるのだ。いうなれば、その状況の重さをふり切って、山田は、口をひらくのだ。山田はいう。——〈ぼく、わるいけど、かえるよ。〉と。その一瞬の二者択一性を、ぼくらは、どう捉えればいいのだろうか。

そこのところから、ぼくのもうひとつの疑義がでてくる。ぼくは、山田が置かれた状況（つまり、その二者択一性）に対して、やはりひっかかる。もう一度いうと、ぼくは、そのときも今も、なぜ山田が〈いいわけ〉をしなければならなかったのか、また、かれをそのような状況におかなければいけなかったのか、そこがわからない。山田には山田の事情がある。ならば、別に〈いいわけ〉なんかしないで帰ればいい。そんな気楽な感じで、どうして、岡田は、ガリ勉山田を家に帰してやらなかったのだろうか。

ぼくは、『学校ウサギをつかまえろ』という作品は、灰谷健次郎の『ろくべえまってろよ』（文研出版一九七五年八月）と古田足日の『宿題ひきうけ株式会社』（理論社　一九六六年二月）の間にある作品だと考えている。

まず、『ろくべえまってろよ』になぞらえていえば、ろくべえは「あな」におちこむ。〈学校ウサギ〉は工事現場のプレハブの床下に逃げ込む。〈あな〉と〈床下〉のちがいはあるが、子どもたちが、ワイワイと集まって、助けようとする、その基本的設定はよく似ている。

〈あな〉は確かにおちこんだまぬけなろくべえと、助けようとする子どもたちにとっては、格好な場であったと思う。〈あな〉をテーマにして、谷川俊太郎がひとつの絵本を仕上げてしまうくらいだから、〈あな〉というものはろくべえにとっても、子どもたちにとっても象徴的な《場》であり得たにちがいない。それと比べて、学校ウサギがかくれた〈床下〉の方は、はたしてどうだったのか。ぼくには、ここがそれほど象徴的な《場》になっているとは思えない。たとえ、そこがウサギにとってイヌにおそわれ、死をまねく場所であったとしても、である。

こんな言い方をすると、おまえはウサギを殺す気かと糾弾されるかもしれない。ぼくは、べつにウサギを見殺しにしろといっているわけではない。ぼくがいいたいのは、ただ岡田淳という作家はこのような問題の立て方から自由なところにいたのではなかったか、ということだ。《二者択一性、そしてそこから自由》ということで、ぼくは、岡田淳という作家をとらえてきた。それが、『学校ウサギをつかまえろ』では、かなり不自由なものになってきている。そこに、ぼくはひっかかっているのだ。その不自由さは、どこからきているのか。

よしあしは別にして、灰谷健次郎は糾弾する作家である。『ろくべえまってろよ』は、ろくべえが落ち込んでいる〈あな〉に気づくか、気づかないかということが、読者に対して、暗に二者択一のかたちで求められている。だからこそ、ぼくは、この〈あな〉を象徴と呼ぶ。そして、岡田には灰谷ほどの象徴性はない。

灰谷の場合、ろくべえに対して持ち得るやさしさが全てであった。とするなら、岡田の場合、学校ウサギはとりあえず今までのおのれを見直し、あわよくば変身するための《触媒》にすぎない。うそつき伸次がぽつりといった〈どうしてこいつ、にげだしたのかな〉という問いかけが、このことをよく示している。タイトル名をひきあいに出していえば、やっぱり〈まってろよ〉ではなく〈つかまえろ〉ということになるのだろう。これは是非の問題ではない。灰谷が、人間の持ち得るやさしさそのものにスポットを当てているのに対して、岡田は、負を背負いこんだ子どもたちがその殻から抜け出す変身のドラマの方を語っているということなのだから。

だから、山田が〈教育ママゴン〉という負のモーメントを一身に背負いこんで、塾があるからと帰ったのち、再びあらわれる場面は、感動的ですらあるのだ。山田は、自らが背負いこまされたガリ勉という殻をつきやぶり、いまここに立つ。

「山田ァ。」

信じられない、という声を、達ちゃんがあげた。

つみあげられたパネルのかげから、ライトの光のなかに、ふらっとでてきたのは、山田だった。塾へもっていくはずのかばんのほかに、でっかいあみと懐中電灯をもって、ライトにめがねをひからせて、立っていた。肩で息をしている。はしってきたにちがいない。

すでに疲れはて、あきらめかけたところに、山田はやってくる。〈もうウサギがつかまってたら、ばかみたいだな〉と思いながら、はしる山田のすがたが目に浮かぶ。

『学校ウサギをつかまえろ』には、六人の子どもが出てくる。ガリ勉の山田、スポーツならだれにもまけない達ちゃん、うそつき伸次、くらい美佐子、おしゃべりでせわやきののんこ、それと「ぼく」とぎょろ目の藤田恭の六人が《ウサギつかまえ作戦》に参加した全てである。

このそれぞれに典型的な六人の子どもたちから、ぼくは、古田足日の『宿題ひきうけ株式会社』の子どもたちを思い出す。古田足日の子どもたちは、やはり、それぞれありうべき立場の典型であった。子どもたちは、それぞれの立場の代表として、意見をいい、行動する。ぼくは、この『宿題ひきうけ株式会社』の子どもたちをパネル・ディスカッションのパネラーだと思っている。

岡田淳の『学校ウサギをつかまえろ』の子どもたちも、じつに典型的な六人である。スポーツマン、うそつき、くらい、せわやき、がり勉、そして目と口だけの恭。この六人が、物語の冒頭でまだ何も事件もおこらないうちから、そのような人物として、説明されている。ガリ勉山田の紹介も、はじめからこれでいいのかと思うような、あとで家に帰るのをすでに暗示するかのような紹介文になっている。

どうして山田だけ、山田とよぶんだろ。ぼくの名は藤田恭。みんなは、恭とか、恭ちゃんとよぶ。ギョロ目の恭なんていうやつもいる。沢井達也が達ちゃん、田代伸次は伸次。どういうわけか、山田功だけ、山田とよぶ

『宿題ひきうけ株式会社』の子どもたちがマイクに向かってそれぞれの主張を述べるパネラーであったように、岡田淳の子どもたちがパネラーであるのかというと、そうではない。むしろ、逆である。スポーツマンでわんぱくな達ちゃんと、おしゃべりでせわやきののんこはべつにして、それぞれ負のモーメントをもつものとして位置づけられていたうそつき伸次、くらい美佐子、がり勉山田、目だけ口だけの「ぼく」は、《ウサギつかまえ作戦》を展開する中で、そのマイナスのモーメントとは逆方向の力を発揮することになる。かれらは、みずからの負の立場を主張するパネラーではない。いうなれば、みずからの負の要素に怯えつつ、それを逆転するきっかけとして《ウサギつかまえ作戦》を得たのである。

かれらが、それぞれの負のモーメントを逆転する瞬間は、山田の再来がそうであったように、また、感動的である。主人公の「ぼく」も、やはりひとつの負のモーメントを背負っている。それは、おしゃべりのんことの次の会話によく出ている。のんこはいう。

「おもいつくのが恭ちゃんのとりえよ。」
「それじゃ、ぼくは口だけの人間かい。」
「目もあるけどね。」
「チェッ。」

あまりつよくいいかえせなかったのは、ぼくだけ、服がよごれていないことを、ちらっとおもいだしたからだ。おもいつくだけって、からだをうごかさないってことだろ。そうなんだ。ぼくはいまだに、ひじもひざも、地面につけていなかったんだ。

こうして見てくると、負のモーメントを背負いこんで《ウサギつかまえ作戦》に参加していたのが、ガリ勉山田だけでないことがようわかる。うそつきと呼ばれている伸次、くらい美佐子、そして口だけの「ぼく」、それぞれに負の要素を抱えている。それらの負のモーメントをもつつみこんで、「ぼく」はウサギをつかまえる。


ウサギの力はすごかった。うしろあしで、ばんばんけってくる。

それでもぼくは、あみのうえからだきしめたウサギをはなさなかった。

「やった、やったァ。」

気がつけば、みんながぼくのまわりにあつまってきていて、ぼくはウサギをだいたまま、地面にころがっていた。土のにおいがした。


「ぼく」は、ウサギをにがさないように、必死でだきしめる。地面にころがる。ただでさえ感動的な場面を、岡田は意識的に、ひじもひざもつかず、服も汚さない「ぼく」に与えている。でも、「ぼく」が〈土のにおいがした〉というとき､その感動は、負のモーメントをかかえこんだみんなのものだ。じっさいにウサギをあみでつかまえて外にひっぱりだしたのは、くらい美佐子の手柄だし、その「あみ」は、一度家に帰ったガリ勉山田がもってきたものだ。

考えてみれば、うそつき伸次が「ウサギをみた」と、ほんとうのことをいってから始まった物語なのだから、まともですむはずもなかったのだが、終わってみると、ずいぶんとまともな物語になってきている。くらい美佐子はみんなといっしょに笑いもすれば泣きもする。うそつき伸次はずいぶん真面目で「ぼく」が感心するようなことをいっぱい言っている。ガリ勉山田も塾へ行くといいながら、またあらわれるし、服をよごさない「ぼく」も地面をころがり回ってウサギをとっている。このまともさは、何だろう。

まともといえば、この作品の中で、うそつき伸次がいっていることほどまともなものはない。山田が塾にいくといってかえったあと、伸次は、七時はんくらいまでなら、どうせひとりでテレビをみているだけだという。ついでに同じアパートの美佐子も同じようなもので平気だという。それから、伸次は、「どうしてウサギはにげたのか」とぽつりと問いかける。

「どうしてこいつ、にげだしたのかな。」

と、ぽつりといった。

「え?」

ぼくはちょっとおどろいた。そんなこと、かんがえてもみなかった。それに、伸次がそんなことをいいだしたのがいがいだった。

「ぼくさ、きょ年の夏、ひとばんだけ、家出をしたことがあるんだ。」

伸次のはく息が、懐中電灯に白かった。

「こいつ、なにがいやだったのかな。」

伸次は、ゆか下をのぞきこんだまま、ひとりごとのようにいった。

今までうそつきと呼ばれ、〈おまえの名まえは伸次だけどよ、いってることは信じにくい〉というじょうだんをいいふるされている伸次としては、このあたりの言い方は、じっさいまっとうで申し分ないものだ。

『学校ウサギをつかまえろ』の子どもたちはパネラーではない。かれらは《工事現場》という〈もうひとつの世界〉で、今までの自らがしょいこまされていた負のレッテルを破り捨て、あたらしい自己像をともだちのまえにかいまみせているのだから、これはパネラーと呼ぶよりは、〈学校ウサギ〉を助けるために変身したオタスケマンと呼んだ方が似つかわしいものだ。（誤解されるとこまるので断っておくが、ぼくは、オタスケマンや「おどろき、もものき、さんしょのき、ブリキにタヌキにセンタクキ、やっとでました、やっとでた、ヤットデタマン、ただいま参上」といってあらわれるヤットデタマンは、とてもおもしろいものだと考えている）

そう考えてくると、『ようこそ、おまけの時間に』の子どもたちにも同じことがいえるようだ。かれらもみな、現実でしょいこまされていた負の性格（性格というにはちょっとひっかかるところもあるが、とりあえず性格ということばで語られるもの）よりも、いい「性格」をもって、〈おまけの時間〉では、目覚めていた。

ガリ勉の圭一は突然スカートめくりをする。すまし屋の優子はその圭一をはりとばして、どなりつける。太も、弘明も、賢のことばを借りていえば〈もっと話のわかる太や弘明がめざめてくる〉ということになる。〈おまけの時間〉は、どうしようもないほどにがんじがらめに縛りつけられていた負の「性格」を払拭するために与えられた《もうひとつの空間》だったといっていい。〈茨〉を切り払うために、子どもたちは、一丸となってたたかうのだ。

『学校ウサギをつかまえろ』も、基本的にはこのパターンを踏襲していることがわかる。いままで、へんなやつだと思われていた伸次も、美佐子も、山田も、みな〈工事現場〉という《もうひとつの空間》の中で、学校ウサギをつかまえるという行動を通して、いままでの自分に与えられていた負のイメージをぬぐいさっている。そのぬぐいさる、最後のまとめの作業が、「ぼく」が地面にころがって、土にまみれたあのウサギをだきしめる場面だったのではなかったのか。

人物の典型的な配置のさまは『宿題ひきうけ株式会社』と同じだ。が、ここにはひとりのパネラーもいない。岡田がここで描こうとしたものは、現実の世界でしょいこんだ負のモーメントを、〈工事現場〉という《もうひとつの世界》での行動を通して払拭することであったといっていいだろう。

＊

ところで、ぼくは、ここまで見てきて、やっぱりこの作品は、どっかちがうなという感じがしてならない。岡田は、〈おまけの時間〉にはいるのも、〈工事現場〉にはいるのも、自分にとっては同じことだと考えているようだ。ぼくがひっかかっているのは、おそらくその辺にちがいない。

確かに岡田の描くファンタジーは、日常の世界と地つづきの感覚でつくられていた。ふつうに息をすったり、はいたり、泣いたり笑ったりしているぼくらのひとつ隣にそっと座っているぼっこのような感じ。これが、岡田の人物たちの魅力であったように思う。しかし、ファンタジーが地つづきであるということと、現実の中で囲い込まれている空間とは、おのずから別のものだ。

ぼくは、きっと〈学校ウサギ〉が《ぼっこ》になっていないことが不満なのにちがいない。異形のものになりきれなかったウサギは、ただ助けられるためにのみ逃げまわる。そして、子どもたちは、必死でオタスケマンになるべく、がんばるのだ。

気になるのは、オタスケマンとしてがんばろうとする子どもたちの心根だ。山田はすまなそうに言い訳をして家に帰るし、恭も服をよごしていない自分をうしろめたく思う。この《ねばならぬの発想》は、岡田の場合、世界が異次元におかれていたときには、そう目立たなかった。それが、〈工事現場〉という隔離された現実空間では、かえって増幅されてしまっているような気がする。岡田がときどき差し挟むユーモラスな描写は、そのことに気がついている作者自身による〈いいわけ〉のように、ぼくにはきこえてくる。

＊

『学校ウサギをつかまえろ』を読みながら、ぼくは、遠い日のぼくの体験を思いうかべていた。いま中学三年と一年とになる長女と次女がふたりで保育園に通っていたころの話だから、もう十数年もむかしのことだ。娘たちの通っていた保育園でウサギのあかちゃんが産まれた。ぼくは、勤め先の小学校で飼うために、五匹の小さなウサギをもらい、家へもってきた。翌日、学校へもっていったのだが、団地五階のぼくの家は、たった一晩の泊り客のために、糞尿の臭さでいっぱいになった。そのにおいを、ぼくはある痛みと懐かしさとともに、今でも思い出すことができる。

翌日、飼育委員会の教師だったぼくは、ウサギを子どもたちにみせて、みんなでよろこんだ。アヒルが産んだ卵を自分たちで孵化させて、飼育小屋をアヒルでいっぱいにして、教師を困らせるくらいの子どもたちだったから、面倒見がわるいわけはない。ぼくらの胸は、期待でいっぱいだった。でも、このよろこびは三日ともたなかった。ぼくがウサギをもってきた次の日か、その次の日だった。あさ学校にくると、ウサギはイヌにやられて、全滅していた。

金網がやぶれていたわけではなかった。ただ、ちょっとよわっていたところをイヌは執拗にやぶり、侵入していた。すでにあるものをこじあけて中にはいりこんだというイヌの所業が、ぼくにはまず驚異だった。イヌはウサギを食ったのではなく、ただなぶり殺したとしか、ぼくには思えなかった。小屋の中にいたのは二匹だけ、あとは校庭の、校舎のかげに無残に打ち捨てられていた。ぼくは、一縷の望みをいだきながら、校庭を、校舎のかげを、ウサギをさがしまわっていた自分の姿をいまでも思い浮かべることができる。

＊

ぼくは、『学校ウサギをつかまえろ』を読みながら、むかしのぼく自身のすがたを思い浮かべていた。「ウサギ、げんき?」とたずねる娘たちの顔と、「うん、元気だよ」と、うしろむきで答えるぼく自身のすがたを、ぼくはいま、思い出している。ウサギがイヌにころされることの痛みを、ぼくは身をもって知っていることになるのだろうか。そうであるならば、なぜ、ぼくは、このウサギを助けようと必死になっている子どもたちの、このドラマに、どこかちがうという思いとわだかまりを持ち続け、読んできてしまったのだろうか。

岡田淳の子どもたちが、この作品の中で、いままでの自分に冠せられたいくつかの負のレッテルをそれとなく破り捨てていったこともわかる。が、この子らにとって、このウサギははたして何だったのか。また、ウサギにとってこの子たちは何だったのか。岡田淳の軽さが、現実世界の中で妙に浮き足だってみえてしまったことは否めない。《異形のもの》を失った岡田淳は、やっぱり日常法則に生きるオタスケマンならぬ助け人でしかなかったのではないだろうか。

いままで、岡田は自分のつくった異空間には、ただのひとりの大人も入れなかった。その岡田が、ここでは、ものわかりのいい〈ひげのにいちゃん〉というひとりの大人を入れている。これも、気にかかることのひとつである。山田が家に帰ってしまったのを怒る子どもたちに対して、〈ひげのにいちゃん〉はとつぜんあらわれて、〈山田には、山田の事情というものがある〉という。ほとんど小さな親切大きなお世話といっていい、この〈ひげのにいちゃん〉のことばに、岡田が抗しきれない事情があるとするならば、このにいちゃんが現実の〈工事現場〉のガードマンだということのほかに何があるのだろうか。

岡田は、やはり日常のひとつ隣にひそやかに住んでいるぼっこのような異形をよびだす術にたけている作家にちがいない。ぼくは、岡田淳の、明るくて軽くて、それでいて不思議でちょっとした冒険物語にもなっている《異形のもの》の再来を願ってやまない。

気がついたら隣はぼっこ、そんな異形のものに、また出会いたい。

これは、おまけの話であるが……。

(『季刊児童文学批評』再刊三号　一九八八年一月)

《苦》と《楽》のアイデンティティ。あるいは日比茂樹論

1　生きてることの悲しみ、あるいは《苦》のアイデンティティについて。

トラックは、首都高速道路を東にむかってぶんぶんとばしている。

トラックの荷台は足のふみ場もない。ふとん・たんす・茶だんす・勉強づくえ・洗濯機・なべ・本箱・扇風機・ものほしざお・ポリバケツ・石油ストーブ・ぬいぐるみ……その他、あのせまい家によくこれだけはいっていたものだ、と感心するほどたくさんのひっこし荷物がらんぼうに積み重ねられている。

日比茂樹の処女作『カツオドリ飛ぶ海』（講談社　一九七八年八月）の冒頭は、首都高速七号線をぶんぶんとばすトラックの荷台の上からはじまっている。考えてみれば、これは、ずいぶん象徴的なことだ。ぼくの中で、日比茂樹という作家は、ふたつのことでつよく印象に残っている。ひとつは『二日間の夏』（偕成社　一九八〇年一二月）の、あの主人公の相馬一郎という少年が突然にまったく別のもうひとりの少年（ヨシアキというラーメン屋の子）に変わってしまうという物語の設定の新鮮さというか驚き。

ひとりの少年が自らのアイデンティティを追求することを主題にして、これだけ新鮮だった作品を、ぼくは知らない。

もうひとつは、『東京どまん中セピア色』（小学館　一九八一年九月）のラスト・シーン。ハイウェイの上から、小野塚稔少年が、失われた江戸橋、そして日本橋川のイメージを追っていく。あのハイウェイも、そういえば首都高速七号線だった。先に出た本のイメージを、あとから出た二冊の本でもって、ぼくはいま説明している。何となく不自然だ。でも、これは仕方がない。ぼくの本を読んだ順が逆だったのだから。

『カツオドリ飛ぶ海』を読んで、《橋のイメージ》ということがやはり気にかかった。これも、じつは『東京どまん中セピア色』を読んだときに気になったことだった。また、あとから出た本のイメージで前の作品をみていくという変な気分を味わうことになるのだが、ともかくも『東京どまん中セピア色』を読んだときに《橋のイメージ》ということが、ぼくの心に焼き付いた。橋そのもののイメージもある。また橋の上からみる川を含めた風景のイメージもある。が、ぼくが気になったのは《橋》の上からその風景をふりかえり、見ているひとりの少年の姿だ。そして、ぼくの中では、『カツオドリ飛ぶ海』の冒頭の首都高速道路の上も、『東京どまん中セピア色』のラストのハイウェイの上も、やはり《橋》なのである。

ひとりの少年が橋の上からその下の風景を見下ろしている。下には今まで自分が生活をし、息をしていた世間が見える。川もあるだろう。山も、道も、建物も見えるだろう。少年は、既知の見慣れた空間を鳥瞰している。そういうものの見方を、人はふとすることがある。《ふりかえりの視座》とでもいうのだろうか。そんな視座を、日比茂樹が描き出す少年たちはもっている。

『東京どまん中セピア色』のラストで、中学生になった小野塚少年が、ハイウェイの上から、小学校時代の自分をふりかえっている。かってこの下を日本橋川が流れ、そこに江戸橋や鎧橋がかかっていた。この小野塚少年と同じように、『カツオドリ飛ぶ海』の主人公、早坂満男も、首都高速七号線のトラックの上で、沼袋に住んでいたころの自分をふりかえる。このふりかえり方の中に、ぼくは、満男という少年の《苦》のアイデンティティを垣間見る思いがする。

トラックの荷台の上で、父の幹太は、満男に詫びている。幹太は、六年になって仲のいい友達と別れて見ず知らずの中に入っていくのはたいへんだろうという。すまないともいう。そのときの満男の答えに、ぼくは一瞬ハッとさせられた。満男は、父に「そんなことないよ。学校がかわるくらいなんでもないもの」と答え、むしろ嫌なところから離れられるから助かる、と思うのである。満男は、引っ越すにあたって今まで住んでいたところに対して明確な《悪意》をもっている。また、そうしたものとして描かれている。かって児童文学というものは、引っ越しをしていく子らの心の揺れを、このようなかたちで表現したことがあっただろうか。ぼくは、満男の、いや満男の影にぴったりと寄り添っている日比茂樹という作家の、少年の心の負荷のふりかえり方をみて、その見事なまでの悪意に緊張していた。満男の《悪意》の源を追ってみよう。

砂町にひっこすことがきまっても、いやだなあ、という気持ちはほとんどなかった。むしろ、うれしかった。自分の知らないところへいくのは、もちろん不安なことにちがいなかった。が、同時にそれは、自分も知られていない、ということであり、それが満男にはうれしかった。

満男は、どこにでもいるような平凡な少年であったが、平凡な少年の大部分がそうであるように、満男もこれまでいくつか、いま思い出してもはずかしくなるようなことをやってきた。満男のいう〈はずかしくなるようなこと〉というのは、となりの女の子の答案のカンニングである。そのために、満男は先生に呼び出され、怒られもした。《横目どじょう》というあだなもつけられた。《横目どじょう》というのは、〈ときどき横目を使って人の答案をぬすみ見る、つかみどころのないやつ〉という意味だという。

住みなれた町を離れることが必ずしもさびしいだけではないという、いわれてみれば極あたりまえの（そして、児童文学の中では、ほとんど描かれてこなかった）少年の心の負荷を、日比は、ぼくらのまえに、のっけから提出しているのだ。考えてみれば、生きていくということは幾つもの知られたくない出来事の積みかさねなのかも知れない。そして、それは子どもにとっても同じことだ。ぼくは、満男という少年の〈横目どじょう〉というあだ名に象徴される心の負荷を垣間見たとき、一瞬ゾクッとしたのをいまでも覚えている。首都高速七号線という《橋》の上で、満男はいまおのれの《苦》のアイデンティテイをふりかえっているのだ。物語の冒頭から、そのような少年の心の揺れを描く『カツオドリ飛ぶ海』という作品との出会いに、ぼくはすがすがしく緊張していたといっていい。

児童文学の中で、引っ越し（あるいは転校）を日比のような視点で描いたものが、かってあったであろうか。子どもの文学には、引っ越しをモチーフとした作品が多いことは確かだ。それは、子どもにとって、引っ越しというものが、大人以上に精神的に大きな意味をもっているからに他ならない。しかし、それら引っ越し物語は全て、引っ越すことへの不安に端を発し、引っ越し先への同化でおわるものだといっても間違いはないだろう。主人公の少年、あるいは少女は、大人とは比べられないほどに大きな精神的不安をかかえて、引っ越しをする。そして、引っ越し先で、案の定というか予期したとおりの事件を体験する。が、それらの事件を通して、彼あるいは彼女は、新しい友達を獲得し、新しい環境の中で、また一歩を踏み出していくのだ。

引っ越しをモチーフとした作品が多いということの背景には、子どもはある《節目》をもちながら成長するものだという考え、見方が基底にあるからにちがいない。引っ越しという格好の《節目》が、子どもの精神の成長に対して、どのように影響を与えていくか、また当事者の子どもがそれをどう乗り越え、どう大きくなっていくかを明確に示すところに、引っ越し物語の生命線があるといってもいいだろう。いいかえるならば、《未知との遭遇・引っ越し編》といったおもしろさを、良質の引っ越し物語は、いつも持っているものなのだ。

『カツオドリ飛ぶ海』も、ひとつの引っ越し物語である。しかし、引っ越し以前の場所に対して《悪意》をもった引っ越し物語を、寡聞にしてぼくは知らない。自分の知らないところに行くのは不安だが、それ以上に自分が《横目どじょう》だと知られていないところに行けるうれしさの方が強い、そんな少年として、まず満男はぼくら読者に紹介されるのだ。

ぼくが、首都高速も含めて《橋のイメージ》といったのは、日比の視点のありどころに関わっている。日比の視点には、大きくわけて、ふたつのものがある。ひとつは、橋の上から下をながめる視点で、もうひとつは、橋の下から上を見上げる視点である。その前者の、橋の上からながめる視点の方に、ぼくは、《ふりかえりの視座》を感じている。ついでにいうと、橋の上を見上げているときの、少年たちの視点は《そのときの「いま」》に置かれていると、ぼくは思っている。

《ふりかえりの視座》というのをもう一度具体的にいうと、『カツオドリ飛ぶ海』の冒頭で、満男が首都高速の上から沼袋での生活をふりかえっている目の位置がある。もうひとつは、『東京どまん中セピア色』のラストで、高速道路の上から、小野塚少年が日本橋川や鎧橋などを思い浮かべているところがある。どちらも、かつての自分という存在の《苦》のアイデンティティをふりかえるのである。

　トラックは橋をわたっていく。ここらへんの橋はみんな地面より高くなっており、川の水面が信じられないほどの高さまできている。

　たしかにここはゼロメートル地帯だった。

　トラックの荷台の上で語られる満男の過去が大きな負のモーメントをもつものであるとするならば、これからの生活をする砂町の団地も〈ゼロメートル地帯〉という負の形容でもって、まず紹介される。負のことばが連綿と続き、ぼくらの前途は多難を思わせる。

　こう書いてくると、まるで日比茂樹という作家が、人間が抱え込んでいる負の側面ばかりを強調していて、つまらないことばかり書いているように思われそうだ。が、実際はそうでない。そこが日比の不思議な魅力だといってもいいだろう。人間の本当に嫌になるくらいにつまらなかった体験や、絶対に思い出したくないほどにひどい体験というものは、じつはその人間にとっては、かなり深く心に刻み込まれた体験だといっていい。ただ、みんな思い出したくないだけなのだ。知られたくないからこそ、言ったり書いたりしないのだ。少年の深部に刻み込まれた体験は、一度、言葉として表現され、立ちあらわれるや否や、今度は、機関銃のような勢いで、読む者の胸を撃ちつづけるにちがいない。日比茂樹の文章が、ぼくらの胸をうつのは、きっとそのせいなのだ。

＊

日比茂樹は、人間の《苦》のアイデンティティにスポットをあてる。そうすることで、逆にいま生きているということのすばらしさを照射していく。『カツオドリ飛ぶ海』の満男も武志も、いくつもの悪（そして苦）を自らの内にたたきこんでいるからこそ、むしろ生き生きとして迫ってくるのだろう。日比は、『カツオドリ飛ぶ海』の中で、しばしば生きているものの〈生〉と〈死〉について語っている。クラスで飼っていたジュウシマツの死、孵卵器でのニワトリのひよこの誕生と、それらが焼き鳥として食べられてしまう〈ひよこ事件〉、飼っていた小ネコのミーを永沼たちに殺され、それに対して満男が何もいえなかったという負い目を背負いこむことになる〈ミー事件〉。これらは、みな《苦》によって鮮やかに逆照射されたおのれのアイデンティティに他ならない。

『カツオドリ飛ぶ海』の「あとがき」で、日比は、こう語る。

　わたしは、「カツオドリ飛ぶ海」のなかで、たくさんの生命の誕生や躍動、そして死をかきました。「生」のすばらしさとともに、「生きてることの悲しみ」が、すこしでもみなさんに伝えられれば幸いです。

日比は、たくさんの〈生〉と〈死〉を描くことで、おのれ自身の生きる証を描いているのだ。これは、かっての自分自身がそうであったような、いつも幾つもの負い目に怯えている平凡な少年たちに対するメッセージだといってもいい。『カツオドリ飛ぶ海』の中に描かれる最初の〈死〉はジュウシマツである。満男は、そこで、大森武志を知る。砂町銀座でとつぜん満男をパチンコにさそい、父親ときているかのようにみせかけていた〈ふしぎな少年〉タケシが、同じクラスの飼育係をしている大森武志だと知る。

転校したばかりで、相手は自分のことを知っているが、自分の方はまだ相手のことを覚えていないというほんの透き間のような時期があるものだ。そんな一瞬の不安なときの、満男と武志との出会いの感覚を、日比はうまく描いている。砂町銀座を歩いていた満男は、とつぜん見知らぬ少年に呼び止められる。少年は、呼び止められただけでも戸惑っている満男をパチンコに誘う。少年はいう。——〈おれよう、いま、パチンコやろうとおもってるとこだけど、おまえもつきあわねえか?〉と。「パチンコ?」と問いかえす満男に、少年は「うん」と答える。ふたりは歩く。

「パチンコって、おとなのやる、あのパチンコのこと?」

「そうだよ。」

少年は、すこし、じれったそうにこたえる。

「だって、そんなことしていいの?」

そうききながら、満男は、また、この少年がだれなのかかんがえる。

(ぼくの名まえを知っていたんだから、むこうはぼくのことを知っているにちがいない。もしかしたら、クラスの子かもしれない。)

しかし、満男は、それを相手の少年に問いただす勇気がない。ひっしになって、第八砂町小学校六年二組の友だちの顔を頭にうかべてみるが、学校へいきはじめてまだ三日め、どうしてもこの少年の顔は頭にうかんでこない。

少年は、あたかも父親ときているかのように振る舞って、落ちている玉を拾ってパチンコをする。満男の十三個の玉はチンジャラジャラの音もなく磁石にすいよせられるように下の大きな穴に消えていく。見れば隣の少年も残り少ない。と、最後の一個が一番上の穴にはいり、チューリップがぱっとひらく。少年は〈やったあ。さすがはタケシくん、根性の男、タケシくん!〉と、さけぶ。満男は一瞬、この少年はタケシというのかと思う。でも、どうしても思い出せない。この、玉がはいったと有頂天になるタケシと、その瞬間に耳ざとくタケシという名をきき思いめぐらす満男の心のありよう、そのズレもおもしろいのだが、満男がこれからずっとつきあうことになる大森武志という少年との最初の出会いが、子どもにとって非合法(?)なパチンコ屋という空間に置かれているのは、けだし象徴的なことである。日比茂樹は非合法な作家である。日比茂樹ほど作中の主人公に非合法的行動を強いている作家を、ぼくは知らない。

日比の非合法さを列挙することは、やさしい。例えば、満男と武志は、出会ったとたんにパチンコをしている。孵卵器でたまごをかえすときにも、ヒヨコを店で買ってきて、あたかも孵ったように見せかけている。また、満男は、まえの住人のところへきた手紙をわからないように開封して読み、また元通りにする。『カツオドリ飛ぶ海』というひとつの作品だけとってみても、このくらい直ぐに列挙することができる。

『二日間の夏』の一郎の場合も、大きな「非合法」を抱え込んで生きているといっていい。一郎は、ともだちとカンけりをし、自分だけ先にかえってしまう。あとで、そのともだちは帰りがけにトラックにひかれて死ぬことになる。が、「なぜいっしょに帰らなかったのか」という担任教師の問いに対して、一郎は「ぼくが『帰ろう』といったのに『さきに帰ってくれ』といわれたから」と答えている。

『東京どまん中セピア色』の場合、もっと明快だ。「非合法」に明快もないものだといわれそうだが、あみだなの荷物＝通信簿を盗むという見事な犯罪行為をやってのけている。その他、『少年釣り師・近藤たけし』（偕成社　一九八四年七月）でも、釣りあげたサイフの何万円かのお金で、いい釣り竿を買って、海つりへ行く。あげていたら、きりがない。それほどまでに、日比の描く子どもたちの行為は「非合法」の連続である。しかし、じつは問題はそんなところには全くないのだ。

ぼくは今、日比茂樹を「非合法」な作家だと呼んだ。それでは、日比が、作中の子どもたちの行動を全て許容しているかというと、そうではない。日比には、日比なりの基準がある。その日比の胸の内にある基準が、大人たちが決めた「非合法」「合法」の枠とは別のところにあるということだ。それが、ときとして作中の子どもたちを「非合法」とよばれる行動にかりたてることになる。そして、日比自身の基準に抵触するか否かの方がじつは大きな問題なのであって、それは、いうまでもなく見掛け上の建前＝「よいもの」「悪いもの」とは、おのずから違うものなのである。

『カツオドリ飛ぶ海』に戻って考えよう。例えば、ジュウシマツの死について、クラスの子どもたちは、みな、その死を悼む。その気持ちにかわりはないだろう。しかし、日比は、水入れが空なのを見て、飼育係を非難するまわりの子、また、泣きそうな顔をしながらも、「土曜日の当番は、大森だった」という飼育係の子どもを、しっかりと書き分けている。そして、大森と呼ばれた少年は、ジュウシマツの死を知って、土足のまま教室にかけのぼり、鳥かごをだきしめる。その鳥かごをだきしめている少年がタケシだということを、満男は知るのである。

タケシにとってジュウシマツの死はいったい何だったのか。タケシにとって、ジュウシマツの死は、だれが水を忘れたか、だれが当番だったかを考える以前に、悲しい出来事だったにちがいない。しかし、悲しみのあとにやってくるものは、土曜日の当番としての自分の責任の重さとやりきれなさにちがいない。そのタケシに、日比は、追いうちをかける。責任をすこしでも軽くしようと考えて、卵をかえそうとジュウシマツの卵を手にもったタケシは、バケツをけとばしそうになり、ドッジボールの上に足をのせ、あおむけにひっくりかえる。手の中の三つの卵は、もちろんみなつぶれてしまう。そのタケシに、さらに級友の声が追いうちをかける。

被告、大森武志くんは、ジュウシマツ親子殺しの罪で起訴されましたあ。

〈親子殺し〉ということばが、武志の胸をうつ。一番ジュウシマツを愛し、面倒を見ていたものに対しても、運命は容赦なく残酷なことばを与えるものだ。武志は、ぬぐいようのない重いレッテルを背負いこまされる。この背負い方は、沼袋で《横目どじょう》というレッテルをもらって生きてきた満男の重さと等質だ。

日比茂樹という作家は、〈生きてることの悲しみ〉を描く作家である。《横目どじょう》というあだ名をもつ満男、〈親子殺し〉の汚名を着せられた武志、みな、「生きてることの悲しみ」を背負っている。そのふたりがいっしょになって、りんご箱の孵卵器で、ひよこをかえす。ぶかっこうで、いかにも無理そうな孵卵器でかえすところもおもしろいが、ダメそうなので店でヒヨコをかってきて、それを学校にもっていこうとしたら本当にかえるところや、先生にもらった卵だけでなく、飼育小屋からしっけいした卵もいっしょにかえすところがおもしろい。それらが、すべてバレながらも、〈四わのひよこをかえした名ふらんき　大森武志・早坂満男　製作〉と張り紙をして、その孵卵器を、担任の栗林先生は、理科室においてくれる。それを見る武志。くすぐったいような一瞬のうれしさをえがくことも、日比は忘れない。ぼくが、日比を《苦》とともに《楽》のアイデンティティをえがく作家だと思っているわけは、ここにある。

転校して二か月、満男は〈自分がすこしずつかわりつつあるような気がしていた〉という。すこしずつ意欲がでてきたということかもしれない。引っ越しという節目を経て、何かが別の何かに変わっていくという引っ越し物語の構図を、満男もまた背負っているのだろう。しかし、《横目どじょう》よりはなにかあるとすぐてれるという《てれてれぼっちゃん》の方が好意的なあだ名だと考える満男のような視座から、引っ越しを、そして転校を見た物語は、かってなかったような気がする。いうなれば、平凡でどうということもない少年、満男がひとりひっそりとそこにいるのだ。

そんな満男を《ミー事件》と《ひよこ事件》がおそう。妹の幸子のかわいがっていた小ネコのミーが、永沼たちの手で殺される。満男は、橋の上から石をなげてネコにぶつけている永沼たちをみる。家に帰ると、幸子が泣いている。ミーをとりかえしに幸子とともに戻る満男は、しかし、永沼たちを前にしてなにもいえない。

なんだか、ひどく長い時間がたったたような気がした。

「なにか用があるのかって、きいているんだよう。」

じれったそうな永沼のそのことばに、満男はあわてて、

「いや、べつに……。」

とこたえた。冷やあせがどっとからだからふきでた。

「『いや、べつに。』か。だったらそうじろじろ見るな。」

〈なにか用があるのかって、きいてるんだよう〉とすごむ永沼。〈いや、べつに……〉とこたえる満男。ぼくは、この場面を読みながら、二十年近いむかしに、同人誌『牛』創刊号（一九六八年五月）で読んだ皿海達哉の「脱走バスの五十人」という短編を思い出していた。その中で、主人公の初老のバスの運転手が、飲み屋で、若いなまいきな運転手になぐられる場面があった。初老の運転手はなぐられっぱなしであった。《痛み》は心の中で増幅し、しかも相手にやりかえす力も技もこちらにはない。読み手をも不快の底につきおとし、沈め込むような思想（そして手際）をもった作家がいることを、ぼくは、そのとき心底からうれしく思ったものだ。そのときと同質の震えを、ぼくは、日比のこの場面を読んだときに感じた。さらに続けていえば、教条的なぼくは、血債は必ず血債でもって償還されなければならないといった魯迅のことばを同時に思い出す。その血債が重ければ重いほどその利子も高くつくというものだ。

〈ひよこ事件〉は、満男たちがかえしたひよこを先生たちが、焼き鳥にして食べてしまったというものだ。子どもたちは、口々に先生を非難する。が、満男にはできない。〈ミー事件〉のときに自分がとった態度を考えると、先生を責める気になれないのだ。ミーを殺した永沼が、四組では先頭にたって先生の攻撃をしているときくと、からだじゅうがふるえてくるほど腹がたつと、日比は書いている。また、日比は、〈ひとりでできないことを、みんなといっしょならやる、ということが、がまんできなかったのだ〉ともいっている。〈ミー事件〉を尾に引きながら、ひよこ事件を考える満男の姿と、一方でネコをなぶりころし他方でひよこ殺しを糾弾する少年、永沼の存在を、日比は対比させ、際立たせていく。「合法」「非合法」でなく、おのれの内に「生きてることの悲しみ」を刻み込むことなく、他人を非難し、踏みにじる者を、日比は、恨みをもって描くのだ。

『カツオドリ飛ぶ海』という作品は、こうかくと暗いシーンの連続のようにみえてしまいそうだ。しかし、この物語のメインはタイトル名をみてもわかるように、むしろ、満男、武志、明美たちが、夏休みに行った三宅島＝カツオドリ飛ぶ島の方にある。満男は、そこで、地びき網をひいてウズワが波打ちぎわにのりあげたときの〈ウズワの血しぶき〉をみる。一キロメートルの遠泳に挑戦し、やりとげもする。自分が手紙を盗み見した少年、さとるにも出会う。出会うといっても、別にその事実を告白するわけではない。ただ、遠くから見て、遠泳のときも、たまたまいっしょに泳ぎ切るだけだ。

《苦》と《楽》の錯綜する中で、日比茂樹の少年たちは、きょうも荒川の堤防ぞいの道を歩き、橋の上から、我が身をふりかえっているにちがいない。

＊

ぼくは、二十年近いむかし、日比のえがく子どもたちの対岸に住んでいた。そう思いながら、この物語を読んでいた。東西線がはしりだしてまもないころの「葛西」の近くに、ぼくはいた。江東区側を荒川が流れ、江戸川区側を中川が流れていたから、ぼくは中川の近くの小学校に勤めていたということになる。ぼくは、日比の作品を読みながら、川向こうの景色を思い浮かべていた。

ある日、役所の係りの人が夜水門を閉めるのを忘れた。それだけで、ぼくの学区は、何十戸かの床上と床下の浸水被害があった。そんなゼロメートル地帯に、ぼくもいた。

中川で水死した一年生がいた。川で遊んではいけないという「決まり」を破って、三人の男の子は遊んでいた。ひとりが川に落ちた。溺れた。ひとりは、通りかかった大人に助けを求めた。もうひとりの子は「うそだ。うそだ」といって、その大人をおしとどめた。大人は「わるふざけもいいかげんにしろ」とかなんとか怒って去って行った。残ったふたりの子は、溺れた子を助けようとがんばったが、コンクリートの堤防は、取り付く島もない。いかにも人を寄せつけないように、そこにある。ほどなく子どもは水中に没していった。

ひとりの子が「うそだ」と叫んだわけは、その川縁が遊んではいけないところだったからである。遊ぶことが「非合法」であるとき、その遊びの中でおこった「死」との直面を、彼は自分だけの力で処理する方の道を選んだ。その結果は、無残であった。夜中に呼び出された溺れた子の担任は、おいおいと泣き、だんながやさしく肩を抱いていた。そのとき、ぼくは、だんながいてよかったなと不謹慎なことを、ふと思った。ぼくは、また、「うそだ」といった少年の、そう言った理由にたじろぎ、その心の内を思うと耐えられなかった。かれは、ぼくの教え子だった。ぼくは、まるで自分が加害者になったような気持ちになって、夜の中川の堤防に立っていた。

＊

その向こう岸に、満男や武志や明美がいる。彼らはきょうも「生きてることの悲しみ」を背負いながらも、せいいっぱい生きることにがんばってるにちがい。そんな思いがふとした。

2　自らのアイデンティティを求めて。あるいは自己像について。

電話のむこうの声はすこしも動じたようすはなく、

「ぼくは一郎です。」

と、さらりと答えてのけたのである。

「一郎?」

思わず一郎は、大声をあげた。相手がたずねたら答えるべきはずのことばを、相手がいったのである。

(そ、そんなバカな!)

一郎の胸は、きゅうにドキドキしはじめた。

「あ、あなたは、ほんとに一郎さんですか。」

『二日間の夏』を読んだときの衝撃は、今でも忘れない。自らの存在証明を描いて、これほどまでに鮮烈な作品を、ぼくは知らない。主人公の一郎少年はプールから家に電話をする。すると、なぜか一郎が電話に出る。電話口の一郎は、冷たい。無感動な声で「ぼくは一郎です」と答えるだけだ。プールの一郎は、とびあがらんばかりにおどろく。めまいのような瞬間から、一郎はラーメン屋の息子=ヨシアキに変わっているのである。

主人公の眼のまえにもうひとりの自分があらわれドタバタするという設定自体は、すでにいくつかの前例がある。例えば、小沢正の『目をさませトラゴロウ』(理論社　一九六五年年八月)を見てもいい。

「一つが二つ」の中で、トラのトラゴロウはキツネがつくった〈一つのものを二つにふやすきかい〉で二ひきになる。二ひきのトラゴロウはお互いに相手を働かせ、自分は昼寝をしようと考えて、けんかをはじめる。小沢正は「ファンタジーの死滅」(『日本児童文学』一九六六年五月号、『資料・戦後児童文学論集』第三巻所収)と題したエセーの中で、次のようにいっている。

だが《一つのものを二つにする機械》はリンゴやニンジンを着実にふやし続けている限り、自らのファンタジー性を告白することはなかったのではないだろうか。

それは、ふやすべき肉マンジュウを持っていないトラに対して、そしてまた、そのようなトラを存在せしめている世界に対して、初めて、ファンタジーとしての自らの姿を証かしたのだ。

小沢は、まず近代社会におけるファンタジー発生の根拠から語りはじめ、その〈ファンタジー存在〉を否定していく。《一つのものを二つにする機械》のファンタジー性について語っているのは、その後段の部分である。「ファンタジーの死滅」というタイトルからもわかるように、小沢はファンタジーを国家と同様な桎梏として捉え、それを告発するのである。小沢は、二ひきのトラゴロウを描きながら、じつは〈不完全な〉自らの姿を描き、さらにあわよくば国家存在そのものの〈不完全性〉をも描き出そうとしたのだった。小沢は次のようにもいっている。——〈ぼくたちは、《一つのものを二つにする機械》の構造について、トラが二ひきに分裂する過程について、そしてまた、二ひきに分裂する際のトラの意識、二ひきのトラによって眺められた世界の光景等々については、ついに書き得ないのだろうか。〉と。

また、三田村信行も、『おとうさんがいっぱい』（理論社　一九七五年五月）の中で、おとうさんを突然に複数にしてしまうという事件を起こしている。いくつもの家庭に一組あるいはそれ以上のおとうさんがあらわれてしまう。おとうさんだけではない。だれだって二人あるいはそれ以上になる可能性はあるのだ。語り手でもある「ぼく」が玄関先へいったとき、そこにもう一人の「ぼく」が立っていたラストシーンのショックは見事であった。ドタバタ喜劇のような出だしと、政府の政策で、ダブって存在してしまっている人間については一人だけが残され他が処分されることになるという解決方法は、ぼくらの存在そのものの危うさを衝いていて、やはりハッとさせられた覚えがある。玄関先に「ぼく」があらわれてしまったときの、語り手の「ぼく」のおどろきはもはや譬えようもないものだ。

しかし、『目をさませトラゴロウ』も『おとうさんがいっぱい』も、どちらもファンタジーの世界をもちこんでの離れ技であった。ぬるま湯のような日常にふっとあらわれ、ぼくらの存在を根底から震憾させるようなファンタジーはもとよりぼくの最も好むところのものだ。が、日比茂樹は、ファンタジーの衣装を一糸もまとうことなく、もうひとりの一郎少年を電話口に出し、目のまえに置いた。ぼくはそろそろ『二日間の夏』に立ち戻らねばならない。プールの一郎がどうあがこうと、一郎はすでに家にいる。それだけでなく、プールの一郎はその外側がひとくるみ見知らぬ少年＝じつはラーメン屋のヨシアキに変わってしまうのだ。もはや一郎という存在を証明する痕跡は微塵も残っていないのだ。

ほんもののヨシアキの心がどこにいったのかは、ともかくとして、いま一郎の外側はヨシアキという少年になっている。おもしろいのは、ヨシアキと一郎の心が入れ替わるのでなく、「ほんもの」の一郎がたしかに相馬家にいるということだ。否応なく、ヨシアキになった一郎は外側から相馬家の一郎を見ることになる。そして、見れば見るほど、その一郎は能面のように無表情で、嫌になるほどに今までの一郎そのものなのだ。自分が見ても腹だたしくなる。そんな「一郎」が、いま自分の目の前にいる。一郎本人の無表情さだけでなく、母の〈つめたさ〉も、日比は語ることを忘れない。自分の家をたずねていった一郎（といっても、すでにヨシアキに変わっているのだが）に対して、母のことばは、とりつくしまもなく冷たい。

「あの……、ぼくの顔、ほんとに見たことありませんか。」
哀願するように一郎はいった。
しかし、母は一郎のことばがおわるやいなや、
「ありませんねえ。ぜんぜんしりません。」
と、〈ぜんぜん〉をとくに強調するようにいった。とりつく島もなかった。母のことばのつめたさばかりが感じられた。

母のことばの〈つめたさ〉は、行商のおばさんが玄関口にきたときに「いらないわよ」と、犬や猫を追い払うようにいうときにきいた、あの〈つめたさ〉だ。一郎はいま、自分がその立場に立たされていることを知る。立たされてみて、はじめてその〈つめたさ〉をはだに感じている。

ぼくは、『二日間の夏』の一郎の心の揺れ（おのれとおのれのまわりの者をふとちがった視点からみてしまうことからくる不安・驚きなど）をみて、新美南吉の初期にかかれたいくつかの短編を思い出している。

昭和一二年二月七日の日記に、南吉はこうかいている。

或る日違つた角度から我が家を見た。みすぼらしく見えた。人の目はいつもこんな風に見てゐたのだろうと思つた。つまりその時私は客観的に我が家を見る事が出来たのである。
こんな瞬間が自分の肉親や、自分自身にかんしてもあるものだ。

南吉は、人間の心のふっとした揺れについてかいている。ただ、南吉はふっと揺れた瞬間におのれ自身の貧しさ（負い目）をみてしまう。実際には少しも客観的ではないのだが、自分の意識の内では非常に醒め切っていて客観的といいたくなるような一瞬の心の揺れを、南吉はいっているのだ。そんな南吉の写し絵のような少年、久助君が、南吉の初期短編には登場する。ぼくは、日比の描く一郎少年を読みながら、南吉の久助君を思い出していた。

＊

南吉に「川」という短編がある。薬屋の音次郎君が、とつぜん、川の中に一番長く入っていられたものに柿をあげるという。秋も終わりのころだ。徳一君と兵太郎君と久助君の三人は川にはいる。はじめは相手のへそを見合ったりして、よろこんでいる。が、そのうち歯もカチカチと鳴りだす。まず徳一君があがる。次に久助君もあがる。ところが、ほらふきの兵太郎君はひとりになっても、なぜか、がんばり続ける。負けたふたりと音次郎君は、からかい半分に「がんばれっ、兵タン」というが、そのうちに、柿を食ってしまおうということになる。そのときの久助君の心の揺れを、南吉は次のようにかいている。

「柿、食べてしまほかよ。」
と、徳一君が、いたづらつぽい眼を光らせながらささやいたとき、久助君は、そいつは兵太郎君がかはいさうだといふ気持と、そいつは面白いといふ気持がいつしょに動いた。兵太郎君をおこらせるのはとても面白いといふことを、これまでの経験で皆よく知つてゐるのである。

この、わるいなと一瞬思いながらも、ついいたずらする方のおもしろさに加担してしまうということは、よくあることだ。悪いと知りつつ仕方なく、ではなく、その方がおもしろいから選ぶというよくあるが、なかなか描かれることのない心理の機微の一瞬の流れを、南吉はかいている。こうして、三人はかわりばんこに柿を食べてしまう。川の中にいる兵太郎君は「こすいぞ」と叫ぶが、もう間に合わない。と、とつぜん兵太郎君が腹がいたいといいだす。三人は半信半疑ながら、兵太郎君を家まで送る。

次の日、兵太郎君は学校を休む。五日、七日、十日とたっても、出てこない。二か月、三か月たっても出てこない。そのうち、死んだというううわさもながれる。そのような中で、久助君は、あるときは〈自首したい衝動〉にかられ、またあるときは〈どうかすると見なれた風景や人々の姿が、ひどく殺風景にあぢきなく見え〉たりするようになる。

『カツオドリ飛ぶ海』の満男も、《横目どじょう》とあだ名されるような人にいえないはずかしい自分をもっていた。久助君のやった《柿を食べてしまうといういたずら》も、兵太郎君が学校を休みつづけることによって、心の負荷を増大させる。久助君は、自分のすぐ横にいるもうひとりの久助君が「先生!」といって立ち上がり、ほんとうのことをいいはじめる〈幻影〉を三度も四度も見るのである。そして、この「川」の久助君のみた〈幻影〉は、じつは『二日間の夏』の中で、一郎が見たかんけりの

《夢》と同じものだったのではないのかと、ぼくは思うのだ。

『二日間の夏』という物語は、じつは、相馬一郎が見た《夢》のシーンからはじまっている。杉のようなひのきのような大木が重なりあう森の中。その夢の中で、一郎はかんけりをしている。オニは一郎だ。

一郎はオニだった。もうずっと長いことオニをつづけていた。すぎの木のかげや、下草のむこうからなかまの声がきこえ、声のするほうへ走っていくと、霧の中からだれかがあらわれ出て、音もなくかんをけった。かんをける少年の足は見えたが、顔はわからなかった。

この《かんけりの夢》はまさに負荷を背負い込んだ《幻想》と呼ぶにふさわしいものだ。ヨシアキに変わった一郎は、弟の正明とボクシングをし、ボディをしたたか打たれ、ダウンする。立ち上がれない。くやしくて涙がこみあげる。そのとき、突然に《かんけりの夢》の真実に気づくのである。夢の中の〈一郎〉は、じつは一年前の〈真治〉の姿であった。

一年まえ、一郎はかんけりをしていた。目がわるく、運動神経もにぶい真治のオニが何度も続く。一郎はわざと見つかる。他の子を見つける手助けもしてやる。真治のかわりにオニになる。一郎は次々とみんなをつかまえ、残るは真治ひとりになった。だが、真治は、恩を仇でかえすかのように、かんをける。一郎は真治を許せないと思う。続けてオニになる。が、ねらいは真治だけだ。そして、真治をオニにした一郎は、執拗にかんをけり続け、真治をオニにし続ける。つまらなくなったともだちがひとりぬけ、ふたりぬけしていく。でも、一郎はけり続ける。そして、かんを思い切り大きくけって、かくれる真似をして家に帰ってしまう。残された真治は、公園の帰りにトラックではねられて、二週間後に意識を戻すこともなく死ぬ。

一郎は、もしかしたら真治は一郎を信頼していたからこそ、かんをけったのかもしれないと考える。激怒した自分の行為を、ただただ後悔する。これからは、どんなことがあっても感情をおもてに出すまいと思う。一郎が〈能面仮面〉というあだ名をつけられるようになった由来は、ここにある。そのときの一郎の心の内を、日比は次のようにかいている。

（もうすぐ冬がくるんだな……）

一郎はぼんやりとそんなことを考え、いつまでも窓のさんにもたれて外を見ていた。心の中に、ポッカリと大きな穴があいてしまったような、みょうにうつろでたよりない感じがし、はつらつとした気持ちは、どこからもわきあがってこなかった。

この日から、一郎の目にうつる世界は色をうしなった。

この〈色をうしなった〉一郎と、兵太郎君の死を予感して〈見なれた風景や人々の姿が、ひどく殺風景にあぢきなく見え〉ている久助君は同じだなと、ぼくは思う。ただ、久助君の場合は、何か月ぶりか後にあらわれた兵太郎君の姿を見て、人間はめったなことでは死なないものだと感動する。が、相馬一郎の殺した（？）真治は二度と戻ってくることはない。

南吉の久助君の場合、問題はひとりの人間の心理の揺れの中で解決されていたといってもいいだろう。が、日比の描く人物たちは、そうではない。南吉の久助君と同じような心理の揺れを覚えながらも、一郎少年は他の人間との関係の中で生きていく。〈能面仮面〉と呼ばれる性格づけも、ひとつの関係のとり方なら、幸三、井上ら、つっぱり少年からの攻撃もひとつの他との関わりにちがいない。そして、ヨシアキへの変身が決定的なものとして一郎にせまってくる。ヨシアキになってからの、弟の正明、ラーメン屋の父母たちのあたたかさ。それに対する、相馬家の人間たちの冷たさ、この対比の中から、日比は、ぼくらに何を訴えようというのか。〈あたたかさ〉と〈冷たさ〉のふたつに象徴される正と負のいくつもの関係の交錯の中から、それでも一郎は、確実に新しい自分を発見し、作っていくために、「生」を生きていこうというのか。ラストシーンで、真治の墓に向かう一郎の後ろ姿には、もう悲しみはない。

（真治のお墓にいってこよう。お墓にいって、あいつにあってこよう。）

クルリとむきをかえて走りだした一郎のうしろすがたは、とてもこれから友だちのお墓にいこうとする少年のようではなかった。

一郎のからだからとびちったあせが、アスファルトのフライパンにはじけて、たちまち消えた。

夏のおわりにかなしみはなく、西の空にわきあがった積乱雲が、これ見よがしに町を見おろしていた。

ヨシアキに変身することで、相馬一郎は、一年まえの真治の事件をあらためて問い直す。《能面仮面》として生きてきた自分の姿を、逆照射する。おのれの存在自体が疑われる中で、ヨシアキになった一郎は、新美南吉風にいえば、つまりその時一郎は客観的に自分の姿を見たのである。

ヨシアキが弟の正明とボクシングをする場面にも、ぼくは南吉の久助君のかげをみる。久助君は兵太郎君ととっくみあいをする。干藁の上でとっくみあいながら、久助君は相手が本気なのかふざけているのか疑う。疑いながら彼はとっくみあっている。そのうち、彼はふっと兵太郎君の顔を見る。兵太郎君はとてもさびしそうな顔をしている。そのとき、久助君はとつぜん兵太郎君だと思いこんで知らない少年ととっくみあっていたような気分におそわれるのだ。そして、また兵太郎君だとわかって、ほっとする。同じように、ヨシアキは、正明とボクシングをする。正明は「にいちゃん、あんまり本気だすなよ」といいながらも、どんどんとせめてくる。初めてボクシングをするヨシアキにしてみれば、本気も何もあったものではない。どうなるか、皆目わからない。正明のパンチがみぞおちにきまる。ヨシアキは本気で正明とうち合いはじめる。が、最終ラウンド、正明のストレートがボデイをおそう。ノックアウトだ。痛さとくやしさの中で涙をながすヨシアキは、いつのまにか自分が〈能面仮面〉の一郎でなくなっていることに気づく。そんなところに、一年まえのかんけりのシーンが色あざやかに思い出されてくるのだ。

ぼくは『二日間の夏』の一郎少年の、自らのアイデンティティを求めて苦悩する姿に、新美南吉の久助君の姿をダブらせてみた。南吉がひとりの心理の中で収束させていた負荷を、日比は、他との緊張関係の中で描いた。そして、この「他」はいくつもの紆余曲折を経ながらも「国家」へまでつながるものだ。だから、日比の描いたこの日常物語は、どこかで『目をさませトラゴロウ』や『おとうさんがいっぱい』といった不思議なファンタジー作品とも固い握手をしているはずだ。

ぼくは、どこにでもいる平凡な少年たちの心の揺れと、その重みを、日比がこのようなかたちで描いたことを高く評価したいと思う。特別にとりえをもたないどこにでもいそうな少年たちの《苦》と《楽》のアイデンティティを、日比は、典型的なかたちでさらけだしたのである。

3 《事件》と《セピア》と《橋》のイメージを追って。

四月七日、水曜日、始業式の日。事件が三つあった。

事件といっても、テレビや新聞をにぎわすような事件のことではない。ぼくたちの学校、ぼくたちのクラスに起きた、ごくごくささやかなできごとである。

『東京どまん中セピア色』（小学館　一九八一年九月）は、三つの〈事件〉から語られる。新聞やテレビをさわがすような事件ではなく、自分たちのクラスにおきた〈ごくごくささやかなできごと〉を、日比は〈事件〉と名づけ、そこから語りはじめている。こんなところにも、ぼくは、日比茂樹という作家のがんこなまでの視座の確かさを感じてしまうのだ。日比は、建前と呼ばれているもの、あるいはこの世の中の写し絵のような虚構性からできるだけ遠いところに我が身を置こうとしているようだ。そうすることで、日比は今まで圧殺され続けてきた名もない人間たちの胎内からの叫びを、さりげなく（しかし確実に）おもてざたにしていくのだ。

『東京どまん中セピア色』の冒頭で語られる〈事件〉は、三つある

①クラスに転入生があったこと
②自分の絵のセピア色がほめられたこと
③学級委員選挙で自分に一票はいったこと

この三つは、〈事件〉と呼ぶには確かにあまりにも「ぼく」こと小野塚稔によりすぎている。そして、そのことに気づくとき、ぼくらは、逆にぼくらがふだん〈事件〉という名で呼んでいるものが、いかに自分から遠いところで起きているものかということに気づくのだ。〈事件〉とはそういうものでありながら、まるでぼくらのすぐ身近で起きているかのような口調で語られもする。この欺瞞と錯覚の中で、ぼくらは、それでも日々生きているのだ。

＊

ぼくは、〈事件〉ということばをきくたびに、いつも砂田弘の「二つの死」（『日本児童文学』一九六六年七月号所収）という短編を思い出す。〈事件〉といっても、砂田が問題にするのは〈新聞やテレビをさわがすような事件〉の方だ。「二つの死」の中で、砂田は、貧民街にすむ姉妹が酒乱の父親を殺し、その後少年院に送られた姉もトラックにとびこんで自殺するという二つの死を描いている。が、砂田の目は〈二つの死〉そのものよりも、むしろ、その死をとりあげる世間＝マスコミの方に向けられているようだ。

父親殺し事件は、七時のニュースで全国に放送された。野木橋を渡って、新聞社や放送局の自動車が南町四丁目に集まってきた。七時半には、野木橋に警官が現われて、交通整理を始めた。

父親殺しという〈事件〉をセンセーショナルにとりあげるために普段は足も向けない〈貧民街〉に我も我もと押しかける新聞記者たち。そういえば、ここに出てくる、あえて父親殺しの汚名を着た少女たちの住んでいた〈貧民街〉も、江東か江戸川のゼロメートル地帯を思わせるものだ。南町と呼ばれるこの町は、東京でも最も土地の低いところで、大雨が降るとよく水びたしになると、砂田は書いている。ここを〈貧民街〉と呼んだら、『カツオドリ飛ぶ海』の満男や武志は怒るだろうかと、ふと馬鹿げた考えが頭をよぎる。

マスコミのインタビューにまことしやかに建前を答える女性評論家も出てくる。評論家、川本女史のコメントの長さは、そのまま作者＝砂田弘の現況に対するいらだちの長さだと、いってもいいだろう。川本女史はいう。――〈人を殺すということは、いちばん重い罪であります。どうしてこの二人の少女は、父親を殺そうとする前に、だれかに相談しなかったのか、先生にでもいい、お友だちにでもいい、私のような者のところへでもいい、なぜ相談にこなかったのかと思います。……（中略）……あの悲しむべきニュースを聞いたとき、私はしばらくひとりで泣きました。私は少女たちの貧しい生活に涙を流したのではありません。やくざ者のような父親をもった身の上に同情して、泣いたのではありません。どうしてそうした苦しみやなやみを、人に相談しなかったのかと、くやしくなって泣いたのです。……（後略）……〉。女史の話はまだまだ続く。

ラストは、この女性評論家が、イヌの散歩に行くとちゅうで、少年院へ行った少女が自殺したという電話をうける場面である。彼女はまた「私は非常に残念です。死ぬ前に、なぜだれかに相談しなかったのでしょうか」と答える。それから、愛犬の方をむいて「ジョンちゃん、お待ちどうさま」という。彼女は愛犬をつれて散歩にでかけ、そこで、作品は終わっている。

「ジョンちゃんは、いつもおりこうね。さあ、お散歩へ出かけましょう」

黒いスーツの川本女史と白い仔犬は、短い影を連れて、歩きだした。空は春の日にかがやき、都心を遠くはなれた住宅地の空気はすみきっていた。
「ジョンちゃんは、おりこうさんね」
二つの影の動きが早くなった。川本女史は、女学生のようにはしゃぎながら、空を見上げて、からまつの林へつづく小道をかけていった。

砂田弘は、〈事件〉あるいはニュースに敏感な作家だ。『さらばハイウェイ』（偕成社　一九七〇年一一月）や『八月の冒険』（小学館　一九八〇年一月）でも、砂田は、誘拐という事件をとおして、社会の暗部と矛盾をあらわにする。『八月の冒険』の「あとがき」に「テレビに触発されて」というタイトルをつけて、砂田は〈刑事たちの活躍もさることながら、子どもたちは何よりも血わき肉おどるような事件が好きなのではないか〉といっている。

刑事たちの活躍よりも事件そのものを子どもたちは好むものだという、この作家の見識は卓見である。刑事たちの活躍には、いつも「正義の味方」という大義名分がつきまとう。同じなぐりあいをしても、刑事たちの暴力が常にゆるされるのは、彼らのうしろだてにこの大義があるからだ。それに比べて、犯人たちのなんと悲しいことか。彼らは虫けらのように殺され、だれも一瞥すら与えない。誘拐という犯罪行為をとりあげながら、むしろ犯人たちの方へおのれの身を寄せていく砂田弘という作家の、社会を告発していくときの眼差しが、ぼくは好きだ。砂田は、誘拐という社会的に最も承認されないであろう事件を主題とすることによって、逆に〈事件〉あるいはニュースという名で呼ばれる情報機構の欺瞞を撃っている。

ぼくは、〈事件〉ということばをきくたびに、「二つの死」を思い出す。父親殺しの罪を背負った少女の自殺という〈死〉と、その〈死〉のニュースに電話口で答えながらイヌの散歩に出かけていく女性評論家の後ろ姿が浮かぶ。明快に対比されたラストシーン。そこにこめられた砂田の荒々しいまでの怒りを感じる。

＊

『東京どまん中セピア色』の冒頭に出てくる〈事件〉は、マスコミがさわぐような事件ではない。日比自身のことばを借りていえば、〈事件といっても、テレビや新聞をにぎわすような事件のことではない。ぼくたちの学校、ぼくたちのクラスに起きた、ごくごくささやかなできごとである〉ということになる。砂田弘が社会全般を相手にしその欺瞞を告発する作家だとしたら、日比の眼差しが社会全般に置かれることはない。その眼はいつも〈ごくごくささやかなできごと〉の方にある。まるで「全般」ということばで捉えられる《生》を否定するかのように、日比の描く子どもたちは、《法》の埒外にいるのだ。

その意味からも、日比茂樹は確かに非合法な作家なのだ。日比の描く少年たちは、まるでひとつの埒の内で走り続けることをあらかじめ拒否しているかのように振る舞い、生きる。逆説的にいえば、日比の子どもたちは、ひとつの埒の中で走ることを強要している大人たちの欺瞞を、じつは砂田以上に激しく告発しているのかもしれない。そんな思いが、ふとしてくる。

どうも、話がのっけから作品を離れてひとり歩きをはじめているようだ。話を『東京どまん中セピア色』という作品の内に引き戻すためにも、ぼくは、語られる〈事件〉のひとつひとつをもう少し具体的に見ていく必要がありそうだ。まず、事件の〈その一〉は、転入生久保こずえのことである。

三つの中でのもっとも大きな事件は、わが六年二組に転入生があったことだ。

なぜこれが事件かといえば、ぼくたちの学校がどこにあるかという説明からはじめなくてはならない。

東京の地図を広げていただきたい。東京には二十三の区があるが、その中心はなんといっても中央区である。東京駅八重州口の東に広がる一帯が中央区であり、日本橋、京橋、八丁堀、築地……といった由緒ある町がすぐ見つかるはずだ。


東京の中央区にある小学校なので、引っ越していく子はいても、入ってくる子はいない。日本橋、京橋、八丁堀、築地……という地名をあげつつ、転入生があること自体が〈事件〉であると、日比は語る。その日比の眼差しは、もう過ぎたむかしにかえっているようだ。鮮やかでなつかしいセピア色に変色した東京の町を垣間見させてくれる。

そこに、事件の〈その二〉＝〈セピア色〉が、からんでくる。そう、思い出の色は確かに〈セピア色〉が似付かわしい。


ぼくの描いた『銀座夕景』を見て、先生が、

「おっ、小野塚の絵、セピア色がよく出てるなあ。」

とつぶやいた。ぼくは聞こえなかったふりをして席にもどったが、内心うれしくてホクホクしてしまった。『セピア色』という音のひびきがたまらなく美しく、

セピア
セ・ピ・ア
セピーア
などといろいろに口の中でころがしながら、「セピア」をアメ玉のように味わっていた。
（うすい青をにじませて描いた、ネオンの色のことかなあ、それとも、ビルのあかりに使った山吹色かなあ……。）

「ぼく」の〈セピア〉に対するイメージの持ち方は、子どもの《未知なるものを既知の領域へと採り込んでいく》という認識の仕方の典型だ。そのとき、「ぼく」がうけた〈セピア〉がほめ言葉だったから、〈セピア〉は「ぼく」の心の中で、バラ色のように広がっていく。うすい青をにじませたネオン色、山吹色等など、〈セピア〉という未知の「色」のことばは「ぼく」こと小野塚稔の心の内に取り込まれ、おのれの物語を形づくっていく。ひとつの物語の中で〈セピア〉は、小野塚少年にとってかけがえのない「色」として心の奥底深く沈殿していくのだ。

この小野塚少年の《セピア体験》はひとつのささやかな原体験だ。これ以降、小野塚少年の心象風景はいつもセピアに色どられる。そこに、日比の原風景＝東京がある。だから、校門を出て、ふと見上げた空の青さにも、小野塚稔はセピアを感じるのだ。

いつのまにか雨がやみ、西の空はわずかに雲が切れ、そこから美しい紫がかった青い色の空がのぞいている。

〈あんな色のことかな、セピア色っていうのは……！〉

ところで、ぼくにとって〈セピア〉は一体どんな色だったのだろうか。寡聞にして、ぼくは〈セピア〉なる色を知らなかった。もちろん、テレビのノンフィクション番組かなんかを見たとき、「セピア色に変色した一枚の写真が云々」なんていうくだりは確かに耳にしたことはあった。が、それは今にして思うと、ただ耳をとおりすぎていっただけにすぎなかった。小野塚稔同様、イカの墨からとった色だなんてことは、ついぞ知らなかったことになる。『広辞苑』に次のような記述がある。

セピア【sepia】有機性顔料の一。イカの墨汁嚢中の黒褐色の液を乾かしてアルカリ液に溶解し、希塩酸で沈殿させせて製する。主として水彩画に用いる。黒褐色。

味気ない辞典からの引用が妙にぼくの心を惹き付ける。が、それよりも、やっぱりぼくは、この物語の《エピローグ》のイカ釣りの場面を引き合いに出した方がよさそうだ。稔はイカを釣り上げる。釣られたイカはキュキュッキュキュキュッと悲しそうに泣く。稔は「イカにも悲しみがあるのかなあ」と感傷にふける。と、とつぜんイカは稔のシャツにスミをはきかける。馬場は「イカには怒りもあるらしい」と、笑い、「ま、いってみれば、セピア色の怒り、ってとこだな」と、つけ加える。おどろく稔。

「セピア色の怒り?」

ぼくは思わずきき返した。セピア色。……なんだか久しぶりに聞くなつかしいことばだった。

「おまえ、知らないのか？　セピア色っていうのは、イカの墨からとり出した色なんだぞ。」

初耳だった。馬場の顔からして、ぼくをかついでいるのでないことがわかった。

「でも、もっときれいな色なんだろ、もちろん。」

「色の好みは人さまざまだから、なんともいえないがね。いまのおまえのシャツの色、黒褐色のシャツの色が、まさにセピア色さ。」


思うに、ぼくは、作中の小野塚稔の〈セピア〉のイメージをあと追いしていたようだ。〈セピア〉というカタカナで表現される色は、たとえそれがイカの墨の黒褐色だとしても、ぼくには汚いというイメージはないようにみえる。『東京どまん中セピア色』という題をみたとき、うちの女房は、即座に「わあっ、かっこいい題だね」といったもんだ。「セピアって、どんな色？」と、ぼく。「んーっ、黒でもないし、むらさきでもないし、茶色でもないし……」と、ちょっとこまったような女房。ややあって、テーブルの蠅帳の模様を指差して「こんな色。コーヒー色みたいな色」という。ちなみに我が家の蠅帳は買ったばかりで、まだ新しい。その模様をみながら、女房の答えにわかったような、わからないようなぼく。カタカナの色は、やはりカタカナでしか言いあらわせないのだかどうか、と、ふと思う。

いずれにせよ、〈セピア〉という色は、稔の心の中で、何だかわけはわからないけれどもいい色という形で定着し、沈殿していく。曖昧でありながら強烈な印象をあたえるもの、曖昧であるからこそむしろ確固としたイメージをあたえるものというのが、人間の（とくに子どもという時代の）認識の構造にはあるようだ。小野塚稔という少年にとってセピアはそのような色だったにちがいない。考えてみるに、このセピアという色は、これから語りはじめられる稔と久保こずえとの出会いと別れの物語を色づけるものとしては、これ以上ふさわしいものはないのだろう。セピアにやけた写真のように、日比は語り、稔は歩く。走る。自転車に乗り、地下鉄に乗る。勝鬨橋の上から墨田川に向かって通知表の紙ふぶきを散らす。廃船のゴンドラにゆられながら、いま生きているということを実感している。

*

実をいうと、ストーリーの展開の上で、セピアという色が他に影響を与えることはまずない。セピアは物語の背景として漂い、沈んでいるにすぎない。

物語は、地下鉄の中で、稔が目撃してしまったカバンどろぼうを発端として進んでいく。稔は、偶然にそのどろぼうとまた出会い、つけていく。どろぼうは、鎧橋の下の廃船の中に入る。稔は、そこで、ばったりと久保こずえに出会う。どろぼうは、こずえの兄で、その廃船がこずえたちの《家》だったのである。《こずえの家＝だるま船》にはセピア色が似合っている。流れる川も、橋もみんなセピア色だ。稔の記憶の中の風景は、その自然も建物も、船も川も橋もみなセピア色にちがいない。

『東京どまん中セピア色』という作品は、ひとことでいってしまえば、稔という少年が久保こずえという不思議な少女に出会い、別れていくという典型的なストレンジャータイプの物語である。その途中に、父の死とその直後の万引き事件、こずえの弟たつきの教室脱走事件とその発見、稔と馬場庄吉とによる〈通知表強奪作戦〉等などが、絡んでくるのである。が、そこで語られる全てはセピアに色づいた日比の記憶の海でおよいでいるといっていい。作者「あとがき」の中で、日比はいう。

この物語は、江戸橋や鎧橋がまだ橋であったころの——正確にいえば、橋が橋でなくなる寸前の物語です。読者のみなさんが稔とともに歩き、走り、自転車、電車、小船に乗って、今一度東京をとらえなおし、自分の町、自分たちの生活、そこに生きる人々を考えなおす、きっかけとなってくれることを願っています。

セピア色への誘いが、色褪せたぼくの記憶を、ぼく自身の幼少年時代へと遡らせてくれる。セピア色の〈橋〉のイメージは、いま、ぼく自身の〈橋〉の記憶をも呼び覚ます。

＊

母親とふたりで前橋の町中を歩いていた。広瀬川にかかる橋の上だった。突然にふっと母親がいった。

「これ、機銃掃射のあとだよ」

毎日のように渡っている橋だった。それなのに、なぜその日に限って、母親がそのようなことをいったのか。ぼくは知る由もない。御影石の白くひかった橋の欄干には幾つものまるくけずりとったようなへこんだ傷跡があった。

「これ、機銃掃射のあとだよ」

と、母親はいった。毎日のようにわたる橋の上だった。その御影石の白い橋の上で、唐突にきいた母親のつぶやきは、あとにも先にもこの一回だけだった。しかし、幼い頃にきいたこのことばは、ぼくの耳にやきつき、その後、橋をわたるたびに、ぼくはその言葉を思い出し、橋に刻み込まれた傷跡をみた。前橋の町中をとうとうと流れる広瀬川の、ちょうど一番賑やかで騒がしいあたりにその白い橋はかかっていた。それは橋と呼ぶにはあまりにも未知そのもののように自然にぼくらの日常をつないでいた。その橋に幾つもの機銃掃射の刻印があった。

ぼくは、その橋にひとつの歴史を感じていた。戦後生まれのぼくは、空襲も機銃掃射も知らない。しかし、この橋はぼくの知らない機銃掃射の傷跡を残して、いまここにある。弾痕だけは、目に見える「もの」として、ぼくの前に厳然としてあるのだ。幼いぼくの胸を、そのとき言い知れぬ感慨がはしって、通り過ぎたことだけは確かであった。

＊

その白い橋は、いまはもうない。広瀬川はあいかわらず豊かに流れ、朔太郎が釣り糸を垂らしたときのように白く澄んでいるのだが、その白い橋はもうない。かなりむかしに今風の綺麗な橋に変わっている。失われた橋のイメージは、ひとつの失われたときを語っている。しかし、その《とき》をひとつの掛け替えのない《とき》として生き、歩き、走り、自転車に乗って渡っていった人々の記憶があるうちは、ぼくらはその風景を記憶していくだろう。日比茂樹のセピア色の記憶は、同時にぼく自身の《とき》でもあるのだ。日比の文体は、そのようななつかしさをもって、ぼくに迫ってくる。

＊

新冬二の『口笛のあいつ』（理論社　一九六九年一一月）に空襲でこわされたままになっている〈くらい橋〉のイメージが出てくる。新冬二の文体は、あくまでも短く、鋭い。機関銃を思わせる。その無機的な文体の中で、〈くらい橋〉は語られる。

橋の上。風がつめたい。この橋は、戦争中、空襲にやられて焼けたまま、ろくに修理もしてないのだ。コンクリートが、ところどころかけおちたままだ。

はだか電球がぶらさがっている。風が吹くと、それが、ぐらぐらゆれた。

「おい」

勝次は、ぎくっとした。

「だれだ」

「おれだよ」

不二夫が立っていた。

勝次と不二夫のふたりは、架空の港町を舞台に、口笛のあいつを追う。《夕空はれて》の口笛をふくあいつは、密輸団だ。新冬二の無機的な文体には、黒い倉庫とくらい橋の架空の港町が似合っている。この〈くらい橋〉について、新は「あとがき」の中で、次のようにいう。――〈戦争中、空襲でこわされたままになっているという橋などは、どこをさがしてもないでしょう。それらの橋は、新しい橋になってしまうと、もう過ぎ去ったものを思い出すことはありません。しかし、人間はそれを、思いだすことはできます。〉と。

新は、自らの失われたときを求め、描くために、架空の港町を物語の舞台として選んだのだ。その架空の町の中で、〈くらい橋〉のイメージはいまあざやかによみがえる。ぼくは、この新の〈くらい橋〉と日比のセピアに彩られた〈橋〉のイメージと、それにぼく自身の記憶の中にあるいくつかの〈橋〉のイメージを加えて、それらにある共通のものを感じている。

〈橋〉にはそれをわたる人間たちの記憶が塗り込められている。新や日比の〈橋のイメージ〉を見るとき、とくにその思いをつよくする。橋をわたる風景というのがある。また、橋の上からながめる風景というのもある。日比や新の〈橋〉の記憶に関わるイメージは後者のものだ。ぼくが『カツオドリ飛ぶ海』で《ふりかえりの視座》と名づけた心の揺れは、じつは『東京どまん中セピア色』にこそふさわしいものだ。

橋の上からふたりの少年が紙ふぶきを散らす場面がある。少年は、小野塚稔と馬場庄吉のふたりである。ふたりは、勝鬨橋のまん中から隅田川に向かって、紙ふぶきをなげる。その紙ふぶきは、やっとのことで手にいれたあの通知表だ。通知表は、いまこまかく切り刻まれて、空を舞う。稔は〈わが愛するオリオンズの帽子〉ごと、紙をなげる。


風が帽子をかすめとり、宙に舞いあげ、ひっくり返した。

運動会のクス玉がはじけるように、中の紙きれがパッと散った。

「ヒャッホー!」

馬場がこぶしを空につきあげた。

帽子が川に落ちたあとも、空に散らばった通知表の紙ふぶきはいつまでも飛びつづけた。まるで隅田川をさかのぼって飛ぶ蝶の群れのように——。


〈橋〉はときに聖と俗とのかけはしの役目を担う。一色悦子の『どろぼう橋わたれ』(童心社 一九八二年一〇月)は、「悪いことをした人が、その橋をわたると、だれにもつかまらない。そして、いつかきっといい人になって、橋をわたってもどってくる」という《どろぼう橋》が物語の軸になっていた。杉みき子の『小さな町の風景』(偕成社　一九八二年九月)にも、いくつかの〈橋〉があった。その中で、鳥がわたっていく橋のイメージが、いま、ぼくの心に残っている。しかし、それら《橋のイメージ》の諸相については、また、別に稿を改めて考えたい。

新冬二の〈くらい橋〉の中に新の失われたときのイメージが閉じ込められていたように、『東京どまん中セピア色』の橋たちには、小野塚稔少年に仮託された日比の記憶が塗り込められている。馬場庄吉と通知表の破片をばらまいた川、久保こずえの家＝〈だるま船〉があった川、伝馬船をゴンドラに見立ててベニスのつもりで櫓をこいだ川、みな、巨大なコンクリートの柱に支えられた高速道路の下に閉じ込められ、静かに眠っている。『東京どまん中セピア色』のエピローグは、首都高速七号線の上である。

『箱崎』という出口の標示板を見たとき、ぼくは緊張した。

(いま、いま、ぼくが走っているこの下に、日本橋川があるんだ!)

どこが茅場橋で、どこが鎧橋なのか、車にのっているとまるでわからない。気がつくと、ハイウェイのまわりに証券会社のビルがいくつもつき出していた。

ぼくは、自分がこずえの家をひきつぶしてきたような気持ちのわるさを覚えた。

車は、江戸橋のインターを左に折れ、高速環状線をなめらかに走っていく。

東京

……どまん中

セピア色…

そうだ、やはりこれでいいんだ。東京は馬場のいうとおり、褐色が似合いの色だ。東京じゅうの汚物をのせて流れる川のように……。

日比の川たちは、いまはもうない。新の〈くらい橋〉も、ぼくが渡った弾痕の残る白い橋も、いまはもうない。ひとつの風景が失われ、それと同時に確実にひとつのときが失われていくとき、ぼくらはぼくらの記憶をひそやかに自らの内に閉じ込めようではないか。そして、稔の〈高速道路なんかでふたをしたって、ぼくはごまかされやしない〉ということばを信じて、息をひそめて牙を研ぐのだ。そのとき、稔のセピアは、いつまでもバラ色に輝いてるにちがいない。夕暮れの西空の雲の切れ目から、あわい紫がかった青色をのぞかせている。これがセピアだ。

4 「あのころ」と「いま」。《苦》から《楽》へ。

「あのころ」と「いま」とについて、考えてみよう。日比の描く少年たちは、よく「あのころ」をふりかえっている。『カツオドリ飛ぶ海』の満男が、引っ越しトラックの荷台の上で、沼袋時代の《横目どじょう》の自分をふりかえったように、『二日間の夏』の一郎が一年前の《かんけり事件》を夢にまで見たように、日比の少年たちはよく〈あのころ〉をふりかえる。これは、いくつもの〈あのころ〉をかかえながら、子どもは大人に近づいていくという日比の人生観のあらわれにちがいない。

ぼくたちは、いくつもの「あのころ」を自らの胎内にかかえこみながら、大人になっていく。ぼくにはぼくの「あのころ」があり、日比には日比の「あのころ」がある。『東京どまん中セピア色』も、そうした日比の「あのころ」のひとつの原像にちがいない。

日比のセピア色の文体は、作中の主人公である小野塚稔少年の「あのころ」までも引き出さずにはおかない。いま六年の小野塚少年の、三四年のときの担任だった長瀬京子先生の語り口は見事なまでに饒舌なつかしさに満ちている。久保こずえの弟のたつきが脱走し、長瀬先生は、稔を引き合いにだしながら、その脱走行為について語るのだ。


「家に帰っちゃったんじゃないの?」（と、これは稔——筆者注）

「そんなことないわよ。小野塚君だって、三四年のころ、何十回も脱走をはかったけど、家に帰っちゃうようなことなかったでしょ。たつき君もそういう子よ。そうそう、そういえば、あのころの小野塚君にそっくりね、あの子は。」

『何十回』とか、『脱走をはかる』とか、どうも気にさわることばが多かったが、「あのころの小野塚君にそっくりね。」ということばで、ぼくは、久保たつきというこずえの弟に少し親しみを感じた。「先生、おれ、さがしてやるよ。」

「めぼしいところはさがしたんだけどね……。」

「大物は『めぼしいところ』なんかにかくれやしないよ。」


小野塚稔は、まだ小学六年の少年である。それなのに、その少年にとっての〈あのころ〉のことが、ここに顔を出している。いま物語にあらわれ行動しているの小野塚少年も、いくつかの〈あのころ〉を経て、今ここにいるというわけだ。そして、稔の〈あのころ〉が脱走常習犯として語られ、満男の〈あのころ〉が《横目どじょう》として語られ、一郎の場合は友達を死に追いやる行為として無残に語られたように、日比の描く〈あのころ〉は、おおむね《苦》のアイデンティティで満ちている。

しかし、小野塚少年は、長瀬先生の饒舌に辟易しながらも、脱走常習犯としての自分を逆手にとる。稔は「おれ、さがしてやるよ」という。〈かくれる立場〉から〈さがす立場〉への転換は、稔の成長であり、エネルギーであり、もっと有体にいえば気紛れな思いつきである。「めぼしいところはさがしたんだけどね」「大物は『めぼしいところ』なんかにかくれやしないよ」という会話は、脱走常習犯としての稔の面目躍如といったところだろう。こうして、稔は、屋上階段の踊り場で、たつきを発見する。

ぼくはここまで『カツオドリ飛ぶ海』『二日間の夏』『東京どまん中セピア色』の三つの作品をとりあげて、それぞれ「生きてることの悲しみ」「自分を証明するということ」「風景が失われること、それを記憶していくこと」について考えてきた。それらは《苦》のアイデンティティとでも呼びたくなるような苦渋にみちた〈あのころ〉についての記憶でもある。

しかし、日比の少年たちは、いつまでも苦渋にみちた〈あのころ〉の中で悶々とすることはない。小野塚少年が、脱走常習犯としての前科を逆手にとって、屋上階段の踊り場にひそんでいたたつきを見つけだしたように、日比の少年たちは《苦》と共に《楽》のアイデンティティも、しっかりと摑んでいるといっていい。それは、ときとして「非合法」な通知表強奪作戦として展開されるほどに原初のエネルギーにみちているものなのだ。

『バレンタインデーの贈り物』（偕成社　一九八一年一二月）を読んだとき、ここにおさめられている五つの短編の主人公たちが、みな小学六年生であることに気がついた。そういえば、早坂満男も相馬一郎も小野塚稔も、みな六年二組の生徒だった。

小学六年生という「とき」は、子どもでありながら自分の「子ども時代」をふりかえりやすい時代だといっていい。大人たちは、よく懐かしの子ども時代をふりかえる。しかし、忘れてはならないのは、「子ども時代」をふりかえるのは大人たちの専売特許ではないということだ。子どもたちも、日々「あのころ」をふりかえっているのだ。子どもは、自身の「あのころ」をふりかえりつつ、「いま」を生きている。

いくつもの「あのころ」は、「いま」を生きる子どもたちの武器である。手札である。既得権である。子どもたちは、それらを次々に取り出し、取り替え、次なる生活の切り札をねらっているのだ。そういった意味で、原体験を問題にするのはおとなの専売特許ではない。子どもはいくつもの「あのころ」＝原体験を自身の胸に刻み込んでいる。それを手札とし、武器として、次なる勝負に挑んでいく。

おとなは原体験というものを不変で普遍なものとしてイメージしがちである。しかし、いくつもの「あのころ」は、子どもたちにとって同時にいくつもの武器であるからして、事態の変化・時間の経緯・子どもの心の成長によって、それ自体変質していく可能性もあるものだ。原体験の発達論が問題になってくるといってもいい。

日比の作品に登場する六年生たちは、みな多くの「あのころ」を抱えもち、よく「あのころ」をふりかえる。例えば、「四ツ葉のクローバー」の珠江もそうだ。珠江は自分の気紛れで泰三をさそい、しかもその約束をすっぽかす。うしろめたさを背負いながら、珠江は泰三をさがしに土手に向かう。その途中で、三年生の写生会のときのことを思い出す。四ツ葉のクローバーを見つけてくれた泰三を無視して、珠江はまるで自分の手柄のようにそれを友達に見せびらかしている。そんな自分の姿を思い出す。そして、土手についたとき、泰三は、三年前と同じ風景の中で、すわっている。でも、その風景はどこかが微妙に違うのだ。珠江はあやまることもできずにそこを離れる。そして、ラストは、泰三の見事なしっぺがえしだ。泰三は珠江のくれたチョコレートを封も切らずにかえすのだ。

こんな言い方をするとひんしゅくを買いそうだが、ぼくは「四ツ葉のクローバー」のラストに、久しぶりに痛快な恨みの晴らし方を見た気がする。釣り好きの少年、市原泰三は、いうまでもなく作者日比に仮託され、指揮者珠江を撃つのである。生きてることの証とは、かくも辛く、悲しく胸に刻み込まれなければならないものなのか。そのひとつひとつの刻印を、次なる生の武器とし、手札としながら、子どもたちは生きていく。珠江は、贈り物を封も切らずに返されたという事実に出会うことで「いま」ここに生きている。そのことをいやというほど実感している。珠江は、この事実をどこまで自身の胸に刻み込み、おのれの内の「あのころ」としてもつことができるだろうか。そのあまりの重さに珠江は立ち竦まざるをえないのだ。

「四ツ葉のクローバー」の珠江が三年前の「あのころ」をふりかえったように、『バレンタインデーの贈り物』の主人公たちは、みな「あのころ」をふりかえる。なかでも「カニになりたかった少女」の伊野圭祐の場合は「いま」と「回想」とが交錯して、おもしろい。圭祐は、智代の母親が駅で電話している姿をみて、三年二学期の授業参観の日に智代が「おかあさんは、はんばのめしたきをしています」といったときのことを思い出す。教室でカニをいじっている智代をみて、一年前の岩井臨海学校で智代がカニをメンコのようにつぶしていた姿を思い出す。デパートで万引きをしている智代がとばした竹とんぼをみて、四年のとき智代が「伊野くんのところに飛んでいけ」といって竹とんぼをとばしたときの心地よさを思い出す。

思い出す「あのころ」は、みな「いま」とは少しずつズレた心地よさと侘しさとを伴って、「いま」を生きている子どもたちに迫ってくる。そして、その思い出す「あのころ」は、唯一ではないまでも、最強の武器として、子どもたちの「いま」を支えているといっていいだろう。セピア色の文体をもっている日比茂樹という作家は、いま、バレンタインデーのチョコレートといういかにも今様な風俗を触媒として用いることによって、子どもたちの、ともすれば見過ごしそうな「いま」まっただ中の〈心のゆれ〉を描き出したのである。

考えてみれば、「カニになりたかった少女」が初めて同人雑誌『牛』第八号(一九七七年九月)に「カニ」という題で載ったとき、バレンタインデーのチョコレートに関する記述はなかった。『少年釣り師・近藤たけし』(偕成社　一九八四年七月)の第三話「さらば、金のさお銀のさお――ワカシ釣りの巻」が、同じく『牛』再刊一号(一九七二年九月)に「カンパチ」という題で載ったときも、主人公の名は「しけたうどんこ」こと近藤たけしではなかった。ほんのちょっとした衣替えが、作品の雰囲気をずいぶんと変えて見せるものだ。《苦》と《楽》、そして「あのころ」と「いま」はほんの隣合わせにあるものなのだ。日比はいま、「あのころ」から「いま」へ、《苦》から《楽》へとその矛先をかえているのかも知れない。いや、日比茂樹はもともと「非合法」なエネルギーにみちあふれた作家だ。ぼくが今まで語ってきた《苦》とか《楽》とかいう枠のもうひとつ向こう側で、新しい落し穴を掘っているにちがいない。

(『季刊児童文学批評』再刊四号　一九八八年五月)

イメージの手品師
――新冬二論――

夜。

キー子はひとりで街をあるいていた。すると、呼びとめられた。

「おいキミ、ちょっと待て」

太い声である。こんな声を出すのは、強盗かな。それともギャングかな。

「キミって、あたしのこと?」

「そうだよ、あるいているのはキミだけだ」

「失礼ね」とキー子はいった。

「レディに向って、もうすこし口をつつしんでよ」

新冬二の「キー子は橋の上に立っている」は、こう始まる。その文体は軽快でリズミカルだ。短いセンテンスが電文のようにはやい。このテンポは「現代」のものだ。

ぼくは、この作品で初めて新冬二と出会った。一九六六年一月号の『日本児童文学』だった。創作特集のその号には八つの短編が載っていた。今江祥智の「あのこ」と小出正吾の「ジンタの音」にはさまれて、それでもキー子は橋の上に立って異彩をはなっていた。この短編は『すてきなすてきなキー子』（太平出版社　一九六八年一二月）として結実することになる。

ぼくは今、新冬二を「イメージの手品師」と呼んでいる。魔術師と呼ぼうかと思ったときもあったが、今は止めた。よく読むと、そのイメージ変換の手口は、魔術と呼ぶには、あまりにも日常的でありすぎるからだ。このやり方は手品師と呼ぶにふさわしい。

手品師のわざは人々を不安がらせ不思議がらせるが、その本質においてエンタテインメントなものだ。見ている人間たちを窮地におとしいれるようなことはない。新冬二も、日常の中であたりまえになっている既知のイメージをひっくりかえし、ゆがませ、人間たちの心のスキに生じる《不安》を形象化する。が、その本質において人間を信じている。だから、イメージ変換の手法として魔術などというおどろおどろしいものを使うことはない。その文体の軽さとテンポの速さから生まれるイメージは、やはり「今」＝この時代のものだと、ぼくは考えている。

キー子のさし絵をかいた長新太は、「画家のあとがき」の中で、キー子について次のようにいっている。

　キー子のような子どもは、描いていて緊張します。ゆだんをすれば、必殺の一弾が、こちらのはな先をかすめて飛んでくるように思えるのです。目をむいたり、口をあけたり、飛んだりはねたり、ピストルをかまえてすごんだり――こんなふうにキー子を描けば、キー子の内面的なものが（この物語では、それが重要なのだと思います）破壊されて、ただの冒険物語になってしまうでしょう。

確かにキー子というキャラクターは不思議な存在だ。まるで手品のようにこつ然と橋の上にあらわれている。父親も母親も、きょうだいもいない。不審がって声をかけたおまわりさんにも、家はない、学校なんてつまらないという。それも夜中の一時だ。

家出人でもない。無宿人でもない。でも、〈たったひとり〉だ。最も合理的な説明をすれば、何らかの理由で記憶喪失症になった女の子がひとり、橋の上に立っていたということにでもなろう。ともかくも、キー子に与えられた属性は〈たったひとり〉ということ、ただそれだけだ。この物語に出てくるトガワ・ススムは、キー子に〈両親は、いるの?〉〈どこに住んでるの?〉ときかれたとき、〈そんなやっかいなの、いないさ〉〈住むところなんて、どこにでもあらァ、なにしろ東京はひろいんだ〉とカッコよく答える。しかし、〈ススムちゃん〉といって追いかけてきた両親におさえつけられ、つれ去られてしまう。こんな描写をみていると、両親がそろっているススムの方が異様で、気の毒に思えてくるから不思議だ。だから、やっぱりキー子は〈たったひとり〉でも〈すてきなすてきな〉キー子にちがいない。見事なイメージの変換だ。

新冬二の作品には、キー子のように、前ぶれもなく意味もなく、あらわれ、言葉をかわし、姿を消していくキャラクターが多い。ストレンジャーのモチーフと呼ぶべきか。『口笛のあいつ』（理論社 一九六九年一二月）の〈あいつ〉はいつも《夕空はれて》の口笛をふきながらあらわれる。『日よう日が十回』（太平出版社 一九七二年五月）のエムエムとの出会いと別れもそうだ。『さがしてください』（小峰書店 一九七六年四月）のひゅうひゅうも、『時計のめもりは13』（太平出版社 一九七六年一二月）のひからびた先生もみなストレンジャーと呼ぶにふさわしい人物たちだ。『さがしてください』の「あとがき」で、新冬二は、いう。

それは、ぼくのしらないだれかで、そして、まるで影だけが立っているようなのです。その影のようなだれかは、もしかすると、ぼくたちがふだん生きている世界とは、ぜんぜんちがった世界からやってきたのじゃないかと、考えたりします。

新冬二は、自らのストレンジャーを〈影〉と呼ぶ。そして、〈ぜんぜんちがった世界からやってきたのじゃないか〉ともいう。しかし、実のところ、新冬二のストレンジャーたちが全くの異次元空間＝空想の世界からやってきた客とは、とうてい考えられない。彼らは、ほんの少し日常のイメージをゆがめたところに生じた、やっぱり〈影〉なのである。

『日よう日が十回』をみてみよう。これは、もともと『日本児童文学』に一九七〇年一一月から翌年の八月まで連載されたもので、毎日曜日ごとにタロウがエムエムと会う話だ。見知らぬ男と毎週会って何かをするという設定自体がすでに「日常の物語」の枠をこえているが、そこでタロウはエムエムと会い、あるときは駅前でスカーフをうり、あるときは雨のヒビヤ公園でハトの豆をうる。エムエムという人物像も現実ばなれをした「空想の産物」というより、むしろ「日常」から夾雑物をとり去った人間そのもののイメージとしてぼくらにせまってくる。雨のヒビヤ公園で、たったひとり豆をかった女の人とタロウとエムエムの三人が鳩を待つ場面も、全ての時間が止まってしまったかのように、ただ待つことによってのみ純粋に人間が語られていく。

そうして、雨だけが、ひっきりなしにおちてくる。それは、ずうっとむかしの、タロウのしらないとおくから、おちてくる。

そうしたら、そのとおい時間にのって、鳩がとんできた。

「あらっ」と、女のひとがいった。

「鳩だわ。」

鳩は、はねをビロード色にぬらし、芝生におりて、豆をつっつく。そのとき、ずうっとむかしの、タロウの知らない遠くからおちてくる〈雨〉も、とおい時間にのってとんできた〈鳩〉も、もうどちらも今までと同じ〈雨〉や〈鳩〉ではないはずだ。こうして、新冬二のストレンジャーたちは作品内の日常のイメージを二重に形づくることになる。背景としての「あたりまえのイメージ」と、そのもうひとつ奥に新しい「未知のイメージ」が姿をあらわす。この、新冬二がつくり出す「未知のイメージ」にスポットをあて、これを〈肉声のイメージ〉と呼んだのは、小沢正である。

新冬二は「キミのおなかの中に」(『児童文学者』二号　一九六五年、『ぼくたちは飛ぶ』太平出版社　一九七五年一一月所収)の中で〈野菜サラダ〉について次のようにかいた。

野菜サラダをタロウはたべなかった。タロウは、きらいだからだ。とくに給食にでてくるやつは、やけにドロドロして、そいつをくちにいれたとたんに、タロウはくちの中じゅうがネバネバしてしまうようでいやなのだ。

この〈野菜サラダ〉のイメージについて、小沢正は「〝肉声〟による作品」(『日本図書新聞』一九六六年六月二〇日　第一三六二号)の中で、〈野菜サラダというような日常的な事物をも何ものかを表現するイメージに転化してしまう〉と把えてから、〈このような《肉声》によって貫かれたとき、はじめて一つの作品が児童文学として成立するのではないだろうか。〉と　結論づけた。〈肉声〉とは、日常的な「枠」にとらわれた既知のイメージをとっぱらったときに初めて姿をあらわす未知のイメージにちがいあるまい。口の中で〈ドロドロ〉と、〈ネバネバ〉している〈野菜サラダ〉は、タロウにとっても読者にとっても、もう以前の〈野菜サラダ〉ではないはずだ。

『日よう日が十回』のタロウは、エムエムと出会うことで、新しい〈鳩〉〈雨〉そして〈人間たち〉のイメージを獲得した。それに対して「キミのおなかの中に」のタロウは、水ばかり飲む。コカコーラばかり飲む。〈野菜サラダ〉は食べない。とうとうおなかが痛くなる。手術台でおなかを切ると、タロウのおなかの中は〈水筒みたいな地球儀〉だ。穴のあいた水筒はすてられ〈あたらしい水筒〉がおなかの中におさめられる。

新冬二は、人間のおなかの中に〈地球儀〉を入れて、何を描こうとしたのだろうか。タロウは考える。——〈かあさんのおなかは、ぼくやとうさんのようにかたくなかった〉〈すると、かあさんのおなかの中には、なにがはいっているのだろう〉と。してみると、やわらかいおなかのかあさんが、かならずしも「ふつう」のおなかをもっているわけではない。全てが「未知」なのだ。そういえば、同じ『ぼくたちは飛ぶ』に収められている他の三つの短編に出てくる子どもたちも、みな日常の中の「不安」をかいまみさせてくれる。「ぼくたちは飛ぶ」（原題「キミオくんのせなかにつばさがある」、『やっこだこ』七号　一九六〇年）の子どもたちは本当に空を飛んでしまい、ケーキを食べるように〈地球だって、たべちゃおうよ〉という。「グリーンの手ぶくろ」（原題「暗いデパート」、『やっこだこ』六号　一九五九年）のトオルはグリーンの手ぶくろをデパートで万引きするがその心にぬすみの意識はない。「道はとおい」（『やっこだこ』四号　一九五九年）の良一は世田谷から市川まで歩きつづける。二千円をスラれて、「お金がない」のひと言がいえずに。

新冬二の描く子どもの心象風景は、いつも未知のイメージに対する予感であふれている。あたりまえにみえる何の変哲もない風景がちょっとしたはずみで全く別のものにみえたり、重大事になったりもするのだ。キミオたちは本当につばさがあるような気がしてきて、せなかをまるくして飛んだら次の場面では実際に空（というより宇宙）を飛んでいる。良一にしても、渋谷の交番のおまわりさんがもう少し親切なら歩きつづけなかったはずだ。「不安」は「日常」のとなり合せにある。その交錯する心象を描きながら、いつも文章は痛快だ。まるで手品のようにイメージは変わる。

『あしたがひっこし』（小峰書店　一九七四年一〇月）はナカガワ家に突然刑事がやってきて「去年の十二月十八日に洋菓子店ミニーのケーキを買ったか」という質問をして帰るところが物語の発端だ。この始まりが「不安」をよぶ。にもかかわらず全体の文体の明るさは一貫していると、ぼくは思う。また、『くたばれボスザルそうさく隊』（PHP研究所　一九八〇年九月）のキミオもおしりにしっぽがついているといわれて、「不安」になる。きのうの自分が、同じようにきょうの自分であるという保証はどこにもないのだ。おなかを切ったら〈地球儀〉が入っていたように、おしりには〈しっぽ〉がついているかも知れない。

この「不安」は本ものだ。特に幼い人間たちにとっては深刻だ。クマの子ウーフが自分はおしっこでできているのではないかと心配したように、新冬二のキャラクターたちは「不安」（あるいは「空白」と呼ぶべきか）をうめようとする。この感覚は飢えに近いものだ。つまり失われた何かを追うように、彼らは未知のイメージを求めて、まっしぐらにつきすすむのだ。『さがしてください』の〈ひゅうひゅう〉

も定まったイメージでは出てこない。早起きしたキヨミが牛乳箱から見つけた手紙には〈だれか、ぼくの、ひゅうひゅうを、さがしてください〉とかいてあった。そして、キヨミが追い求め、さがした〈ひゅうひゅう〉はねんど細工で〈馬のような、牛のような、四本足〉の動物だった。しかし、小林くん、よし子ちゃん、木村くんにとって、求めるひゅうひゅうの姿は〈白い鳥〉〈青いちょうちょ〉〈赤いボール〉だった。だれが見ても定まった〈ひゅうひゅう〉というもののイメージはそこにはない。だから、単純に異なった世界からの訪問者として〈ひゅうひゅう〉を把えることもできない。新冬二の〈ひゅうひゅう〉の像は日常の裏がわにある。それも、日常一般などという大それたものではなく、ひとりひとりの日常の裏がわからでてきた訪問者にちがいない。それは突然きいろのチューリップをランプにして、白昼を深夜にしてしまったように、光に対する〈影〉の部分として立ちあらわれるのだ。

あらゆるイメージは確固としたものでなく、ただ追いつづける子どもたちの脳裏のイメージとしてのみ存在することになる。新冬二の描く日常は、その意味で異形の白昼であり、そのイメージはまるで手品のようにくるくるとかわるのである。手品師は、何のまえぶれもなくやってきて、また去っていく。新冬二は、子どもたちが日常の中でかいまみるさけめを提示し、幻視する手品師にちがいない。

『口笛のあいつ』に、空襲でこわされたままになっている〈くらい橋〉のイメージがでてくる。その〈橋〉について、新冬二は「あとがき」で〈それらの橋は、新しい橋になってしまうと、もう過ぎ去ったものを思いだすことはありません。しかし、人間はそれを、思いだすことはできます〉といっている。ぼくらの日常は無数の失われた時を背負って、今、ここにある。失われた時間を求めて、未来への予感をさぐりつづける作家、新冬二も今ここにある。

（『日本児童文学』一九八二年二月号）

颪

――伊沢由美子小論――

＊颪（空気のような風景）

伊沢由美子の作品は颪である。それもさわやかで心地好い颪である。伊沢の描く颪のイメージには、じめじめ、むんむん、むわっとしたところがない。ときに冷たい颪も吹くが、いつも伊沢一流の《空気のような風景》の中をぴったりと寄り添い流れていく。

アスファルトの大通りのくぼみにできた水たまりに、青空がうつっている。明子は水たまりをのぞきこんだ。道にうえてあるいちょうの木が、明子といっしょに水たまりをのぞいている。きゅうに颪におされて葉のしずくがおち、水たまりの中の空はぱたぱたとさわぎだす。

「しずかに。」

明子は、水たまりにまじないでもかけるようにつぶやいてみた。水たまりが、またもとの底のない、ふかいレンズにもどったとたん、いちょうの木かげから男の子が顔を出した。

これは、伊沢の処女作『ひろしの歌がきこえる』（講談社　一九七九年一二月）に吹いてくる最初の風である。

明子が水たまりをのぞき、いちょうものぞく。すると風が吹く。水の中の空がぱたぱたとさわぐ。「見つめる」のでなく「のぞく」、「ざわざわ」でなく「ぱたぱた」という形で表現する伊沢の擬人化を、ぼくは「かわいらしいもの化」と自分では呼んでいる。これもあまり細かく言い過ぎると、かえってイメージを限定しすぎてしまって、おもしろくもないし誤解も受けそうだ。水たまりを〈底のない、ふかいレンズ〉となぞらえているのは少しも「かわいく」はないかも知れないが、これも伊沢の書き方の特徴をよくあらわしている。その辺まで含めて、ぼくは伊沢の比喩表現に代表されるレトリックを「かわいらしいもの化」と呼んでいる。

ぼくが、あえてそれを「かわいらしいもの化」と呼ぶのは、伊沢のレトリックに子どもの内部に向かう視座をみたいからだ。

明子の視点から語られる比喩表現の豊かさは、そっくりそのまま明子自身が内部に持っている世界の豊かさとして、読む者の脳裏に入っていくことになる。伊沢作品の登場人物たちが、ときに両親をなくしたり、無賃乗車をしたり、ときに自分を捨てた親達をおどして金をまきあげるような行動をとりながらも、少しもそこに絶望的な暗さがなく、かえってある種の爽快感さえ感じられるのは、この《抒情》に裏打ちされた比喩表現（「かわいいもの化」というレトリック）のためだと、ぼくは思っている。

ちなみに、さっきの引用部分の最後で、いちょうの木かげから顔を出した男の子は、この作品のタイトルにもあるひろしである。ひろしは、この後で、明子といっしょに渋谷駅に行くのだが、ひろしがこの作品の中に登場するのは、ベッドでの臨終を除けば、これ一回だけである。

もうひとつ、風を見てみよう。

夏のなごりの暑さで、ながれだしそうにゆるんだアスファルトの道を、夕風がなだめるようにふきすぎていく。いちょうの葉音だけが耳もとにくっついてしまったかのように高くきこえる。

伊沢作品に登場する子どもたちの多くが、父親、母親あるいは両親ともいない逆境に生を受けながら、その醸し出す雰囲気のある種の心地好さは、孤独な登場人物たちのまわりに配置された〈空気のような風景〉の身近な心地好さからきているといっていい。風たちは、それら自然の風物詩のなかでも、とくに闊達だ。彼らは舞い、踊り、涼しく、ときに冷たく吹き過ぎる。

夏の暑さでゆるんだアスファルトをなだめるように吹き過ぎていく〈風〉は、伊沢の手にかかった瞬間からもはやただの風ではない。ただならぬ風だ。擬人化された風は、伊沢のアニミズムの中を吹き過ぎていく。

ひろしが真夜中の病院の常夜燈の下で貝が一つを形見に息を引き取るのは、このすぐあとである。ここで少し『ひろしの歌がきこえる』という作品の概略をいうと、明子もひろしも、若葉園という施設にいる。五才のひろしから中学生まで二十五人の子どもがいる。どの子も親がいなかったり、親がいてもいっしょに暮らせない子どもたちである。

ひろしは渋谷のコインロッカーで見つかり、よく五才まで育ったといわれるほどに体が弱く、結局貝がらひとつ残して息をひきとることになる。ひろしと同室だった明子、武、久雄、かな子の四人はお金を出し合い、明子が代表して「ひろしの貝」を海に返しに行くというのが、この物語の概要である。

＊雨（さいごの一つぶ）

明子を追いこしていったわかい女の人がかさをたたんでいる。

かさから顔を出して空を見あげると、雨のさいごの一つぶが、明子のおでこにぽちんとおちてきた。雨はやんだ。はい色のうさぎ形の雲のせなかから、ぽんかんみたいな太陽がのこりと出てきたところだった。


ぼくは最初に、伊沢由美子の作品は風だといった。しかし、実をいうとそれは、伊沢由美子の第二作『かれ草色の風をありがとう』（講談社　一九八一年一二月）の方によりはっきりと出ている。『ひろしの歌がきこえる』についていえば、風よりもむしろ《雨》である。

だが、そのようなことは本当にどちらでもいいことなのだ。それら登場人物たちのまわりのものどもを《空気のような風景》として、ときに擬人化し、ときに全くちがうものにかえて描写していく伊沢の、読み手を安心させていく手練の冴えこそが問題なのだ。

〈雨のさいごの一つぶ〉が出てくるのは、明子が学校から若葉園に帰るとちゅうの何の変哲もない場面での描写である。ふと見ると前をゆく女の人が傘をたたんでいる。雨が止んだようだ。明子はつられて傘をたたむ。そのひたいに雨が一つぶ落ちてくる。

この一つぶがほんとうに〈さいごの一つぶ〉かどうかは、だれも知らない。ついでに言えば、いくらうさぎ形をしていても、雲には〈せなか〉もおなかもありはしない。太陽は〈ぽんかん〉ではない。伊沢由美子の文章はさりげなく読み過ぎることもできるが、ひとたび立ち止まると、さながらレトリック表現の見本市のような姿を見せてくれる。

〈さいごの一つぶ〉についていえば、ぼくは同様の表現を杉みき子の『白いとんねる』(偕成社一九七七年一〇月)の中で見たように思う。杉みき子の場合、雪の〈最初のひとつぶ〉だった。「加代の四季」の「雪」の章の中で、杉は次のように書いている。

あんなに、つもっては消え、つもっては消えしているのに、どうして、いつのまに、ふんでもとけないぶ厚い雪の道ができあがるんだろう。

土にとりついて、とけないで、上から落ちてくるなかまをささえた、その最初のひとつぶの雪を、加代は見たい。

杉の描写も、伊沢の描写も、抒情の方へ向いている。その抒情に支えられてその比喩表現はある。おそらくこの《抒情》をどう読むかによって、伊沢作品への評価は一八〇度違ったものになってくるにちがいない。それについては少しあとで語ることになる。

伊沢の描く子どもたちの多くは、父がなく母がなく姉妹兄弟もなく、ときにひろしのように駅のコインロッカーに捨てられ病弱で死にいたるほどの病を持つ。そうでありながらも、伊沢の文章が、読む者たちに爽やかでときに明るいほどの印象を与えるのは、この《抒情》のためである。抒情に裏打ちされた効果的な比喩表現を中心としたレトリックの技の冴えのためである。

伊沢の比喩表現はひとことでいうと対象の「かわいらしいもの化」である。対象の「かわいらしいもの化」がもたらす安心感、明るさ、爽やかさ、あるいは幼児性が、その視座を登場してくる子どもたちの内部のものとし、また読む者をもある種の安心感と爽やかさの中に融け込ませていくのである。
ぼくらが、親もなく、ときに死に至り、ときに法に反する子どもたちの物語を読みながらも、妙に安心し、爽快感すら覚えるのは、伊沢のこのような「かわいらしいもの化」という筆致のためである。

＊空気のような風景

伊沢独特の比喩表現を『ひろしの歌がきこえる』の中からいくつか抜き出してみよう。
これらの比喩表現をみると、伊沢のレトリックが主に登場人物たちに寄り添うようにおかれている《空気のような風景》を描くときに用いられていることがよくわかる。したがって、これは単に外側にある風景でなく、登場する子どもたちの心象の風景そのものでもあるのだ。

頭の上の雨雲がずんずん立ちさって、あとにはワックスをかけたような青空がひろがっていく。

赤くそまりはじめたうるしの葉脈が、日にすかしだされて、とんぼのはねのようにふるえる。

道の小石が銀色に光り、まるで氷ざとうをまいたようだ。

武の足音が重くなり、ぜいぜいとくるしげな息づかいがきこえてくる。武は、両手をだらりとさげ、足をもつれさせながら歩いていく。久雄は、いつのまにか武とならんで歩きはじめていた。

ふたりのかげは、街燈のあかりの中で、指人形のかげ絵のように、うきあがってはちぢこまり、また、おどけてふくらんでみせたりする。

この最後の引用は、武が、かな子が大切にしていた文鳥のチロを地面にたたきつけて殺し、飛び出していき、そのあとを久雄が追っていく場面である。武の足がだんだんと重くなり、追いついた久雄といっしょに歩きはじめる。そのふたりのかげを伊沢は〈指人形のかげ絵〉のようだという。暗い場面に、一転して、かわいらしい比喩表現をかぶせていくという方法も、伊沢がよく用いるレトリックだ。

母親が再婚相手の仕事の都合で大阪へ行ってしまうことになり、腹立ちまぎれにかな子がかわいがっていた文鳥を地面にたたきつけて殺してしまった武が、その重みを一身に背負っていま歩いている。そうでありながらも、彼らも読み手も最終的には明るく生き、読んでしまっているのは、伊沢のこの「かわいらしいもの化」の比喩表現のためである。

伊沢の描く子どもたちは伊沢の抒情的比喩表現に代表されるレトリックがあって初めて生きていくことができるといえる。また、いいかえるなら、伊沢の比喩表現は、伊沢自身が、子どもたちの心象の内部へ入っていくための「魔法の呪文」でもあるのだ。その呪文を得ることによって、子どもたちはもういちど《空気のような風景》の中でよみがえる。この構図が、伊沢とそこに描かれている子どもたちとを支えている関係である。

＊二つの評価

ここで、『ひろしの歌がきこえる』をめぐる二つの全く相反する評価を見てみよう。

前者は木暮正夫の第11回北川千代賞選考評からの引用で、これは『日本児童文学』一九七九年七月号に載っている。もうひとつは清水真砂子の第13回日本児童文学者協会新人賞選考評からの引用で、これは『日本児童文学』一九八〇年七月号に載っている。

> 選考の中ごろ、少々うんざりしかけていた時、「海と街の日」（伊沢由美子）を読んだ。一気に読ませないではおかない力のある作品に、これだと思った。筆致がいい。〝明子〟とそれを支援する子どもたちが生き生きと描かれている。読みながら、いくども胸が熱くなった。

> 『ひろしの歌がきこえる』についても、別段、どうという感想を持たない。強いていえば（中略）今ある児童文学作品を少しでも乗り越えようとする意欲、あるいは、この世界に何かをつけ加えようとする意気込みがほとんど感じられないことがさびしい。危険をおかしても何かをしてみようとする意志こそ、自分を含めて、今、この世界に最も要求されているものと思われる。

木暮正夫と清水真砂子の選考評は、同じ一つの作品の評価としては好対照のものになっている。伊沢の『ひろしの歌がきこえる』は、最初「海と街の日」というタイトルで北川千代賞に入選し、改題出版されてから、こんどは日本児童文学者協会新人賞をとった。北川千代賞が生原稿を読み、児文協の新人賞が出版されたものを読むという違いはあるが、この評価の違いはその選考の仕組みの枠を越えて、おもしろいものになっている。そして、そのどちらもが伊沢の「かわいらしいもの化」の比喩表現に焦点をあてていると、ぼくには思える。木暮は伊沢の比喩表現風レトリックを〈筆致がいい〉と高く評価し、清水は、そうした伊沢作品のもつレトリックが読み手にもたらすある種の安心感を評して〈今ある児童文学作品を少しでも乗り越えようとする意欲、あるいは、この世界に何かをつけ加えようとする意気込みがほとんど感じられないことがさびしい。〉と言い切ったのにちがいない。抒情の方へと流れていく精神のありようを、清水は「不満」に思ったのか。

しかし、《新しいもの》とはいったい何なのだろうか。ぼくは清水の文学に対する基本的姿勢について全面的に賛同しながら、『ひろしの歌がきこえる』という作品の捉え方についで首をかしげているのは、ぼくが、『ひろしの歌がきこえる』という作品を初めて読んだときに、ここに《反法的空間への旅立ち》を見てしまったからにちがいない。

＊反法的空間への旅立ち

ぼくは、『ひろしの歌がきこえる』を初めて読んだとき、これは〈反法的空間への旅立ち〉だと思った。ひろしの貝がらを山陰の海辺へかえしにいくために、久雄、武、明子たちがとった行動は、ぼくにとってはかなり小気味好い反法的行為であった。久雄は母親から、武は父親から金をせびりとる。明子は、その金をできるだけ使わないようにと無賃乗車を繰り返す。

これは、大人の法治国家の中にいて、大人の弱さ、いい加減さのために法外な生活を強いられるようになった子どもたちが、その「法外さ」を逆手にとって逆襲に転じた物語なのではないか。ぼくは一五年近くむかしに初めてこの本を読んだときにそう思った。

久雄が母親と出会う場面を見てみよう。

久雄の母親は再婚し子どももいるが、久雄という子どもがいることは今の家族には秘密にしている。だから、母親の自宅近くで電話をすれば母親はこまり、人目を避けるようにやってきて、久雄にこづかいをくれるのだ。久雄はそれを知っていて、わざと近くの駅までやってきて電話をする。やがて、母親はあわててやってきて、封筒を手渡す。


「ごめんね、いつもこんなで。」

母は、久雄のかたにもう一度手をおくと、そのまま改札口からながれでてきた人ごみといっしょになってきえていった。母が見えなくなると、久雄は白いふうとうの中を見た。無数にしわのはいった千円さつが二まい、うしろめたげにふうとうの中から久雄を見あげている。


母親は白い封筒をにぎらせ、久雄はまんまと二千円の金を手にいれることに成功する。その二千円を、伊沢は〈無数にしわのはいった千円さつが二まい、うしろめたげにふうとうの中から久雄を見あげている。〉と書く。ここにも伊沢独特の比喩表現がある。

ぼくは、伊沢の抒情的比喩表現やあざやかな擬人化の手法をあげつらねながら、じつはそのもうひとつ向こう側にある、子どもたちの「法外な自由さ」を見たがっているのかも知れない。両親の理不尽さによって「法外な状況」におかれてしまった子どもがその「法外さ」を逆手にとって逆襲にうつる。その小気味好さに、ぼくは喝采を贈りたいのだ。

同様にして、武も父親から二万円を手にいれる。武は、以前は金歯を入れるからといい、今回はメガネを買うからといって、金をもらう。父親はうそと知りつつ金をわたす。武の両親は離婚し、ともに別の相手と再婚している。どちらが武を引き取るかで話し合いがつかず、武はいま若葉園にいる。そんな法外さを逆手にとって武は二万円を手にいれる。明子は、それらの資金を手にして、山陰の海へと旅立っていく。大人たちの理不尽さゆえに「法」の埒外におかれてしまった子どもたちの、これはやはり反逆の反法的空間への旅立ちではないのか。

伊沢の作品の底には、いつもこうした大人の「きまり」とは別のところで動く「子どもだけが持つ時間と空間」が流れているように思える。

『かれ草色の風をありがとう』にも、必死にかたくなに大人の思惑とはちがうことにこだわり続ける子どもの姿がある。これは、団地に住むサチという少女が、怪我をしたコチドリの世話をしている少年克や、埋立地の野犬たちとなかよくしている少年集と知り合いになっていく物語だが、この三人が初めていっしょにやった行動は、野犬狩りで捕まった犬たちを助けるために保健所へ忍び込むことである。集は必死に犬を助けようとし、克もまた、野鳥の会の人が「野鳥を飼ってはいけない」と注意しても、かたくなに自分の手でコチドリのポーを世話し続ける。


「どうして、おれがめんどうみちゃいけないんだろうなあ。」

「なんか、むずかしいきまりでもあるんだろう。」

克は、このあいだ干潟であった女の子のことばを思いだしていた。

——この鳥、あんたの？

「かうってへんなことばだね。いっしょにくらしているとか、友だちだとか、べつのいいかたできないのかなあ。」
「そんなことはどっちだっていいじゃないか。鳥のほうじゃおまえを友だちだなんて思ってやしないさ。」

これは克と母親との会話である。反法的空間というほどではないが、ぼくら大人の価値基準で律すると、置いてきぼりを受けたり、抜け落ちてしまうようなところで、伊沢の描く子どもたちは動いているといっていい。

克は、罠にかかったゴキブリたちにも「おまえらには友だちはいないのか？　ゴキブリとは友だちだからたすけてやってくれっていう」と話しかける。野鳥、野犬、ゴキブリ、そして人間と人間との関係。〈むずかしいきまり〉とか〈かう〉ということでなく、ただ〈友だち〉でいたいという克の思いは、もしかしたら、そのまま大人に対する子どもの思いなのかもしれない。

伊沢が三人の子どもを通して描いている世界は、考えようによっては、どこにも出口も解決策も見つからない閉ざされた空間かも知れない。三人が保健所に野犬たちを助けに行ったときには、もう手遅れで全てが薬殺されてしまっていたように……。

三人の子どもたちはそれぞれいちずに一つのことにこだわりつづけ、たしかにそれを救いに「今」を生きているといっていい。しかし、その生き方は、かっての児童文学が標榜した積極的で開放的な子ども像とはちがうものだ。また、皿海達哉や森忠明が描いた負の内面へのこだわりを積極的に（？）もち続ける子どもたちとも異質なものだ。伊沢由美子の子どもたちは《空気のような風景》の中で、大人たちの思惑の埒外で生きている。

＊りんご病

『あしたもあ・そ・ぼ』（偕成社　一九八五年七月）に出てくる幼児たちも、みな、よくみると大人の埒外を生きている。これは、幼稚園に通うさとちゃんが主人公のなかよし五人組の物語で、短編連作のかたちをとっている。ここには、おとなの思惑の埒外で、自分の時間を屈託なく生きる子どもたちがいる。

幼稚園に通うさとちゃんたちなかよし五人組が演じるこの物語はほのぼのとしている。どちらかというと心地好い部類に入るものだ。しかし、伊沢の作品が単なるほのぼのと違うのは、そこで動く子どもたちが大人の「きまり」とは別のところで、それぞれルールを勝手につくり、その自分たちがつくった時間と空間のところで何かをしつこく、がんばってやり続けていることだ。このがんばりといちずさが、どこか大人のルールとちがっているところがいいのだ。

特別におとなに逆らうわけでなく、肩に力を入れるわけでもなく、自然に自分たちの時間にすべり込んでいってしまう、子どもたちの屈託のない自由闊達さが妖しくておもしろいものになっている。

とくに、第一話の「うつっちゃった」のりんご病がおもしろい。さとちゃんが「伝染性紅斑」（りんご病）にかかり、それぞれの母親はみな、さとちゃんと遊ぶな、あまり遊ぶな、ぜったい遊ぶなふうのことをいい、子どもたちはそれでもさとちゃんと遊んでしまい、縁日にまでいってしまい、いっしょにカツパンまで食べてしまう。それも、親に逆らっているわけではなく、カツパンを食べるときには、病気がうつるといけないからと、さとちゃんを最後にすればいいなんて決めて食べているところがおもしろい。一巡して残ったカツパンをまた一番のターくんから順番に食べる屈託のなさは秀逸である。

＊自転車Ⅰ（ヨースケの場合）

第三話「すてちゃう」の自転車への思い入れも、また、おもしろい。伊沢由美子という作家は、自転車にとくべつな愛情を持っている。この話は、五才の誕生日になったら新しい自転車を買ってあげる、六才になったら買ってあげると母親にいわれたヨースケくんが、その日のために今ある自転車を大切に乗っていて、誕生日には母親から「まだまだ使えるから、来年の誕生日ね」といわれて、怒って自転車を捨てに行く話だ。ヨースケくんとカンちゃんとさとちゃんの三人は捨て場所をさがして歩く。どこもだめで、最後に、ヨースケくんの捨てた自転車を、カンちゃんが拾うことにする。

「あっ、自転車がすててある。オレ、ひいろったあ」

こうして、ぶじにヨースケくんは自転車をすてることができましたし、カンちゃんは、ぐうぜん自転車をひろうことができました。

伊沢は明るく書くが、この名案も、帰宅後、それぞれの母たちの攻撃に出会う。あえなくつぶされることになる。この自転車捨てと自転車拾いの行為も、大人の世界では通用しない自分たちだけの空間での話だといっていい。

＊自転車Ⅱ（ユウの場合）

自転車への執着という点では、『走りぬけて、風』（講談社　一九九〇年六月）の右に出るものはない。ユウは商店街の福引きの研究をして、一等の自転車〈Le Vent〉をねらっている。小学一年のときから六年間にわたってデーターをとり続け、しかも商店街の福引きもこれが最後という夏の話である。

さびれゆく商店街の、ユウ自身も引っ越し、転校していくという夏の、これは「法」には触れないが、ひとりの少年の、全く大人の思惑とはちがうところにこだわり続けている物語としては、今までの伊沢の系譜の子ども像と同じものである。

＊自転車Ⅲ（ケンの場合）

自転車をモチーフにしたものというと、ぼくはずいぶんまえに「マッチ箱の会」の作品研究会のときに読んだガリ版刷りの「川と自転車」という作品を、今でもときどき思い出す。父が死んで自転車屋をやっている叔父のところにあずけられたケンは、朝早い時間にウインドウの白い自転車をじっと見つめる少女直子を知る。直子は誕生日になったら父が白い自転車を買ってやるといったのを覚えていて、ウインドウをのぞくのだ。しかし、直子の父はもう帰ってこない。今はちがう女の人と暮らしているからだ。そんな直子のためにケンは店から白い自転車を持ち出し、土手を走る。そのあと、警官につかまって交番に連れていかれたり、迎えにきた叔父になぐられたりするのだが、ぼくが『ひろしの歌がきこえる』を読んだときに、すぐに「反法的空間への旅立ち」だと思ったのは、きっとこのときのケンの行動が心の片隅にひっかかっていたからにちがいない。
久しぶりに読み返した「川と自転車」のラストは、叔父に安く売ってもらったポンコツ自転車を、直子といっしょに軽快に走らせるケンの姿だった。――〈すすきの穂も、すっかりベージュにふくらみ、淡立草の花が、夏の草を隠すように広がっていた。〉
伊沢由美子の描く子どもたちは、おとなの思惑の埒外で、きょうもポンコツ自転車を走らせながら、

《風》になっているにちがいない。

(『日本児童文学』一九九四年三月号)

著者による覚書

この巻は、『季刊児童文学批評』に載せたものを中心に収めた。

『季刊児童文学批評』は、第一次（一九八一年九月から一九八三年八月まで、六号）と第二次（一九八七年七月から一九八九年二月まで、五号）、あわせて一一冊が刊行された。同人は、第一次が、伊藤英治、井上啓、大岡秀明、佐藤宗子、砂田弘、長谷川潮、藤田のぼる、細谷建治、宮川健郎、古田足日の十名。第二次が、石井直人、佐藤宗子、藤田のぼる、細谷建治、宮川健郎、古田足日の六名。「季刊」と銘打ったが、なかなか定期には刊行できなかった。それでも、合わせて一一冊を刊行することができた。

創刊号に載せた「ぼくらはどこへ『宿題ひきうけ株式会社』論ノート」については、同人の古田から「作者の立場からいうと、ぼくがおもしろかったのは、細谷が作者の気づいていないことを取り出していることだった。細谷はこの作品を作中の子どもたちが自分の論理を主張しあうパネル・ディスカッションとしてとらえるという新しい読みの枠組みをつくり出しているのである。これは「批評の質」とつながり、ぼくは作者にもわかっていることしかいわない批評には、もうあきあきしている。」（「80年代児童文学を切り開く」『読売新聞』一九八一年一〇月二一日）というコメントがあった。それが記憶に残っている。

第二巻のタイトルにもなっている「町かどをまがるとゴジラがいる」は第二次（再刊）の一号に載せたものだ。その頃から、ぼくは、児童文学批評における「私」の問題を考えるようになっていた。批評とか研究から「私」という主語を忌み嫌う風潮は、今でもあると思う。が、ぼくはその逆で「私」抜きに批評はありえないと考えていた。その「私」や「女房」のことを意識的に批評の内部に取り入れるようになった。「意識的に」ということでは、この文章あたりがその転換点になるのかも知れない。

同じころに、児童文学における「異質のイメージ」あるいは「誤読」についても、やはり意識的に考えるようになっていた。ことばの表面にあらわれた模範解答でなく、そこからはみ出しにじみ出てくる異質のイメージの方をおもしろく感じる。そんな横道にそれるのが、ぼくは好きなのだ。

「なぜ遠山の金さんは桜吹雪を見せるのか」は、日本児童文学者協会主催の「がっぴょうけん」への提出作品で、「なぜ人は山のむこうに幸せを求めたがるのか」は、「がっぴょうけん」のあと、補うかたちで書いたものである。この二つの文章は、児童文学における〝期待〟について考えたものになる。前者で、巖谷小波を中心に明治から昭和戦前あたりまでを考え、後者で戦後六〇年代から七〇年代にかけての作品について触れている。が、「いま」の児童文学作品にまで話を進めることはできていない。現在の作品たちを〝期待〟という地平から考えるという宿題を、ぼくはひきうけたのかも知れないと思っている。いずれにせよ、「がっぴょうけん」のように、批評作品に門戸を開いた研究会があることを、心底うれしく思っている。

「イメージの手品師」「風」は、日本児童文学者協会の機関誌『日本児童文学』の「現代日本の児童文学作家と作品」「児童文学の〝今〟をつくる作家たち」という特集への作家論になる。新冬二については、学生時代に「失われた時間を求めて」（『日本児童文学』一九六五年七月号）という評論を読んで、記憶に残った。太平洋戦争を自らにとっての「失われた時間」と呼び、子どもにとっての戦争を「二重の過去」とする論考に、まだ若かったぼくは共感し、魅せられもした。その作家について触れた文章を、短いものではあるが、この論集に加えられたことを、うれしく思っている。

批評の季節に

宮川健郎（児童文学評論家・大阪国際児童文学振興財団理事長）

評論研から『季刊児童文学批評』へ

私が細谷建治にはじめて会ったのは、いつだったか。

細谷との出会いを書く前に、少し私自身のことを述べることをお許しいただきたい。

日本児童文学者協会の機関誌『日本児童文学』に「日本児童文学学校第二期批評・評論教室」受講生募集の広告がのったのは、一九七五年一月、私が大学一年生の冬である。広告には、「批評・評論をさかんにするために、（中略）少数精鋭の取り組みで開きます。」とあった。

私は、小学生のころ、かなりたくさんの児童文学を読んだ。私は、一九五五年生まれだが、一九五九年に出発したと考えられる日本の「現代児童文学」の最初の読者の世代のひとりである。中学・高校生になって内外の小説や詩を読むようになっても、児童文学を読みつづけた。私は、児童文学を読んできたことのまとめのようなつもりで、「批評・評論教室」に参加してみることにした。

一九七〇年代は、子どもの数が多く、児童出版は花ざかりだった。全八回の「教室」の先生たちは、創作だけでなく、批評が必要だと切実に考えていた。主任教授格の古田足日先生をはじめ、砂田弘、菅忠道、鳥越信、安藤美紀夫ほか何人もの先生が講師として来てくださった。先生たちは、児童文学について心をかたむけて語り、もうすぐ二〇歳になる私に、児童文学とは確かに取り組む意味のあるものだと思わせた。「教室」の受講生は八人だったが、毎回の宿題の負担が多く、修了したのは、私をふくめて三人だった。

「批評・評論教室」の最終回が終わった一九七五年六月の夕方、私たちがいた日本児童文学者協会の事務所に、「教室」の一期生（第一期は「批評・評論特別教室」として一九七三年一一月〜七四年二月に七回開講）である細谷建治や天野悦子、それから、藤田のぼるらがやってきて、「児童文学評論研究会」という勉強会が結成された。「評論研」は、現在まで活動をつづけ、例会は五〇〇回を越えている。

細谷建治は、評論研結成のときのこと、つまり、私が細谷にはじめて会った夕方のことをこう書いている。評論研100回記念誌『批評へ』（一九八三年一一月）に寄せられた「飛べない鳥たちの騒めき——評論研100回をふりかえって——」の一節である。

藤田のぼるは「最後まで決着をつけるような討論の場がほしい」といった。その言葉は、今でもぼくの胸の中に残っている。そして、八年半もつづけてきながら、今だに何ひとつとして「決着」をつけられていない自分に気づき、年の重みにただがく然とする。ともかくも、その日は、まだ未成年だった宮川健郎にビール券をもたせて、使い走りをさせ、ぼくらは祝杯をあげた。

細谷は、その評論研の代表をつとめることになり、私が事務局を引きうけた。私の事務局は、第五七回例会までつづく（その後を引きついだのが鈴木亨、西山利佳で、現在は内川朗子）。二〇歳になった私は、毎月の評論研のテーマやレポーターのことなどで、ひんぱんに細谷に連絡をとるようになる。電話をしたり、喫茶店で話したりである。私より十歳年長とはいえ、細谷は三〇歳、藤田のぼるも二六歳の若者だった。

評論研は、現在にいたるまで、シリーズでテーマを設定することが多い。第三一回例会（一九七八年一月）から十一回にわたるテーマが「再読・戦後児童文学評論」だった。戦後の代表的な児童文学評論をえらんで、レポートがつづいた。評論研のこのシリーズが、『日本児童文学』別冊『日本児童文学100選』（一九七九年一月）におさめられた「戦後児童文学評論集21選」につながっていく。評論集二一をえらんで、それぞれについて、二ページないし四ページの批評的な解説を書いた。このときの執筆者は、大岡秀明、長谷川潮、細谷建治、藤田のぼる、宮川健郎。みな評論研のメンバーである。

これより少しあと、やはり、『日本児童文学』の別冊として『資料／戦後児童文学論集』全三巻（一九八〇年三月～七月）が刊行される。各巻の巻頭にかかげられた刊行のことばには、「戦後児童文学の流れを展望するという主旨から、本質論や状況を端的に反映するものが中心となった。」と記されている。『論集』の編集委員は、鳥越信、向川幹雄、長谷川潮、大岡秀明、細谷建治、藤田のぼるの六人。そのころ早稲田大学教授だった鳥越、埼玉大学助教授だった向川のほか、長谷川以下の四人は、当時の「若手評論家」で、評論研のメンバーだった。私は、『論集』の編集協力者で、各巻の編集担当者ふたりとの共編で、巻末の「戦後評論研究年表」Ⅰ～Ⅲを編むなどのお手伝いをしている。（『論集』全三巻は、二〇〇七年に刊行された、日本児童文学者協会編『現代児童文学論集』全五巻（日本図書センター）の第一～三巻として復刻された。）

「戦後児童文学評論集21選」や『資料／戦後児童文学論集』全三巻など、細谷建治や評論研のメンバーにとっては、それまでの児童文学評論をふりかえって学ぶことがつづいたが、その後、雑誌『季刊児童文学批評』を創刊することになった。編集発行は「児童文学批評の会」、一九八一年九月に創刊された。「児童文学批評の会」の同人は、伊藤英治、井上啓、大岡秀明、佐藤宗子、砂田弘、長谷川潮、藤田のぼる、細谷建治、宮川健郎、古田足日（代表）。これもみな、評論研のメンバーで、『季刊児童文学批評』が評論研を母体として生まれた雑誌であることがわかる。細谷や藤田は、すでに『日本児童文学』の本誌などにも寄稿するようになっていたが、新しく自分たちの場をもつことになった。創刊のことばには、「批評の質を高め、児童文学状況をひらいていく雑誌でありたいと思います。」と述べた。

創刊号は、巻頭に掲載した、長谷川潮の「ぞうも　かわいそう――猛獣虐殺神話批判――」などが話題になって、発行した千部を完売した。長谷川は、よく知られた戦争児童文学、土家由岐雄「かわいそうな　ぞう」を綿密な調査をもとに批判したのだった。

『季刊児童文学批評』の制作は、伊藤英治が設立したばかりの編集プロダクション「恒人社」が担当してくれた。伊藤英治は、その前は、『日本児童文学』の編集実務の責任者だった人で、のちには、『まど・みちお全詩集』（理論社、一九九二年）や、『松谷みよ子の本』全十巻・別巻（講談社、一九九四〜九七年）などの現代児童文学作家の全集を圧倒的な精密さで編集することになる。

『季刊児童文学批評』の創刊と同じ一九八一年には、今江祥智、河合隼雄らの編集による『飛ぶ教室　季刊児童文学の冒険』（光村図書）や、田宮裕三（宮崎芳彦）、野上暁、吉田定一らが同人の『極光Aurora　子ども＋評論』が創刊され、翌年には、児童文学の大部な年鑑も、『児童文学アニュアル1982』（偕成社）として刊行されはじめる。児童文学は、「批評の季節」をむかえていた。

『季刊児童文学批評』は、一九八三年八月までに六号を発行した。同人のメンバーが入れ替わって、一九八七年七月から八九年二月まで、第二次『季刊児童文学批評』が五号発行された。第二次の同人は、石井直人、佐藤宗子、藤田のぼる、細谷建治、宮川健郎、古田足日（代表）。

細谷建治、その批評の方法

この『細谷建治児童文学論集　Ⅱ』には、おもに、第一次、第二次の『季刊児童文学批評』に掲載されたテクストが収録されている。巻頭は、「町かどをまがるとゴジラがいる」。書き出しは、こうだ。

＊ゴジラⅠ

町かどをまがるとゴジラがいる。これは、信じていいことだ。

＊『E．T．』Ⅰ、＊「雪わたり」Ⅰと、短い断章がつづく。つぎは、＊「雪わたり」Ⅰの全部である。

ともかくも、先日のことだ。ぼくらは校内の研究会で宮澤賢治の「雪わたり」について話し合っていた。（ほんとうは「雪渡り」とかくのだろうけど、ぼくらが相手にしていたのは五年生の「雪わたり」なので、やっぱり「雪わたり」とかいたほうが実感がわく。初めから、ちょっとしつこいかな。でも、しつこいときの方が、ぼくは冴えてる。それと、この文章は、ほとんど《実感》たよりのものだから、こんな調子で始めるしかない。ともかくも、ぼくらは、そのとき「雪わたり」を読んでいたんだ。）

こうした書きぶりから思い出すのは、後藤竜二の児童文学作品『天使で大地はいっぱいだ』（講談社、一九六七年）である。その書き出しは、こうだ。

ついてないんだ。ぼくら六年三組の先生は、キリコになっちまったのさ。みんなが前からしんぱいしてたんだ。なんだかそうなるような気がしてね。だけどほんとになっちまったんだ。

ところで、こんなにぼくが大さわぎしているのはね、六年生にもなったのに、女の先生に習わなけりゃなんないからなのさ。しかもキリコは、しんまいのほやほやときてるんだ。

それが、どれだけいやなことかは、ぼくら六年生でなきゃわかんないかもしれないけど、とにかくそれはいやなことなんだ。

私は、後藤竜二のこの書き方を「子どもの語りの仮装」と呼んできた。後藤は、子どもの一人称で、子どもの話しことばで書いている。児童文学は、子どもを読者とする文学だけれど、大人である作者のものの考え方、感じ方は、子どもたちのそれとはちがう。後藤は、子どもたちとのあいだにあるへだたりを越えるために、子どもの語りを仮装し、子どもの認識と感受性のほうへ回り込もうとする。これは、児童文学にとって、もっともラジカルな方法といえるが、『天使で大地はいっぱいだ』は、それを成功させた。子どもは、となりで友だちが話しているのを聞くような気もちで読むのではないか。

細谷建治の頭のなかにも、後藤竜二があったのかもしれない。細谷の文章は、児童文学作品ではなくて、その批評だが、となりで友だちがおしゃべりしているような感じは同じだ。

細谷建治の批評の語り手は、つぎつぎと連想を広げて、さまざまなことを呼び込んでくる。読者のとなりで友だちがおしゃべりをしているのだから、その話は、別の友だちのことにも及ぶ。

どこの飲み屋だったか、話のきっかけがなんだったかは、おぼえていない。だから、ある飲み屋で突然ということになる。そう、突然に、藤田のぼるが、いいだしたのだ。「賢治の『雪渡り』に〈かた雪かんこ、しみ雪しんこ〉というのがあるだろう。（中略）」と、藤田のぼるはいった。（＊「雪わたり」Ⅱ（現象））

藤田のぼるは、「雲は流れる、迷路はめぐる」にも登場するし、私だって、話のなかに出てくる（「ある日、ぼくらは笑いの渦の中をひた走る」「ふたたび、ぼくらは、どこへ」）。そして、藤田のぼるや宮川健郎にかぎらず、話のなかのすべての名前が語り手の友だちのように見えてくるのだ。

はじめに、なぜ「ふたたび」という表題がついているのか説明しておこうと思います。それは、今からちょうど一年まえに遡ります。ぼくは「日本児童文学」（73・No.2）に「新美南吉論」という評論をかきました。

右は、この巻におさめられたものより前に書かれたテクストの一つ「〝ふたたび偽装を問う〟」（『日本児童文学』一九七四年二月）の冒頭である。語り手が「ぼく」と名のるのは、「町かどをまがるとゴジラがいる」以下のこの巻の評論と同じだが、「〝ふたたび偽装を問う〟」は、「……思います。」「……遡ります。」「……かきました。」と敬体で書かれている。この巻に収められたものは、全部、文末が「た」や「だ」などの常体だ。『天使で大地はいっぱいだ』もそうだけれど、常体のほうが自分のなかで考えをめぐらしつつ語るモノローグのようで、よりいっそう、となりの友だちのおしゃべりのように思えてくる。そして、これは、実際の細谷建治の話し方にも重なってくる。細谷は、評論研の例会が行われる日本児童文学者協会の事務所のテーブルで、あるいは、例会のあとの飲み屋の席で、こんなふうにしゃべりつづけるのだ。もちろん、批評の語りのほうが典型的なものになっているから、細谷の実際のことも思い出されるのだろう。

たとえば、「町かどをまがるとゴジラがいる」の主題は何か。「ぼくは「雪わたり」をひとつのイニシエーションの物語だと考えている。」（＊『E．T．』Ⅱ（ある発言））――これが主題か。もし、そうだとしても、語り手は、もっともっと多くのことを語る。これが、細谷の批評のおもしろさ、楽しさだし、豊かさだといえるだろう。そして、その豊かさは、細谷の批評を、「雪渡り」なら「雪渡り」の単なる作品論にとどめないで、テーマ批評にしてしまう。児童文学における「木」のイメージ、「迷路」、「都市」、「笑い」といったテーマをめぐる批評に広がっていくのだ。

この巻の第三部には、岡田淳、日比茂樹、新冬二、伊沢由美子の作家論のように見えるテクストがならんでいるが、ここでも、批評の語り手は、作家論をはみ出していく。この広がり、はみ出していく力のもとになっているのは何だろう。第二部におさめられた「異質のイメージ、あるいは誤読への誘い」には、こう書かれている。

ぼくに限らず、だれもが、このような一瞬の不思議の体験をもっているにちがいない。その一つ一つのイメージが、読み手の手持ちのイメージとなって作品を読む際の武器になっていくことになる。そして、それらのイメージの群れたちは、厳密に考えれば、全て作者の側がもともと持っていたイメージとは別物の、読み手が勝手に自分の中にたくわえていたイメージにすぎないものだ。程度の差こそあれ、ぼくらは《誤読》することによって、かえって物語を深く味わうことになるのである。

細谷は、「ぼくにとって、児童文学はイメージの冒険だ。子どもたちは、自らの手持ちのイメージを繰り出しながら、きょうもまた、とんでもない《誤読》を繰り返し、楽しんで本を読んでいるにちがいない。ぼくは、そう考えるとうれしくなる。」とも述べる。

細谷建治の批評は、児童文学のテクストに、「手持ちのイメージ」をつぎつぎと突き合わせて展開していく。細谷のことばを借りれば、テクストをつぎつぎと「誤読」していく。テクストに突き合わせていく「手持ちのイメージ」は、実際に見聞きしたこと（船橋ららぽーとのキングコングなどなど）や、ほかのテクストを読んだことから得られたものなど、さまざまである。細谷は、テクストと「手持ちのイメージ」の関係を「物語への期待」という問題として考えようともする（「なぜ遠山の金さんは桜吹雪を見せるのか」「同補遺・戦後編」）。

読者のとなりで話しつづけるような語りで、創造的な「誤読」を展開する。これが、細谷建治の批評の方法である。細谷は、一九八〇年代の第一次、第二次『季刊児童文学批評』の時期に、この方法を自覚的にえらびとったのだろう。そして、この方法は、最近の「児童文学批評というたおやかな流れの中で」（『日本児童文学』二〇一七年に連載、全六回）などにも、ゆるやかに引きつがれている。

細谷　建治（ほそや　けんじ）

1946年群馬県生まれ。
群馬大学教育学部卒業後、東京都江戸川区の小学校に、40年ほど勤め退職、現在に至る。
日本児童文学者協会会員。日本児童文学学会会員。児童文学評論研究会会員。
個人誌『童話ノート』を刊行。
「どろぼうたぬき」で第一回船橋市文学賞、児童文学部門文学賞受賞。
編著に『資料戦後児童文学論集全三巻』（偕成社）
共著に『国語教科書攻撃と児童文学』（青木書店）
『現代児童文学の可能性』（研究＝日本の児童文学4、東京書籍）
『児童文学批評・事始め』（てらいんく）

◇カバーイラスト　細谷葉月「ガラパラ島の宝の地図」

てらいんくの評論

細谷建治児童文学論集　Ⅱ

町かどをまがるとゴジラがいる

発行日	2019年7月25日　初版第一刷発行
著　者	細谷建治
装　幀	長谷川芳一
発行者	佐相美佐枝
発行所	株式会社てらいんく
	〒215-0007　神奈川県川崎市麻生区向原3-14-7
	TEL　044-953-1828　　FAX　044-959-1803
	振替　00250-0-85472
印刷所	モリモト印刷

ISBN978-4-86261-147-5

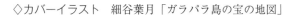